Learning from Experience
経験からの学習
プロフェッショナルへの成長プロセス

松尾 睦 [著]
Matsuo Makoto

同文舘出版

序　文

　「経験からの学習」というテーマを本書が掲げたのは、現在の日本企業において、経験からじっくり学ぶことが難しくなっているように思えたからである。環境スピードが増したことで人材の促成栽培が求められ、短期的な成果を上げなければならないプレッシャーの下、のびのびと挑戦的な仕事をする機会が減っている。こうした状況の中、各企業は、限られた経験を最大限に生かして人材を育成しなければならない。その際、ピントはずれの人材育成システムに陥らないためにも、管理者は、経験学習のメカニズムを理解する必要があるだろう。しかし、従来の研究において、人が経験から学習するしくみは十分に解明されているとはいえない。これが、本書を刊行した理由である。

　組織の中で働く人が経験から学ぶ際、次の3つの要素が関係すると思われる。すなわち、「良い経験にめぐり合うこと」、「良い経験から多くのことを学ぶ力を持っていること」、「良い経験を積む機会が多く、学ぶ力を養ってくれる組織に所属していること」である。

　「経験」、「学ぶ力」、「組織」という3つの要因のうち、本書では、「学ぶ力」が経験学習プロセスを解明する上で鍵を握ると考えた。なぜなら、いくら優れた組織の中で良い経験を積む機会に恵まれても、経験から学習する力がなければ、人は成長しないからである。「経験から学ぶ力」として、筆者は「仕事の信念」に着目した。仕事の信念は、「仕事はこうあるべき」「仕事をする上で、これは大事にしたい」というこだわり、価値観、ポリシー、哲学に相当し、経験から学ぶ内容や質を左右すると考えられる。いくらい良い土を与えても、植物自体に養分を吸い上げる力がなくては良い実をむすばないのと同じように、良い経験をしても適切な信念を持っていなければ、学習の効果は上がらない。

　本書の基本的メッセージは「人は、健全な組織において、適正な信念を育むときに、経験から多くのことを学ぶことができる」という点にある。信念は、土に隠れた根っこのようなものであるため、外からは見えにくいが、経験を通して優れた知識やスキルを獲得するときの基盤となる。

現在、社内の優れた知識を共有しようとする「ナレッジ・マネジメント」が注目されているが、知識・スキルを生み出す基盤となる信念が育っていない状況では、知識共有も進まないだろう。知識創造や人材育成の鍵は、適正な仕事の信念を育成することにある。いくら高業績をあげても、精神面において成熟していない人は、真のプロフェッショナルとはいえない。

　本書の目的は、営業、プロジェクト・マネジメント、コンサルティングといった領域における熟達者の経験学習を分析することを通して、プロフェッショナルへの成長プロセスを明らかにすることにある。本書により、熟達や経験学習に関心を抱く読者に、何らかの貢献ができたならば幸いである。

2006年6月

松尾　睦

目次

序文
序章　本書のアプローチ　1
1. 問題意識 ………………………………………………………… 1
2. 研究の枠組み …………………………………………………… 7
3. 主要な概念について …………………………………………… 9
4. 分析の対象 ……………………………………………………… 11
5. 本書の理論的位置づけ ………………………………………… 16
6. 本書の構成 ……………………………………………………… 18

第Ⅰ部　先行研究の整理　23

第1章　熟達化の理論的研究　25
1. 知識の類型 ……………………………………………………… 26
2. メタ知識 ………………………………………………………… 29
3. 信念の働き ……………………………………………………… 31
4. 熟達化のプロセス ……………………………………………… 35
5. 実践による学習 ………………………………………………… 42
6. プロフェッショナリズムと熟達 ……………………………… 48
7. 小括 ……………………………………………………………… 52

第2章　経験の実践的研究　57
1. 経験の概念 ……………………………………………………… 57
2. 経験学習のモデル ……………………………………………… 60
3. 経験年数と業績 ………………………………………………… 64
4. 学習を促進する経験特性 ……………………………………… 65
5. 経験からの学習能力 …………………………………………… 73
6. 小括 ……………………………………………………………… 77

第Ⅱ部　経験学習プロセスの分析　81

第3章　10年ルールの検証　87
 1．問題の設定 …………………………………………………87
 2．自動車営業の熟達 …………………………………………89
 3．不動産営業の熟達 …………………………………………93
 4．発見事実と考察 ……………………………………………95
 5．小括 …………………………………………………………97

第4章　学習を促す経験　101
 1．問題の設定 …………………………………………………101
 2．IT技術者の経験学習 ……………………………………103
 3．不動産営業の経験学習 ……………………………………113
 4．経験の類型と領域固有性 …………………………………117
 5．小括 …………………………………………………………120

第5章　学習を方向づける信念　125
 1．問題の設定 …………………………………………………125
 2．「経験から学習する能力」としての信念 ………………127
 3．自動車営業における信念 …………………………………131
 4．ITコーディネータの信念 ………………………………135
 5．仕事信念の働き ……………………………………………143
 6．小括 …………………………………………………………149

第6章　学習を支える組織　153
 1．問題の設定 …………………………………………………153
 2．組織風土と信念 ……………………………………………155
 3．内部競争と顧客志向の働き ………………………………160
 4．顧客主導のプロセス型内部競争 …………………………164
 5．小括 …………………………………………………………171

第Ⅲ部　結論　**175**

第7章　理論的・実践的な示唆　　177
1. 本書の発見事実 …………………………………………………177
2. 理論的な貢献 ……………………………………………………179
3. 経験学習の仮説的モデル ………………………………………186
4. いかにプロフェッショナルを育てるか ………………………189
5. 今後の研究課題 …………………………………………………199

付録A　プロジェクト・マネジャーとコンサルタントの知識・スキル …203
付録B　プロジェクト・マネジャーとコンサルタントの経験学習 ………213
付録C　ITコーディネータの知識・スキル ……………………………221

参考文献 ……………………………………………………………………243
謝辞 …………………………………………………………………………265
索引 …………………………………………………………………………267

序章　本書のアプローチ

何かを学ぶためには、自分で体験する以上に良い方法はない
Albert Einstein[1]

1. 問題意識

●―― 本書の目的

　アインシュタインの言葉が示すように、人は直接的な経験を通して成長する。これまでの研究によれば、成人の能力開発の70％以上は経験によって説明することができるという (McCall et al., 1988; Morrison and Brantner, 1992; Morrison and Hoch, 1986)。つまり、良質な経験を積ませることが、優れた人材を育成する鍵となる (金井・古野, 2001; 守島, 2002)[2]。

　しかし、環境変化のスピードに対応するために、企業の現場では人材の早期育成が求められ、競争の激化によって、社員は失敗を通して学ぶことが難しくなっている。経験からじっくりと学ぶ機会が減少しつつある中、各企業は、より効率的・効果的な人材育成体制を構築しなければならない。そのためには、人が成長するプロセスを理解した上で、濃密な学習経験を提供するサポート体制を整えることが不可欠である。しかし、従来の研究において、経験学習メカニズムの解明は十分とはいえない。

　本書は、顧客に付加価値の高い製品・サービスを提案する上で重要な役割を担っている営業担当者、コンサルタント、プロジェクト・マネジャーに焦点を当て、彼らがいかに経験から学習しているかを明らかにすることを目的としている。以下では、本書における問題意識について述べた後、研究の枠組み、主要な概念、分析対象について説明する。

● ── トマト栽培と人材育成

　永田農法と呼ばれる方法で栽培されたトマトは，香りが良く，肉質が締まり，甘くて美味しいという。この栽培方法はスパルタ農法とも呼ばれ，作物に必要な最低限の水と肥料しか与えない点に特徴がある。永田農法の創始者である永田照喜治氏は，次のように述べている（永田, 2003）。

　　私の農法が「スパルタ農法」，「断食農法」と呼ばれるのは食物を甘やかさないからです。人間でもそうですが，満腹だとなまけものになります。植物もたっぷりの水と肥料を与えられて育つと，まず根っこが十分に働かなくなります…。私の農法のものは白くてふわふわの細かい根っこが地上近くにびっしりできます…。これが美味しさの秘密なのです。ぎりぎりの成育環境で養分や水分を十分に吸収するために，植物が持つ，本来の生命力を取り戻したのです。

　この永田氏の考え方は，人材育成においても当てはまる。つまり，肥料や水を大量に与えると，見栄えは良いが栄養価が低く味の悪いトマトしかできないように，組織においても，効率を重視してメンバーに情報や知識を与えすぎると，外見は立派だが中身のない人材ばかりが育ってしまう危険性がある。

　永田氏のいう「根っこ」とは，植物が土から養分を吸い上げる力であり，人間でいえば，さまざまな経験から知識やスキルを獲得する能力に相当する。植物本来が持っている成長能力を引き出すような環境を作るのが永田農法の基本的な考え方であるが，企業においても，社員が持っている潜在能力を引き出すような環境を作り出し，自ら学ぶ力を引き出さなければならない。

　ただし，「放任」や「しごき」が人を育てるわけではない。永田農法は，水や肥料を最低限の量に抑えるが，野菜をほったらかしているわけではなく，「手はかけなくとも，目は細かくかける」ことを重視している。つまり，野菜がどのように成長するかを理解した上で，きめ細かい管理をしているのである。企業の人材育成においても，人が成長するプロセスを理解した上で，個人が持つ潜在能力を引き出す環境を提供することが大切になる。

●── 進む効率的な人材育成

　多くの野菜農家は，肥料や水をふんだんに使い，栄養価や味を多少犠牲にしても，見栄えの良い野菜を大量に栽培する方法をとっている。なぜなら，永田農法のような栽培方法を採用すれば，栄養価が高く美味しい野菜を作ることができるかもしれないが，栽培ノウハウを獲得するのに時間がかかり，(当初は)収穫できる量も限られてくるからである。

　企業も，農家と同様の問題を抱えている。技術変化のスピードが速くなり，企業間競争が激しくなるにつれ，各企業は他社よりも速く学習することが求められている (Easterby-Smith et al., 1998)。スピードの速い現代において，人材育成に時間をかける余裕はない。

　こうした状況に対処するために，ナレッジ・マネジメント (knowledge management) に取り組む企業も多い。個人の中に埋没していた知識やスキルを社内で共有することは，組織内の学習を効率化し，素早く学習することを可能にするからである。組織学習論においても，知識共有や知識移転に関する研究が盛んに行われている (e.g., Reagans and McEvily, 2003；Szulanski, 1996; Tsai, 2001)。

　各企業は，優れた技術をマニュアル化し，ITを活用した情報データベースを導入することを通して，ベテランや高業績者が持つ技術やノウハウを若手・中堅に継承する取り組みを強めている。

●── 知識共有の弊害

　ところが，社内の知的資源を効率的に利用しようとするナレッジ・マネジメントには副作用もある。ITを活用した知識共有を進める多くの企業が直面する問題について，秋山 (2002) は次のように語っている。

> 多くの企業が，現場から様々な知識を吸い上げ，整理し，組織で共有する仕組みを整えている。しかし現在，多くの企業がある種の壁にぶつかっている。例えば，問題に遭遇しても自分で何か考える前に，まずシステム上で答えを探そうとした

り，成功事例を安易にコピーして使う傾向が強まったという話は少なくない。

同じような問題は，製造業の現場でも生じている。ものづくりの現場に見られる「マニュアル思考」について，ソニー顧問の大曽根氏は，次のようにコメントしている。

> 製造現場の分業化が進むと「マニュアルに従えば自分の担当作業はこの範囲の精度でいい」とみんなが思いがちだ。結果，事故が起きたり，不良品が出たりする。また，問題があっても従業員が気づかない，気づいても言い出さないようになってしまう。いわば，思考停止状態だ[3]。

これらのコメントは，組織メンバーの知識・スキルを共有化し，学習効率をアップさせるために導入したナレッジ・マネジメントが，逆に熟達者の育成を妨げる危険性をはらんでいることを示している。

● 知識共有のジレンマ

筆者がIT企業の熟達者に対して実施したインタビュー調査においても，知識共有のためのナレッジ・マネジメント・システムが，若手・中堅社員の経験学習を阻害している点が指摘された。つまり，社内のデータベースに蓄積されている知識に頼りすぎると，自分の頭で解決策を考えることが少なくなるという問題である。このことは，効率を高め人材を早期育成するために知識共有を進めると，経験学習を阻害することもあるといったジレンマ状況が存在することを示している。松尾ら（Matsuo, 2004; Matsuo and Easterby-Smith, 2004）は，こうした状況を「知識共有のジレンマ（knowledge sharing dilemma）」と呼んでいる。あるプロジェクト・マネジャーは，最近の若手技術者を評して，次のように語っている。

> 今の若い人は，探そうとする。インターネットで探せば，いい答えがいくらでも出てくる。サンプル・コードが出たり，大学でもそうだと思いますが，卒論を書こうと思えば，迷わずインターネットで探してきて，カット・アンド・ペーストで済んでしまうので，自分で考えない。

次のコンサルタントも，知識共有が業務の効率化に役立つことを認めながら，その副作用として「自分の頭で考えなくなる」という点を指摘している。

> ソリューション・パックとか，お客様の事例集のデータベース化，基本的には知識データベースみたいなものを作り，似たようなプロジェクトがあれば，それを見れる環境にしています。私の持論からすると，考えなくなる世界なので，「効率化」というキーと「考えなくなる」ということを，どうやって折り合いをつけるというのが非常に難しい。

他者の知識に頼ると，どのような問題が生じるのであろうか。あるプロジェクト・マネジャーは，次のように語っている。

> 表面的な知識は，皆さんあると思うんですが，それを実際に適用して，まさに何事もなければ，スムーズに流れるんですけど。必ず何か起こる。そのときの対応の時間が，昔に比べると二倍，三倍かかっているというのが今の現状じゃないかと思います。

つまり，表面的な知識しか持たない人は，トラブルが発生した際に素早い対応ができず，結果的にコスト高を招いているのである。

●── 減少する良質な経験

では，熟達者を育成するためには，どのような教育が有効なのだろうか。冒頭で説明したように，成人の能力開発の大部分は経験によって説明できる。つまり，熟達者を育てる上で最も重要な方法は，「良質な経験」を積ませることにある。しかし，時代の変化とともに，良質な経験を積む機会が減少している点も指摘されている。

例えば，IT業界において，団塊世代のエンジニアと中堅エンジニアでは，スキルやノウハウに大きな差があるといわれている。その大きな原因は，経験の違いにある。団塊世代のエンジニアが若手・中堅として活躍した1970年代は，コンピューター導入の黎明期であったため，技術的知識，業務知識，顧客との折衝に関するスキルを白紙状態から体で覚えることができたのに対し，現在の

中堅・若手エンジニアの仕事は，既存システムの拡張や改修が中心であることから，ゼロからシステムを考える機会が減少したのである[4]。筆者が実施した調査においても，あるコンサルタントは，次のように語っている。

> 私は，これまでお客様とともに作り上げ，ゼロからの経験でスキルを習得してきました。しかし，今の人達は，ゼロから作った経験が少ない。つまり，「思いを込めた経験」が足りないと思います。

同様に，大手IT企業のプロジェクト・マネジャーは，経験を通した人材育成がしにくくなった点について次のようにコメントしている。

> 昔は，失敗する中でいろいろな経験をして学習し，ブラッシュアップするというプロセスを辿れたが，最近はそうはいかないところもある。今は，促成栽培をしていかなければならない。

失敗を通した学習がしにくくなった背景には，競争激化に伴い，顧客の要望が厳しくなり，プロジェクトが大規模化したことで失敗のリスクが増大したことが関係しているという。また，大規模プロジェクトが増えると，中堅・若手社員は，部分的・断片的な仕事に従事することが多くなり，全体像の把握できる仕事を任されることが少なくなる。これに加えて，人材を早期育成しなければならないというプレッシャーから，管理する側も学習する側も，じっくりと経験を積むことで実力をつけることが難しくなりつつある。

●── 求められる経験学習のサポート体制

ただし，闇雲に現場経験を積ませれば人材が育つというわけではない。伝統的に，日本企業は現場経験を重視する傾向にあるが，OJTという名の下に教育を現場に任せているケースも多い。福島（2001）によれば，現場では，じっくりと学ぶ時間がとれないケースや，環境変化によって現場の知識が陳腐化しても，学習者がそれに固執し，新しい知識を獲得することに抵抗を示すこともある。つまり，放任型の現場学習は人材を育てるどころか，人材育成を阻害しかねない。

冒頭で紹介したスパルタ農法を開発した永田氏が「手はかけなくとも，目は細かくなけなければならない」と述べているように，人が成長するプロセスを理解した上で，社員が本来持っている能力を高めることができるように，仕事環境を整備する必要がある。人材育成の効率化や，人材育成期間の短縮が求められている今日，密度の濃い経験学習をサポートする体制を作り上げることは，企業の競争力を左右する問題である。

2. 研究の枠組み

●── 本書の問い

上述した問題意識に基づき，本書は，企業において高い業績を上げている熟達者に焦点を当て，彼らの経験学習プロセスを解明することを目的としている。本書の基本的な問いは次の通りである。

　　　　　企業における熟達者は，いかに経験から学んでいるのか

この問いを検討する上で，本書は，次の3点から分析を進める。

・経験そのものの特性
・学習する個人の特性
・学習を促進する組織特性

すなわち，人が成長するためには，どのような経験を積み，どのような姿勢で学び，どのような組織において活動すればよいのか，という点を明らかにしたい。これらの点を解明することは，優れた人材を育成するためのマネジメント手法を考える上で役立つと考えられる。

●── プロフェッショナルと熟達者

なお，熟達者とは，「特定の領域で，専門的なトレーニングや実践的な経験を積み，特別な知識や技能を持っている人」を指す（Ericsson, 2001; Richman et al., 1996; Wagner and Stanovich, 1996; Spence and Brucks, 1997)。しかし，すべての熟達者が，プロフェッショナルであるとは限らない。なぜなら，特別な知識や技能を持つことは，プロフェッショナルの必要条件ではあっても十分条件ではないからである。プロフェッショナルには，優れた知識や技能といった技術面だけでなく，「他者への援助」や「公共の利益への奉仕」といった精神面においても高いレベルが求められている（Lui et al., 2003）。

高業績をあげている営業担当者やIT技術者の経験学習プロセスを探求することを通して，彼らがプロフェッショナルとしての特性を持っているかどうかを検証することも本書の狙いの一つである。7章では，分析結果に基づいて，プロフェッショナルを育成するための指針についても考察する。

●―― 研究枠組み

上記の問いを検討するための研究枠組みを図 序-1に示した。具体的には，次に挙げる3つの視点から分析を進める。

・学習を促す経験の長さと特性
・学習を方向づける信念の役割
・学習を支える組織特性

第1に，学習を促す経験については，経験年数と経験特性の観点から分析する。すなわち，キャリアの発達を経験年数によっていくつかの段階に分けた上で（初期，中期，後期），知識・スキルの獲得や経験の仕方の違いを分析する。

第2に，経験学習を方向づける要因して，仕事の信念の働きに着目する。仕事の信念は，仕事を遂行する上で個人が持っている「理論や仕事観」のようなものであり，高次の知識として人間の態度や行動を方向づける役割を果たす。

第3に，どのような組織特性が，個人レベル・組織レベルの学習を促進するかについて検討する。

このとき，学習する能力としての仕事の信念が経験学習の鍵を握ると思われる。なぜなら，いかに優れた組織において，質の高い経験を積む機会に恵まれ

図 序-1　本書の研究枠組み

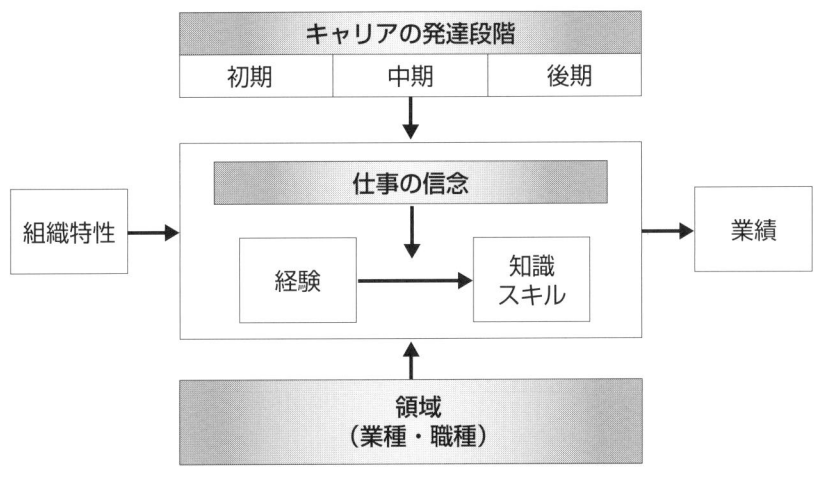

たとしても，本人にそうした状況から学ぶ力がなければ，高度な知識やスキルを身につけることはできないからである。

3. 主要な概念について

ここで，本書で使用される主要な概念について簡単に説明しておきたい。詳しい内容については1章，2章で述べる。

●── 知識・スキル

本書では「AはBである」のように言語化しやすい「事実としての知識」を「知識」と呼び，技術や技能のように言語化しにくい「やり方に関する知識（あるいは，やり方を体現できる知）」を「スキル」と呼ぶ。これは，認知心理学における「宣言的知識（declarative knowledge）」と「手続的知識（procedural knowledge）」の区分に基づいている（Anderson, 1983）。たとえば，「自転車は移動のための道具である」という事実についての知識は「知識」であり，「自転車の乗り方」は「スキル」である。

● 信念

　信念は，対象（例えば，自己や身の回りの環境）がどのような属性を持つかについての認知である。知識が，多くの人によって共有された社会的な事実であるのに対し，信念は，個人としての理想や価値を含む主観的な特性を持つ（Abelson, 1979）。また，信念は，個人的な理論や世界観として，個人の態度や行動を方向づける高次の認知的要因である。例えば，「営業とは戦いである」という信念を持つ営業マンと「営業とは奉仕である」という信念を持つ営業マンとでは，営業の仕方も異なるだろう。

● 経験

　経験は「人間と外部環境との相互作用」と定義した（Dewey, 1938）。このとき，身体を通して直接的に事象に関与する「直接経験」と，言語や映像を通して間接的に事象に関与する「間接経験」を区別する。また，関与する事象の客観的特性としての「外的経験」と，関与する事象を理解し解釈する「内的経験」を区別する。例えば，自身がレストランでウエイターとして働く場合は「直接経験」であるが，ウエイターが働く様子をテレビで見る場合は「間接経験」にあたる。また，どのくらいの期間，どのレストランで働いたのかといった客観的特性は外的経験であるが，働くことを通じて何にやりがいを感じたのかは内的経験に当たる。

● 学習

　学習は「経験によって，知識，スキル，信念に変化が生じること」を指すものとする。ただし，遺伝や生まれつきの素質によって知識やスキルが変化することは学習から除外される。

● 知識・信念・学習・経験の概念的区別

　以上をまとめると，知識，スキル，信念，学習，経験の関係は図序 - 2ように整理することができる。人間は，経験を通して，自己の知識・スキル・信念

図 序-2　概念間の関係

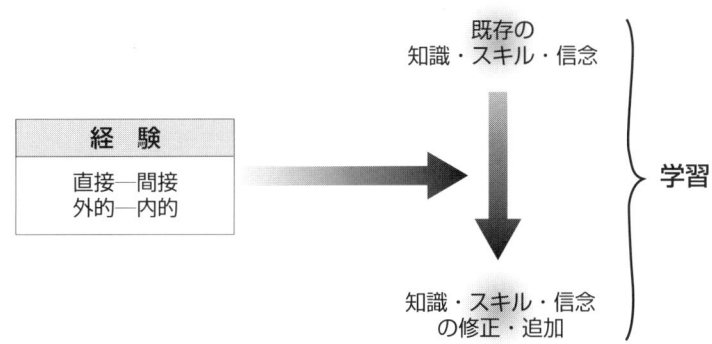

を変容させるが，この変容の過程が学習である。

　例えば，小学校の教師は，日々の授業の中で子供たちと接したり，他の教師の授業を観察したり，書籍を読むといった経験を通して，教授法に関する知識・スキルを獲得すると同時に，教育や授業運営に関する信念を形成していくと思われる。このように，経験を通して知識・スキル・信念が修正・追加されていく過程が学習である。なお，経験と学習は同義ではない。なぜなら，経験をしても知識が変容しないケースもあるからである。

4. 分析の対象

　本書の分析対象は，営業担当者，コンサルタント，プロジェクト・マネジャーであるが，以下では，なぜこうした領域を分析の対象に選んだかについて説明しよう。

● 製品差別化の限界とカスタマー・コンタクト・エンプロイー

　本書の分析対象である，営業担当者，コンサルタント，プロジェクト・マネジャーに共通しているのは，組織と顧客をつなぐ「境界連結者（boundary spanner）」という点にある（図 序-3）。境界連結者とは，外部から情報を獲

図 序-3　分析対象の特性

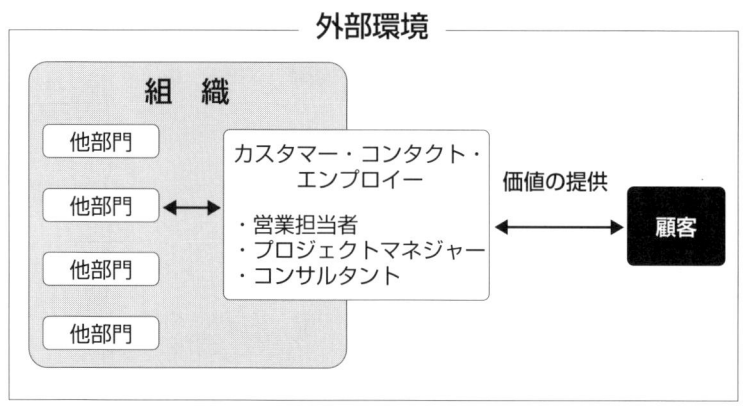

得したり，他組織と交渉して関係を構築する役割を担う者を指す（Conway, 1995; Jemison, 1984）。その中でも，顧客と接触する境界連結者は「カスタマー・コンタクト・エンプロイー（customer contact employee）」と呼ばれ，顧客が抱く企業イメージは彼らの活動によって左右するといわれている（Babin and Boles, 1998; Hartline and Ferrell, 1996; Hartline et al., 2000）。

カスタマー・コンタクト・エンプロイーが重要である背景は，製品による差別化がしにくくなっているという現状がある。製品・サービスに違いを出せなくなり，価格競争に陥ってしまうことをコモディティ化と呼ぶが，これを打開する一つの方法がコンサルテーションである（楠木, 2006）。そして，このコンサルテーションを実施する担い手がカスタマー・コンタクト・エンプロイーなのである。

例えば，センサーを中心とした製造企業であるキーエンスは，営業担当者が顧客企業の製造ラインや研究開発の現場に深く入り込み，顧客が気づかないソリューションを発見することで付加価値を提供し，40%を超える驚異的な営業利益率を上げている（楠木, 2006；玉井, 2005）。このように，優良な製造企業ほど，製品自体よりも付加的なサービスを提供することによって収益をあげる傾向にあるが（Anderson and Narus, 1995），その担い手が営業担当者やコン

サルタントといったカスタマー・コンタクト・エンプロイーである。

　顧客に付加価値の高いサービスを提供するためには2つの活動が必要となる。第1に，顧客との長期的な関係を構築することである。第2に，顧客の抱える問題を解決する「ソリューション・サービス」を提示することである。カスタマー・コンタクト・エンプロイーは，顧客との密接な関係を作り上げた上で，顧客が抱える問題を解決する提案を提供することで，製品・サービスのコモディティ化を防ぐ役割を果たす。

なぜ営業なのか

　本書が営業担当者を分析対象に選んだ理由は，彼らが典型的なカスタマー・コンタクト・エンプロイーだからである。営業担当者は，顧客との長期的な関係を構築し（Dubinsky et al., 1986; Shepherd, 1999; Singh, 1998），製品以外の付帯的なサービスを提供する上で主導的役割を果たすといわれている（Anderson and Narus, 1995）。

　こうした役割が求められている背景には，製品・サービスのコモディティ化に加え，取引の対象となる製品が，単品としてのハード的な製品から複数の製品・サービスの組み合わせへと変化していることが挙げられる（田村，1999）。従来は単に標準化された製品を販売すればよかった営業担当者には，製品に何らかの付加価値をつける創造的活動が求められているのである（髙嶋，2002）。

　自動車販売および不動産販売の営業を分析対象にした第1の理由は，彼らが，「アプローチ→コミュニケーション→クロージング（契約の締結）→アフターフォロー」という典型的な営業活動に従事しているからである。第2の理由は，上記の業界では，個人単位の営業活動が行われているため，売上・利益を基準として，明確に熟達者を判別することが可能となるという点にある。

なぜIT技術者なのか

　本書においてコンサルタントやプロジェクト・マネジャーを分析対象としたのは，彼らが，営業の現場で求められている提案型営業やチーム営業を実施する際の「ロールモデル」となるからである。すなわち，コンサルティング活動

は提案型営業の,プロジェクト・マネジメントはチーム営業の模範となる。ただし,現状の活動を比べると,IT分野におけるコンサルタントとプロジェクト・マネジャーの職務は,自動車と不動産の営業に比べると複雑性が高いといえる。

IT業界を選択した理由は,この業界がコンサルティングやプロジェクト・マネジメントの実践において比較的長い歴史を持つ先進的業界だからである[5]。IT業界では,これまで多くのプロジェクトが実施され,他業種に比べて経験を積んだ人材も多い。また,コンサルティング業務の中でも最も成長の著しい分野がITコンサルティングであるといわれている(Kubr, 2002)。

● コンサルタントとプロジェクト・マネジャーの仕事

ここで簡単にIT業界におけるコンサルタントとプロジェクト・マネジャーについて説明しておきたい。図 序-4 に示すように,ITコンサルタントは,情報システムを導入する初期段階において,クライアント企業が抱える問題に対し解決策を提案する,いわゆる「上流工程」の業務を担当する。これに対し,プロジェクト・マネジャーは,提案された施策を実行するために,複数のメンバーからなるプロジェクトを率いて情報システムやソフトウェアを構築する役割を担っている。お金,人材,仕事の流れを管理しながら期間内に製品を完成させることが彼らの役目である。コンサルタントが「企業の問題点を見極めた上で,企業の方向性を示す能力」が求められるのに対して,プロジェクト・マネジャーは,「示された方向性に向かって集団を運営する能力」が要求される[6]。

本書では,この他にITコーディネータと呼ばれる中小企業の情報化をサポ

図 序-4　コンサルタントとプロジェクト・マネジャーの役割の違い

コンサルタントの役割
問題点を診断し、解決策を提案
メンバーを率いて情報システムを構築
プロジェクト・マネジャーの役割

ートする専門家についても分析を行った。経営戦略を基にした情報化の企画立案から，情報システム開発プロジェクト，運用サービスまでの一貫したプロセスをコーディネート（調整）することがITコーディネータの役割である。ただし，対象となったITコーディネータは，上流工程であるコンサルティングに重きを置く人が多かったため，本書は，彼らを，中小企業を対象としたITコンサルタントとみなす。

調査データについて

本書の調査対象および分析方法は，表 序-1 に示す通りである。営業担当者および営業部門に対しては，質問紙調査を実施し，得られた数値データを統計手法によって分析した。営業という職種は，担当者や部門の業績が明確になりやすく，熟達者の特徴を定量的に把握するのに適しているからである。

これに対して，IT業界におけるコンサルタントとプロジェクト・マネジャーに対しては，インタビュー調査を実施し，得られたデータを定性的な分析手法によって検討した。限られた人数の熟達者の経験学習プロセスを深く分析するには，定性的な分析方法が適しているからである。

活動領域の違い

本書の分析対象者は，カスタマー・コンタクト・エンプロイーという点では共通しているが，業界・職種において異なっている。図 序-5 に示すように，情報技術（IT），自動車，不動産という3つの業界と，営業，コンサルタント，

表 序-1　調査対象と分析方法

調査	調査対象	対象数	調査方法	分析単位	分析方法
A	自動車販売会社（3社）の営業担当者	108名	質問紙調査	個人レベル	定量
B	不動産販売会社（A社）の営業担当者	98名	質問紙調査	個人レベル	定量
C	不動産販売会社（B社）の営業担当者	218名	質問紙調査	個人レベル	定量
D	東証一部上場企業の営業部門	206名	質問紙調査	部門レベル	定量
E	IT企業（6社）のコンサルタント	10名	インタビュー調査	個人レベル	定性
E	IT企業（6社）のプロジェクト・マネジャー	14名	インタビュー調査	個人レベル	定性
F	ITコーディネータ	12名	インタビュー調査	個人レベル	定性

図 序-5　分析対象の領域

業種		職種		
		営業	コンサルタント	プロジェクトマネジャー
業種	IT		■	■
	自動車	■		
	不動産			

注：網掛け分部は、本書の分析対象

プロジェクト・マネジャーという3つの職種が分析対象である。

このとき，カスタマー・コンタクト・エンプロイーという大くくりで区分できる範囲は「上位領域」として，業種や職種で区分される範囲は「下位領域」と考えることができる。本書において，「領域の違い」や「領域固有性」という言葉を使うときには，下位領域を指している[7]。

異なる職種・業界に属する熟達者を分析対象にしたのは，経験学習プロセスにおける領域固有性を検討することが本書の目的の一つだからである[8]。これまでの研究では，「領域固有性」という概念が，熟達プロセスを解明する際の一つのキーワードとなっている。

5. 本書の理論的位置づけ

● 本書の理論的位置づけ

次に，本書の理論的な位置づけについて説明したい。図 序-6 に示すように，本書は，経営組織論，認知心理学，マーケティングにまたがる学際的研究である。以下では，これら3つの分野に沿って，本書の理論的な特徴について説明する。

経営組織論　組織内でどのように知識が獲得され，共有され，活用されているかを検討する分野は組織学習論と呼ばれている（Crossan et al., 1999: Miner

図 序-6　本書の理論的位置づけ

```
マーケティング論        認知心理学
（営業，顧客志向）    （熟達，知識，信念）
        経営組織論
    （経験学習，組織学習，
      組織風土・文化）
```

and Mezias, 1996)[9][10]。本書は，組織学習の出発点といわれる個人レベルの知識獲得に焦点を当てた研究である。

　個人レベルの知識獲得は，主に管理職の能力開発を研究する経営教育（management education）の分野で研究されてきた。ここで最も影響力のある理論の一つが，コルブ（Kolb, 1984）の経験学習モデルである（Kays, 2002）。しかし，従来の研究は，学習スタイルの測定に集中するあまり，経験学習プロセス自体についての検討が不十分である。本書の第1の特徴は，組織学習の基盤となる個人レベルの知識獲得プロセスを，経験学習という切り口から分析し，組織風土等の影響についても検討している点にある。

　認知心理学　個人の知識獲得プロセスを明らかにしようとするならば，経営組織論の枠組みだけでは不十分である。なぜなら，知識獲得に関する研究において最も進んでいるのは，認知心理学をベースとした熟達研究だからである。認知心理学の「認知」という言葉は，外界を知覚し，それが何であるかを認識し，記憶・推論・判断するといった「頭の働き」を研究対象にするという意味を含んでいる（丸野，1998）[11]。本書の第2の特徴は，従来の熟達研究において検討が不十分であった「経験」や「組織」の影響を，熟達化の枠組みの中で検討している点にある。

　マーケティング論　本書は，営業と顧客志向という2点においてマーケティング論と関係する。従来の営業研究[12][13]では，すでに営業担当者の「知識」に着目した「認知的アプローチ（cognitive approach）」と呼ばれる分野があり（細井，1995），本書もこの研究に含まれる。また，マーケティングでは，

個人・組織レベルの顧客志向が果たす役割が研究されてきた（e.g., 川上, 2005; Lukas and Ferrell, 2000; Saxe and Weitz, 1982; Slater and Narver, 1994）。本書の第3の特徴は，組織・個人レベルの「顧客志向」が，経験学習のあり方に与える影響を検討している点にある。その意味で，本研究は，新しい顧客志向研究の方向性を示すものである。

6. 本書の構成

本書は，図 序-7 に示すとおり，「先行研究の整理（Ⅰ部）」，「経験学習プロセスの分析（Ⅱ部）」，「結論（Ⅲ部）」の3部から構成されている。

Ⅰ部の目的は，「人はどのように熟達し，経験から学んでいるか」というテーマについて，従来の研究で明らかになっていることを整理することにある。1章では，「熟達化」に関する理論的な研究を，2章では，「経験」に関する実践的な研究を整理するが，これらは本書の研究枠組みを提供するものである。

Ⅱ部の実証分析では，本章で提示した研究モデルを多面的に分析する。すな

図 序-7　本書の構成

Ⅰ部　先行研究の整理
1章　熟達化の理論的研究
2章　経験の実践的研究

Ⅱ部　経験学習プロセスの分析
3章　10年ルールの検証
4章　学習を促す経験
5章　学習能力としての信念
6章　学習を支える組織

Ⅲ部　結論
7章　理論的・実践的な示唆

わち，3章は「経験年数」，4章は「経験特性」，5章は「信念」，6章は「組織特性」という切り口から経験学習プロセスを検討する。各章の問題意識をまとめると，次のような形になるだろう。

3章：熟達するにはどのくらいの期間が必要か
4章：熟達者は，どのような内容の経験から学んでいるのか
5章：仕事の信念は，どのように経験学習を方向づけているのか
6章：どのような組織特性が，信念や学習に影響を与えているのか

これらの分析を踏まえて，Ⅲ部の7章では，理論的・実践的な面から経験学習プロセスを考察したい。

注

（1）ディスカヴァー21編集部訳『アインシュタイン150の言葉』ディスカヴァー・トゥエンティワン，1997（『Mayer, J. and Holms, J.P. (1996) Bite-size Einstein: Quotations on just about Everything form the Greatest Mind of the Twentieth Century. Gramercy.』）
（2）2005年12月18日に開かれた「第4回京都大学大学院教育学研究科国際シンポジウム『暗黙知と熟達化』」において，「能力開発の残り3割は，経験以外の要因によって説明されるという事実も重要である」というコメントを神戸大学の金井壽宏先生からご指摘いただいた。公式的な人材育成システムのあり方に関しては，7章における実践へのアドバイスにおいて言及したい。
（3）日経産業新聞2004.8.2
（4）日経産業新聞2004.11.11
（5）この業界における優れた研究事例として南（2005）がある。
（6）一般的なコンサルティング・プロセスは，「開始→診断→実施計画の立案→実施の助力→終了」という流れで表すことができる（Kubr, 2002）。つまり，予備的診断の後，契約を結ぶ（開始）→現状分析の結果をクライアントにフィードバックする（診断）→解決策を評価した上で提案する（実施計画の立案）→計画の実行を支援する（実施の助力）→最終報告書を提出して終了する（終了）という手順である。
　一方，プロジェクト・マネジメントは，「遂行にかかわる経営資源（人，物，金，技術，情報）を最も効果的に使用し，費用・時間・品質の統合化を図りつつ，プロ

ジェクトの目標を達成すること」を目的としている（佐藤, 2003）。IT分野のプロジェクト・マネジメントは「情報化戦略や情報システムの構想・企画→システムの設計→ソフトウェアの開発→システムのテスト・導入」という流れに沿って行われる。このとき，プロジェクト・マネジャーは，プロジェクトが期日までに，予算内で，一定の品質を満たす形で完成するように管理するだけでなく，円滑なコミュニケーションを通して，プロジェクトに参加する人材を有効に活用し，内在するリスクに対する対策を立て，必要な製品・労務を外部から調達しなければならない（佐藤, 2003）。

（7）この点については，小樽商科大学の高宮城先生からアドバイスをいただいた。

（8）調査対象の特性は，表序-2に示すとおり，業種（自動車，不動産，IT），職種（営業，コンサルタント，プロジェクト・マネジャー），扱う財（自動車，不動産，コンサルティング・サービス，情報システム），主要顧客（一般消費者，法人），活動単位（個人，チーム）において多様な特性を持っている。

表 序-2　調査対象の特性

調査	業種	職種	扱う財	顧客	活動単位
A	自動車販売	営業	自動車	一般消費者&法人	個人
B	不動産販売	営業	不動産	一般消費者&法人	個人
C	不動産販売	営業	不動産	一般消費者&法人	個人
D	全業種	営業	多様	一般消費者&法人	個人&チーム
E	IT（情報技術）	コンサルタント	コンサルティング・サービス	法人	個人中心
E	IT（情報技術）	プロジェクト・マネジャー	情報システム	法人	チーム
F	IT（情報技術）	ITコーディネータ	コンサルティング・サービス	法人	個人&チーム

（9）フーバー（Huber, 1991）によれば，組織の構成単位である個人が何かを学習したときに，組織が学習したと考えられる。つまり，組織の一個人が新しい知識を獲得したならば，組織学習が生じたことになる。

（10）戦略論においても，企業が持つ独自の経営資源が競争優位の源泉であるという見方（Barney, 1991；2001）を基に，企業における知識の役割を重視する「知識ベースの戦略論(knowledge-based view)」が提唱されている（Grant, 1996）。知識ベースの戦略論では，見えにくく模倣しにくい暗黙知（tacit knowledge）が最も戦略的に重要な資源であるとされている（Decarolis and Deeds, 1999；Gupta and Govindarajan, 2000）。暗黙知の多くは個人のスキル（技能）の中に埋め込まれていることを考えると（Eisenhardt and Santos, 2002），企業の熟達者が持つ知識・スキルは最も重要な経営資源の一つである。これまでも，製造現場の熟練工や営業担当者といった熟達者の持つ知識やスキルが，企業の競争優位につながることが指摘されてきた（小池, 1999；小池・中馬・太田, 2001；田村, 1999）。本書は，熟達者が知識・スキルを獲得するプロセスを明らかにしようという意味で，競争優位を左右する知的資源がどのように形成されていくかを検討した研究である。

（11）最近では外界との相互作用や状況を踏まえて人間の認知をとらえる「状況に開か

れた(分散された)認知」という考え方も広まっている(丸野,1998)。
(12) 欧米のマーケティングにおける「人的販売(personal selling)」と,日本における「営業」の間には違いがあると言われているが,ここでは両者を営業という言葉で統一する。
(13) クロンら(Cron, 1984; Cron et al., 1986;Cron et al., 1988)は,キャリア段階(career stages)を「探索(exploration)→確立(establishment)→維持(maintenance)→離脱(disengagement)」に区分した上で,キャリア段階が職務態度,仕事環境の知覚,業績,モチベーションに与える影響を検討している。しかし,彼らは,知識・スキルの獲得という熟達の視点から営業担当者を分析しているわけではない。

第 I 部
先行研究の整理

理論的研究と実践的研究

　第Ⅰ部では,「人はどのように熟達し」「経験から学んでいるか」に関して,これまでの研究において明らかになっていることを整理する。このとき,先行研究は,図Ⅰ-1に示すように,大きく2つの領域に分けることができる。

　第1の領域は,熟達に関する理論的研究である。この領域では,認知心理学を中心として,知識,信念,熟達化に関する研究が行われてきた。第2の領域は,経験に関する実践的研究である。この領域では,経営学や応用心理学を中心として,経験年数,経験特性,経験からの学習能力が検討されてきたものの,理論的枠組みが弱く,調査をベースとする研究が多い傾向にある。

　従来,これら2つの研究は,比較的独立して行われてきた。すなわち,熟達の研究には,経験という概念が明示的に検討されておらず,経験の研究では,熟達の理論が応用されることが少なかった。こうした状況が経験学習プロセスの解明を遅らせている一つの原因であると考えられる。本書では,これら2つの研究領域を融合する形で,実証分析を進めたい。

図Ⅰ-1　2つの研究領域

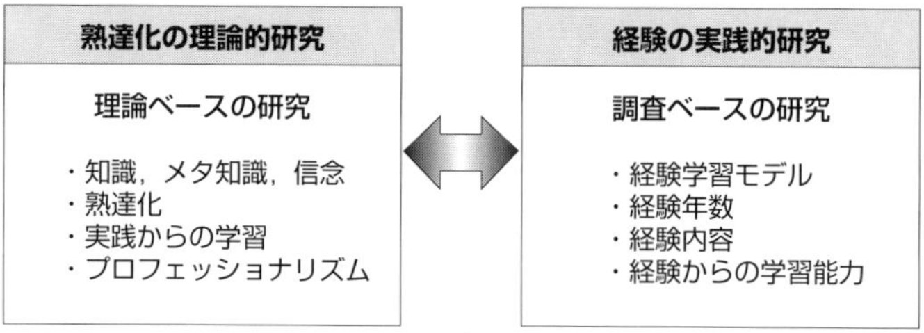

熟達化の理論的研究	経験の実践的研究
理論ベースの研究	調査ベースの研究
・知識,メタ知識,信念 ・熟達化 ・実践からの学習 ・プロフェッショナリズム	・経験学習モデル ・経験年数 ・経験内容 ・経験からの学習能力

　ただし,これら2つの分野は明確に分けることはできない。熟達研究(1章)の中には,経営学・経済学・社会学に基づく研究や実践的研究が含まれ,経験研究(2章)の中には,認知心理学的研究や理論的研究も含まれている。あくまでも,この2分法は,「熟達」と「経験」という概念を中心に研究を大まかに区分したものである。

第1章 熟達化の理論的研究

　素人には真似のできない特別な知識やスキルを持っている人を熟達者と呼ぶが，彼らの知識やスキルは，仕事上の諸問題に対処するための道具となる。本章では，熟達者がどのような知識・スキルを持ち，どのようなプロセスでそれを獲得しているかという点に着目して，過去の研究を振り返る。つまり，「熟達のしくみ」について明らかになっている従来の知見を整理し，3章以降に行われる実証分析の理論的な土台を作ることが本章の狙いである。具体的には，次の点について過去の研究をレビューする。

- ・知識の類型
- ・メタ知識
- ・信念の働き
- ・熟達化のプロセス
- ・実践による学習
- ・プロフェッショナリズム

　この章の前半でレビューする「知識，メタ知識，信念」といった概念は，人が意思決定をしたり問題解決するときに使われる認知的道具である。後半で紹介する「熟達化のプロセス」と「実践による学習」についての研究は，人が認知的道具をどのようなプロセスで獲得しているかに焦点を当てている。最後に取り上げるプロフェッショナリズムは，熟達者の完成型ともいえるプロフェッショナルの理想像を示したものである。

1. 知識の類型

まず，熟達者を支える知識・スキルの特性について見ていきたい。以下では，認知心理学，マーケティング，経営学において知識がどのように捉えられているのかについて概観する。

●── 2タイプの知識

認知心理学においては，通常，知識を「宣言的知識（declarative knowledge）」と「手続的知識（procedural knowledge）」に区分する（Anderson, 1983）。宣言的知識とは，事実に関する知識，すなわち「AはBである」という命題によって表現できる知識である。これに対し，手続的知識は，やり方や技能など言語的に表現することが難しい知識を指す。このような二分法は，ライル（Ryle, 1949）が，knowingをknowing that（内容を知ること）とknowing how（方法を知ること）に分けたことに由来するといわれている。

我々は，「自転車は移動するための乗り物である」ことを知っている。これが宣言的知識である。一方，自転車の乗り方は，ひざをすりむきながら練習することで，身体で覚える。これが手続的知識である[1]。前述したように，本書では，前者を「知識」，後者を「スキル」と呼ぶ。

なお，野中と竹内（Nonaka and Takeuchi, 1995）は，ポランニー（Polanyi, 1966）の研究に基づいて，知識を暗黙知（tacit knowledge）と形式知（explicit knowledge）に区分している。暗黙知が，個人的かつ文脈に依存した知識であるため形式化したり伝達することが困難であるのに対し，形式知はシステマティックな言語に変換することが可能な知識である。宣言的知識と手続的知識の区分は，形式知と暗黙知の区分と似ているが，同一ではない。なぜなら，やり方の知識である手続的知識のすべてが言語化できないというわけではなく，その一部は形式知化できるからである。例えば，人前でスピーチをするコツの大部分は暗黙知であると思われるが，その一部を言葉にして教えることは可能である。

●——— スマートに働くことの研究

　認知心理学の考え方は，90年代前後からマーケティングにおける営業研究でも応用されている（細井，1992, 1995; Weitz, 1981）[2]。認知的アプローチの狙いは，営業担当者の知識に焦点を当てることで，「がむしゃらに働く」ことから，頭をつかって「スマートに働く」ことへ営業マネジメントを転換することにある（細井,1995; Weitz et al., 1986）。具体的には，顧客の特性や販売状況を見極めるための宣言的知識と，そうした状況における対処の仕方に関する手続的知識に注目し，有能な営業担当者とそうでない担当者の間で知識に違いがあるかどうかが検討されてきた。以下では，認知的アプローチにおける実証研究を簡単に見ていきたい。

　営業担当者の宣言的知識は，顧客を適切に分類できるかどうかの観点から分析されている（Szymanski ,1988）。ここでいう顧客の分類基準とは，年齢，収入，職業，婚姻状態，教育，商品知識，資金量，購買意欲等を指している。優れた営業担当者は見込み客を適切に見極めるための顧客分類基準を持っている，という仮説のもと，顧客を分類するカテゴリーの内容や数といった観点から，有能な営業担当者とそうでない担当者が比較分析されてきた（Sujan et al., 1988 ; (Macintosh et al., 1992）[3]。

　一方，手続的知識は，営業担当者のスクリプトの観点から分析されてきた。スクリプトとは，演劇の台本のように時間軸上を一定の順序でエピソードが並んでいるような知識構造を指し，営業担当者は，「名刺を出す→天気の話しをする→用件を切り出す→パンフレットを見せる→疑問点を確認する・・・」といった商談に関するスクリプトを持っている。これまで，有能な営業担当者とそうでない担当者の持つスクリプトの内容，構造，順番が比較分析されてきた（Anglin, 1990; Leigh and McGraw, 1989; Leong et al., 1989; Macintosh et al.,1992）。

　人的販売活動を知識の側面から研究する意義は，営業担当者の知識に注目することで，①営業のやり方を議論することができるようになり，②努力の質を問うモチベーション研究へ転換する必要性を指摘し，③教育訓練によって，有

能な営業担当者の知識を,そうでない担当者へ移転することができるようになったという点にある(細井,1995; Weitz et al.,1986)[4]。

● 管理職の知識・スキル

　企業の管理職の知識やスキルは,どのように類型化されているだろうか。以下では代表的な2つの研究を紹介したい。第1の類型は,企業の管理職が持つスキルを類型したカッツ(Katz, 1955)の研究である。カッツは管理職の業績を左右するものとして,「テクニカル・スキル」(technical skill),「ヒューマン・スキル(human skill)」,「コンセプチュアル・スキル(conceptual skill)」の3つのスキルを挙げている。テクニカル・スキルは,活動の方法・プロセス・テクニックを意味し,外科医,音楽家,会計士,エンジニアが持つ技術がその例である。ヒューマン・スキルは,集団内でメンバーとして働く能力,協力体制を築く能力を指す。そして,コンセプチュアル・スキルは,企業の目標を達成するために諸活動を統合する能力である。

　カッツによれば,これら3つのスキルの重要性は,管理レベルによって異なる。すなわち,下位レベルの管理職にとって重要なのはテクニカル・スキルであり,上位レベルになるほどコンセプチュアル・スキルの重要性が高まる。そして,ヒューマン・スキルはどの管理レベルにおいても必要となる。

　第2の類型は,心理学者であるワグナーとスタンバーグ(Wagner, 1987; Wagner and Sternberg, 1985)による類型である。彼らによれば,暗黙知とは「通常は言語化されず,直接的に教えることがない知識」であり,実践的知識の主要な要素である(Sternberg et al., 2000; Wagner and Sternberg, 1985)。彼らの研究では,暗黙知は「自己管理」「他者管理」「タスク管理」の3タイプに区分されている。自己管理の暗黙知は,仕事上で自分の生産性や意欲を高めるための知識であり,他者管理の暗黙知は,自分の部下や同僚との関係をマネジメントするための知識である。そして,タスク管理の暗黙知は,仕事をうまくこなすためのノウハウである。ワグナーらによれば,知能テストよりも,これらの暗黙知の方が仕事の業績を説明・予測する力が強いという。

2. メタ知識

　上述した知識は，意思決定や問題解決の際に使われる知識である。これに対し，メタ認知（metacognition）は，個別の認知，態度，行動を制御する，より高次の認知能力である（Flavel, 1978；Swanson, 1990）。メタ認知は，人間の認知活動をコントロールする司令塔的な役割を担い，学習活動に強い影響を与えるといわれている。

● ── メタ認知とは何か

　メタ認知は，認知についての知識である「メタ認知的知識」と，認知のプロセスや状態をモニタリングしたりコントロールする「メタ認知的活動」に分かれる（Flavell, 1976；丸野, 1989；三宮, 1995)。例えば，スピーチの達人は，スピーチを成功させるためのポイント，聴衆の好み，自分の話す能力についての知識を持っている。これがメタ認知的知識である。そして，どのような話をするかについてプランを立てたり，スピーチをしている途中に聴衆の反応や自分の状態をモニタリングし，話の内容を修正する作業はメタ認知的活動に当たる。こうしたメタ認知は，「スピーチをする」という活動を支えるものである。

　図1-1は，メタ認知の働きをモデル化したものである。ネルソンとナレンズ（Nelson and Narens, 1994）は，人間の認知活動をメタレベル（meta-level）と対象レベル（object-level）に区分した上で，目標を設定したり計画を修正したりする活動を「コントロール（control）」と呼び，現実に生じている事柄に対する気づき，感覚，点検，評価に関する活動を「モニタリング（monitoring）」と呼んでいる。このとき，メタレベルの活動は，「自分や自分を取り巻く環境についてのモデル」によって影響を受ける。このモデルが，メタ認知的知識であると考えられる。

図1-1 メタ認知のモデル

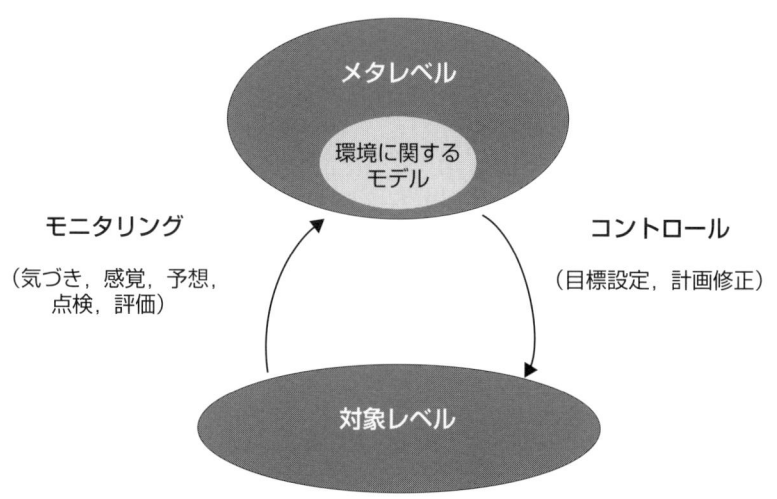

メタレベル
環境に関する
モデル

モニタリング
（気づき，感覚，予想，
点検，評価）

コントロール
（目標設定，計画修正）

対象レベル

注：Nelson and Narens（1994）および三宮（1995）を基に作成

● メタ知識

　2つのメタ認知のうち，メタ認知的知識（以下，メタ知識）に着目して，それがどのように分類されているか，どのような働きをするかについて見てみよう。ピントリッチ（Pintrich, 2002）はフラベルとウェルマンの研究（Flavell and Wellman, 1977）を基に，メタ知識を次の3つに整理している。

・方略知識
・タスク知識
・自己知識

　方略知識（strategic knowledge）は，学習，思考，問題解決に関する活動をうまくこなすために使われる一般的な方略についての知識である。タスク知識（knowledge about cognitive task）とは，取り組むタスク（課題）の難易度に関する知識である。そして，自己知識とは，自分の強みや弱みについての知識である。

例えば，営業担当者は，どのような営業手法を使って顧客の問題を解決すべきか（方略知識），どの営業活動が難しいか（タスク知識），自分の強みと弱みは何か（自己知識）についての知識を持っていると思われる。こうしたメタ知識は，営業活動を効果的に遂行するための「信念」や「仕事観」を形成する要素となり，個別の営業活動を方向づける役割を果たしていると考えられる。

学校の授業を対象とした先行研究によると，生徒が持つメタ知識は，彼らの意思決定，問題解決，パフォーマンスを左右することがわかっている。例えば，小学生低学年の生徒は，計算の仕方について，どの程度使いやすく，スピードが速く，有効であるかというメタ知識（方略知識）を持っていて，このメタ知識によって計算の仕方（例えば「指を使う」「暗算する」）が選択されているという（Car and Jessup, 1997）。

また，13〜15歳の生徒は，物事を決定するときに，「状況によって意思決定の難しさは異なる」といったタスク知識や，「行動する前にチェックする」「いろいろな意見を考慮に入れる」といった方略知識を持っており，こうしたメタ知識が，生徒の学業成績や意思決定のスタイルを決定しているという（Ormond et al., 1991）。

この他にも，生徒が数学に対して持っている「数学観」が，学習上の問題を引き起こしたり（Ginsburg, 1989），数学に対する「信念」が問題解決プロセスに影響していることが報告されている（Schoenfeld, 1985）。

以上の研究からわかるように，メタ知識は，高次の知識として，広範囲にわたる個人の意思決定やプランニング活動を方向づける役割を果たしている（Morris, 1990）。

3. 信念の働き

信念は，世界をどのように見るかを決定するフィルターの役割を果たしたり，行動を方向づけるトップダウン的な働きをするという意味で，メタ知識としての特性を持つ。個人のものの見方や行動を方向づける信念は，学習活動にも影響を及ぼすという点で，本書において鍵となる概念である。

信念とは何か

信念は「ある対象が特定の属性と結びついているという認知」として定義できる（Fishbein and Ajzen, 1975）。例えば，「アメリカは自由の国だ」という信念は，アメリカという「対象」が，自由の国という「属性」と結びついたものである。この対象と属性の結びつきの度合いが，信念の強さ（belief strength）となる。エイベルソン（Abelson, 1986）は，信念を「持ったり，捨てたりできる所有物（possession）」のようなものであると考えている。

複数の知識が連結してできた知識構造を「スキーマ（schema）」と呼ぶが，我々は，自己や環境についての信念をスキーマ化することで外界の現象を理解し，どのように行動すべきかの意思決定をしている（西田, 1998）[5]。信念の構造を説明する次元の一つに「中心領域—周辺領域（central region-peripheral region）の次元」がある（Rokeach, 1968）。自分が直接体験したり，他人も同じ信念を持っているほど，その信念は中心領域に近くなり，変化しにくくなる[6][7]。また，自分のアイデンティティと強く結びついている中心的な信念は，世界をどのように見るかを決めるフィルターとしての機能を果たし，知識が形成される際にも影響を及ぼすといわれている（Leonard and Swap, 2005）。

信念と知識の違い

ここで，信念と知識の違いについて説明しておこう。信念は知識と多くの共通点を持つが，異なる側面もある。すなわち，多くの人によって共有された社会的な事実が「知識」であるのに対し，信念は，個人としての理想や価値を含む主観的な概念である（Abelson, 1979）[8]。

また，信念と知識は，異なる形態の記憶であり，異なる脳システムによって影響を受けているという（Eichenbaum and Bodkin, 2000）。すなわち，知識主導の記憶処理（knowledge-driven memory processing）は，新しい経験によってもたらされた情報が，新しいスキーマを作ったり，既存のスキーマを修正するという「ボトムアップ」的な働きをする。これに対して，信念主導型の記憶処理（belief-driven memory processing）は，個人が持つスキーマが，新

しい経験をどのように解釈するかを導き，自身のスキーマを確認したり，信念と一致するように行動を方向づける「トップダウン」的な働きをする。人間は，これら2つのタイプの情報処理活動が相互に作用することで日常生活を送っているのである。

素人理論としての信念

信念がトップダウン的に働くという点は，信念が一種の「個人的な理論」として機能していることを示唆している。人は，環境を理解し，予測し，コントロールするために，素朴な理論である「素人理論（lay theory）」を作り出す（Hong et al., 2001）。

素人理論は，科学的理論と比べると脆弱ではあるが，個人の行動・判断・評価を方向づける働きをする（Cameron et al., 2001）[9]。社会的集団について個人が持っている素人理論は，他集団に対する認知，感情，行動に強い影響を及ぼす（Hong et al., 2001）。例えば，「最近の若者は怠け者だ」と信じている管理職と，「最近の若者は発想が豊かだ」と信じている管理職では，部下に対する対応は異なるだろう。これまでの実証研究にもとづき，ファーナム（Furnham, 1988）は，信念としての素人理論が，個人の自己概念や行動を解釈する方法を規定すると主張している。

信念の形成

次に，信念がどのように形成されるかについて見てみよう。エイベルソン（Abelson, 1986）によれば，人は信念に価値や機能性を感じるほど，それを保持する傾向がある。すなわち，信念が意思決定の道具として有益であるほど，また，自己を表現するのに有益であるほど，人はその信念に価値を見出し，保持し続けるのである。エイベルソンは，前者を「道具的な機能性（instrumental functionality）」，後者を「表現的な機能性（expressive functionality）」と呼んでいる。

同じ内容の信念でも，その形成プロセスには違いがある。フィッシュバインとエイゼン（Fishbein and Ajzen, 1975）は，信念をその形成プロセスの違い

から3種類に分類している。すなわち，①ある対象を直接的に経験することで形成された「記述的信念（descriptive beliefs）」，②既に持っている記述的信念をベースとして推論によって形成された「推論的信念（inferential beliefs）」，③外部からの情報によって形成された「情報的信念（informational beliefs）」である。

例えば，人が「アメリカは自由の国だ」という信念を持つ場合，長期間アメリカに滞在した自らの経験に基づいているならば記述的信念であり，短期的なアメリカ滞在の経験を基に推論したものならば推論的信念であり，テレビや雑誌の情報を基に形成されたものならば情報的信念となる。

● 仕事の信念

人間は，さまざまな領域において信念を持っている。例えば，料理を趣味とする人は「料理とはどうあるべきか」というポリシーを持ち，子育て中の母親は「子育てに関する持論」を，また，たいていの人は「親戚づきあいや友人関係のあり方」についての信念を持っているだろう。

本書は，さまざまな信念の中でも，職務を遂行する際に人々が持つ「仕事の信念」に着目する。例えば，「お客様の要望にはすべて答えるべきである」という信念を持っている営業担当者は，職務を遂行する際，この信念に沿った知識やスキルを使用していると思われる。

仕事の信念は，「仕事はどうあるべきか」についての個人的な理論であり，その人にとっての「仕事の成功をもたらす原理・原則」である。その内容は，個人の経験に基づいて形成される場合もあれば，身の回りにいる他者が持つ信念の影響を受ける場合もある。また，その信念が意思決定の道具として有益であったり，自己を表現するのに有益であるほど，信念は強固になる。

● 知識・信念研究の課題

知識や信念を検討した従来の研究は，知識をいかに表現するかという知識表象の問題に力点を置いてきた。認知心理学における知識研究は，実験的手法を用いて人間の頭の中で知識がどのように表象されているかを解明する研究か

ら，現実の社会の中で知識がどのように獲得・伝達されていくかを明らかにする研究へと移行すべきであるといわれている（大浦，1996；波多野，1996；波多野・三宅，1996）。

4. 熟達化のプロセス

「知識，メタ認知，信念」は，人が外部環境を認識し適応する上で必要な認知的ツールである。次に，熟達者と呼ばれる人々がどのようなツールを持ち，どのようなプロセスを経てそれらを獲得するかについて見てみよう。

● 熟達者の特徴

熟達者とは，①特定領域において，②専門的なトレーニングや実践的な経験を積み，③特別な技能や知識を獲得した人を指す。通常，特定の分野における上位5%の人材を熟達者と呼ぶ（Wagner and Stanovich, 1996）。素人と比較した場合，熟達者は，図1-2に示すような特徴を持っている（Chi et al., 1982；Ericsson, 2001；Glaser and Chi, 1988；大浦，1996）。

第1に，熟達者は自分の領域においてのみ優れているのであって，普遍的な能力を備えているわけではない。領域が異なれば知識の構造も異なることを領

図1-2 熟達者の特徴

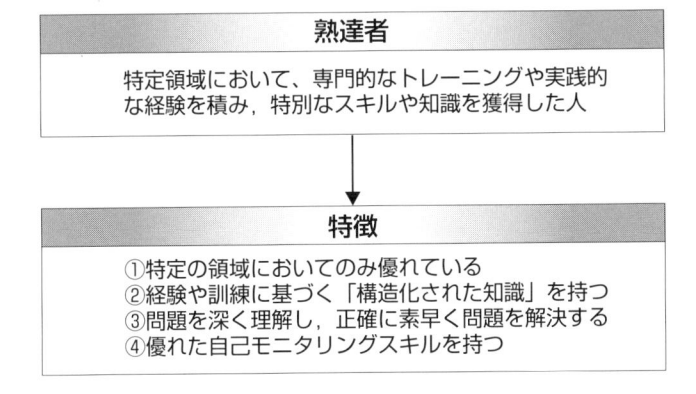

熟達者
特定領域において、専門的なトレーニングや実践的な経験を積み，特別なスキルや知識を獲得した人

↓

特徴
①特定の領域においてのみ優れている ②経験や訓練に基づく「構造化された知識」を持つ ③問題を深く理解し，正確に素早く問題を解決する ④優れた自己モニタリングスキルを持つ

域固有性（domain specificity）と呼ぶ（Hirschfeld and Gelman, 1994）。研究開発の分野で熟達者であった人が，営業職に移ったとたんに素人並みになってしまうケースや，営業活動に関しては熟達者であった人が，営業担当者を「管理する」マネジャーになったとたんに，自身の能力が発揮できなくなるケースを考えると，熟達者の活躍できる領域は限られていることがわかる。抜群の運動神経を持つバスケットボールのスーパースターが大リーグに転向しようとして失敗したのも，熟達者の知識・スキルに「領域固有性」があることを示している。

第2に，熟達者は，重要な概念や解決方法に関する構造化された知識（よく整理された知識）を持っているため，必要なときに必要な知識を取り出すことができる。構造化された知識のおかげで，熟達者は，複雑で膨大な外部情報を，意味のある大きなまとまりやパターンとしてとらえることができる。例えば，チェスの熟達者は，駒の配置パターンを，熟達したプログラマーは鍵となるプログラミング言語を意味のあるまとまりとして記憶している。

第3に，熟達者は，解決すべき問題を深いレベルで理解し，「素早く，正確に」問題を解決する能力を身に着けている。ここで言う「深い理解」とは，問題の背後に存在する原理・原則の観点から問題の特性を把握することを意味する。素人が表面的なレベルで問題を理解しようとするのに対して，熟達者は，問題が生じている根源的な原因を探ろうとする。また，熟達者が「素早く，正確に」問題を解決できるのは，問題解決に必要な作業が自動化されているためである。つまり，ある問題を解決する際には，いくつかの下位技能が必要であるが，それらの技能が自動的に実施されているので，スピーディに問題を処理できるのである。

例えば，経験豊富な外科医は，手術に必要な多くの処置を自動的に遂行しているからこそ，限られた時間の中で効率的に手術を実施することができ，予想外の問題が生じたときにも対応できるのである。

熟達者の最後の特徴は，優れた自己モニタリングスキルを持つ，という点にある。これは，間違いを犯した場合に，自分の行動を客観的に観察し，なぜ自分が失敗したのかを把握する力である。熟達者は，自分の状態をチェックし，

必要があれば調整するセルフ・コントロール能力を持っている。例えば，経験豊富な優れた営業担当者は，顧客との商談の最中に，常に話の流れを把握し，必要があれば会話の内容を修正することができる。これは，前述したメタ認知的活動の一つである。

● ── スキルの獲得モデル

　熟達者になるためには，優れたスキルを獲得しなければならない。人は，どのようにスキルを獲得するのだろうか。アンダーソン（Anderson, 1982, 1983）は，フィッツ（Fitts, 1964）の理論を基に，次の3段階からなるモデルを提案している。

　第1は，宣言的段階（declarative stage）である。この段階では，命題的な知識（宣言的知識）をワンステップずつ解釈しながら技能が実行される。第2の段階は，知識の翻訳（knowledge compilation）段階と呼ばれる。すなわち，宣言的知識を実際に使うことによって，解釈なしで使用できるような手続的知識の形に翻訳されるのである。つまり，それまで，一つ一つ考えながらやっていたことが，状況に応じて自動的に実行されるようになる。第3の手続的段階（procedural stage）では，翻訳された知識を繰り返し使うことにより，処理スピードがアップし，より適切なものに作り変えられていく。この手続的段階に達した知識は，長期にわたって維持される場合が多いといわれている。

　例えば，自動車の乗り方を習得するとき，はじめは教習所で教えられた通りに一つ一つの動作を意識的に行うが，徐々に頭で考えることなしに運転することができるようになり，さらに練習をつむと一連の動作を自動的にこなすことが可能になる。

　上述した3つの段階を想定するアンダーソンの学習モデルは，命題的に保存された宣言的知識が，経験や練習によって徐々に自動化・無意識化されていく過程をうまく説明している。手続的知識は，ワンステップずつ意識しながら処理される宣言的段階から，無意識化・自動化された手続的段階まで，さまざまなレベルが存在するのである。

●── 熟達化の10年ルール

　熟達者が持つ優れた知識や技能は一朝一夕に得られるものではない。従来の熟達研究では，チェス，テニス，音楽，絵画といった分野において世界レベルの業績を上げるためには最低10年の準備期間が必要であることがわかっている（図1-3）。こうした実証研究に基づいて，「各領域における熟達者になるには最低でも10年の経験が必要である」という10年ルール（10-year rule）が提唱されている（Ericsson, 1996; Hayes, 1989; Simon and Chase, 1973）。

　しかし，10年の経験を経れば自動的に専門的な知識や技能が身につくということではなく，その10年の間にいかに「よく考えられた練習（deliberate practice）」を積んできたかが重要となる（Ericsson et al., 1993）。スポーツ，音楽，チェスのような分野であれば，優れた師匠の下で，よく考えられた効果的なトレーニングを積むことが必要となる。

　エリクソンら（Ericsson et al., 1993）は，「よく考えられた練習」の条件として，①課題が適度に難しく，明確であること，②実行した結果についてフィードバックがあること，③何度も繰り返すことができ，誤りを修正する機会があることを挙げている。これは，経験の長さよりも，「経験の質」が熟達にと

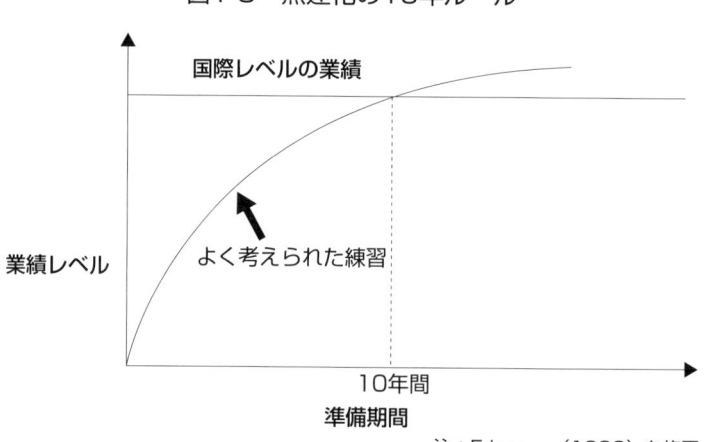

図1-3　熟達化の10年ルール

業績レベル／国際レベルの業績／よく考えられた練習／10年間／準備期間

注：Ericsson（1996）を修正

って重要な要因であることを示している。

● 手際の良い熟達と適応的熟達

　しかし，上述した10年ルールは全ての職について当てはまるわけではない。例えば，スーパーマーケットのレジ打ちの技術を習得するのに10年の準備期間は必要なく，より短期間で熟達者の域に達することができる。つまり，熟達者になるために10年の準備期間が必要であるのは，複雑で多様なスキルを必要とする職務に限られる。つまり，熟達者になるための熟達化の期間を考える際には，仕事の特性を考慮しなければならない。

　この点に関して，波多野と稲垣（1983）は，「手際の良い熟達者（routine expert）」と「適応的熟達者（adaptive expert）」を区別している。手際のよい熟達者とは，同じ手続きを何百回，何千回と繰り返すことによりその作業に習熟し，技能の遂行の速さと正確さが際立って優れている人を指す。これに対し，適応的熟達者とは，手続きの遂行を通して概念的知識を構成し，課題状況の変化に柔軟に対応して適切な解を導くことのできる人を意味する。

　例えば，単一の作業を素早く正確にこなすことができる工場の製造ラインの担当者や事務作業員，スーパーのレジ担当者は手際の良い熟達者である。これに対して，時代の変化に対応する新製品の開発を任されているエンジニア，顧客のニーズに合わせて提案する営業担当者，社内の状況にあわせて情報システムを組み直すことを仕事としている情報部門の担当者などは，適応的熟達者である。

　また，適応的熟達という概念ではとらえきれない創造的領域における熟達に着目する研究もある。岡田（2005）によれば，創造的領域での熟達化にとって重要なことは，①アイデアを生成し，②アイデアを形にし，③アイデアを評価することであるが，これまでの熟達化研究では主に②と③の側面に焦点を当てられてきたという。アイデアを形にするための構造化された知識や，アイデアを評価するメタ認知能力だけでなく，柔軟にアイデアを生成するための能力を兼ね備えた熟達者を，岡田（2005）は「創造的熟達者（creative expert）」と呼んでいる[10]。岡田ら（岡田他, 2004；Yokochi and Okada, 2005；横地・岡

田, 2005) は, 芸術家の創作活動を対象とした研究を通して, 芸術家のスキルやテーマ設定等, 創作プロセスを分析している。

創造的領域での熟達化を促進する要因として岡田 (2005) は, ①ある程度の才能, ②内発的動機づけ, ③課題にかける時間, ④よく考えられた練習, ⑤知識構造化のための方略, ⑥社会的サポートや社会的な刺激, といった要因を挙げている。

●── 熟達の5段階モデル

上述した10年ルールは, 10年間に, 人がどのようなステップを踏んで熟達するかについては説明していない。特定の領域において管理職が熟達するプロセスについて, ドレイファス (Dreyfus, 1983) は次の5段階モデルを提示している (表1-1)。このモデルによれば, 人は, 初心者 (novice), 上級ビギナー (advanced beginner), 一人前 (competent), 上級者 (proficient), 熟達者 (expert) の5つの段階を経てスキルを獲得する。

「初心者」は, 職務に関連する事実やルールを学ぶが, 具体的な経験を積んでいないため, 知識は文脈や状況と切り離されている。そのため, 初心者のパフォーマンス・スピードは遅い。

現実場面での経験を積むと, 直面している状況に関する重要で微妙な特徴に気づくようになる。こうした状況の違いを考慮して意思決定できる段階が「上級ビギナー」である。

「一人前」になると, さまざまな選択肢から, 目標を設定し, 計画を立て, アクションをとることができるようになる。具体的な経験を積み重ねることで, アクションプランを選択するのも容易になる。

一人前の段階では, 状況を個別要素に分けた上で, 分析的な思考方法をとるのに対し,「上級者」になると, 豊富な経験を通して典型的な状況についての知識を獲得し, 状況を「包括的・全体的 (holistic)」に見ることができるようになる。

「熟達者」の特徴は,「直感的に意思決定」することができる点にある。素人から上級者の段階まで, 意思決定は合理的に行われるが, 熟達者は, 状況やア

表1-1　熟達の5段階モデル

		認知的能力			
		個別要素の把握	顕著な特徴の把握	全体状況の把握	意思決定
熟達の段階	1.初心者	状況を無視	なし	分析的	合理的
	2.上級ビギナー	状況的	なし	分析的	合理的
	3.一人前	状況的	意識的選択	分析的	合理的
	4.上級者	状況的	経験に基づく	全体的	合理的
	5.熟達者	状況的	経験に基づく	全体的	直感的

（最低10年）

注：Dreyfus（1983）を修正

クションに関する膨大なレパートリーを有するため，直感的な判断が可能になるのである。

最終段階である「熟達者」になるまでには最低10年の準備期間が必要であることを考えると，ドレイファス・モデルにおける第1段階から第4段階に至るまでの期間は最低10年であるといえる。

● ── 熟達研究の課題

ここで，熟達研究の課題について述べたい。これまでの研究では，小池も指摘するように，高度で専門的なホワイトカラーの技能についての研究は少なく（小池，1999），熟達のメカニズムも曖昧であった（大浦，1996）。今後は，熟達者プロセスを領域ごとに分析し，熟達のメカニズムのうち，何が領域に共通で，何が領域に固有なのかについて解明する必要があるだろう。

5. 実践による学習

　従来の熟達研究は，認知心理学をベースとして，個人の頭の中の働きを中心に検討する傾向があった。これに対し，学習が行われる状況や文脈を重視し，「現場」や「実践 (practice)」，「コミュニティ」の働きに着目した研究が行われている。以下では，より現実に近い状況において認知活動をとらえること強調したアプローチについて概観する。

● ── ノウイング

　実践による学習を重視するクックとブラウン (Cook and Brown, 1999) は「ノウイング (knowing)」という概念を提示している。ノウイングとは，「知るという行為」であり，「現実世界と相互作用することを通して知識を創造すること」を意味する。このとき注目すべきことは，彼らが，ノウイングと知識を区別しているという点である。つまり，ノウイングが「行為の一種」であり，「行うこと」であるのに対して，知識は我々が「所有しているもの」である。彼らの考えでは，知識は人から人へ，書物から人へと移転するのではない。人は，他者の知識や書物の知識を「道具として」使用しながら，ノウイングによって新しい知識を作り出すのである。

　例えば，子供が自転車の乗り方を学ぶとき，擦り傷をつくりながら何回も練習する。このとき，子供はノウイングを通して自転車に乗るための知識を創造しているのである。既に自転車に乗ることができる親兄弟や友達からのアドバイスは単なる道具に過ぎず，自分が試行錯誤して知識を獲得するしかない。

　また，ある人がコンピューターのプログラミングを学習する場合を考えてみよう。書籍や先輩のアドバイスをもらいつつ，自分で試行錯誤しながら「プログラムの作り方」を学習するとき，この人は，書籍や先輩の知識を道具としつつも，自らが行為することを通して，プログラミングの仕方という知識を創造しているのである。

　少ないながらもノウイングに関する実証研究が行われている。例えば，キン

グとラフト（King and Raft, 2001）は，胸部外科医の認証プロセスを分析し，外科医の知識とノウイングがいかに評価されているかを検討している。また，オリコフスキー（Orlikowski, 2002）は，グローバルに製品開発を行っている組織のメンバーが，実践の中でいかに知識を生み出しているかを分析することで，ノウイングのプロセスを検討している。いずれも，定性的な研究手法が用いられている点に特徴がある。

実践コミュニティの働き

現実世界との相互作用を強調するノウイングの考え方は，レイヴとウェンガー（Lave and Wenger, 1991）が主張する「実践コミュニティ」（community of practice）の概念と密接に関係している。実践コミュニティとは，「あるテーマについての関心や問題，熱意などを共有し，その分野の知識や技能を，持続的な相互交流を通じて深めていく人々の集団」である（Wenger et al., 2002）。はじめは新参者として周辺的・部分的な活動に参加するが，徐々に正式メンバーとして全般的な活動に参加するようになる。こうした形で学習をとらえることを，レイヴとウェンガーは「正統的周辺参加（Legitimate peripheral participation）」と呼んでいる[11]。

実践コミュニティ内では，メンバーが情報や洞察を共有し，アドバイスを与え合い，協力して問題を解決する。共に学習することに価値を認め，非公式なつながりを持つ点が，実践コミュニティの特徴である。例えば，カフェで新しいスタイルについて議論する芸術家，子供のサッカー観戦をしながら子育てに関する情報をやり取りする親たち，最新の技術についての知識を共有するエンジニアなど，実践コミュニティはどこにでもあり，誰もが職場，学校，家庭，趣味などを通じて，いくつかの実践コミュニティに属している（Wenger et al., 2002）[12]。

実践コミュニティにおける学習形態が，親方が弟子を教育する徒弟制に似ていることから，コリンズら（Collins et al., 1989）は，このタイプの学習形態を「認知的徒弟制（cognitive apprenticeship）」と呼んでいる。認知的という言葉が使われているのは，徒弟制を通じて，肉体的スキルを超えた，より洗練さ

れた技能が獲得されることを強調しているからである。認知的徒弟制は，個人が特定領域における本物の活動（通常行われている実践活動）の中で認知的道具（例えば，概念的知識）を獲得・発達・使用させ，学習することを支援している（Brown et al., 1989）。

　米国のノーベル賞受賞者をインタビュー調査したズッカーマン（Zuckerman, 1977）は，研究室における徒弟的な教育の中で彼らが何を学んだかを報告している。ノーベル賞受賞者たちは，各領域における技術的な知識よりも，考え方のモデル，研究を評価する基準，研究課題や問いの立て方，自信といったものを指導教官から学ぶ傾向にあったという。つまり，彼らは，徒弟的な教育を通して，個別の知識・スキルよりも，メタ知識や信念のようなより高次の知識を身につけていたのである。

● —— 段階的学習

　次に，実践においてどのような形で学習が進められるかについて考えてみたい。バートンら（Burton et al., 1984）は，複雑なスキルの獲得を支援するためには，「徐々に複雑さを増す小世界（increasingly complex microworlds）」と呼ぶパラダイム（ICMパラダイム）に基づいて学習環境（learning environment）を設計することが有効あると主張している。ICMパラダイムとは，タスクが徐々に複雑になるような一連の環境の中で個人が学習する状況を指す。

　例えば，初心者がスキー技術を学習する場合には，①まず，ターンしやすい短いスキーをつけさせ，転倒してもケガの危険性が少ない緩やかな斜面で練習した後，②少し長いスキー板をつけて，きつい斜面で練習し，③最終的に，正規の長さのスキー板で，制御しにくい坂を滑る練習をする方法が有効となる。各ステップにおける小世界（microworld）は徐々に複雑になるように設計されている点に特徴がある。ICMパラダイムの観点から見た良い学習環境とは，各レベルにおいて挑戦的だが達成可能な目標があるような状況が設定されている環境を指す[13]。

　スポーツに限らず，企業内においても，こうした段階的な学習状況が設定されることがある。例えば，情報関連企業に入社した新入社員は，基礎的な教育

を受けた後，部分的なプログラムの作成を任される。その後，情報システムを構築するプロジェクトのサブリーダーとして数名の部下を指導し，先輩や上司の働きを観察することを通して，プロジェクト管理のあり方について学ぶ。そして，数十名の小規模プロジェクトのリーダーを任され1人立ちした後，中規模プロジェクト，大規模プロジェクトを率いることで，徐々に複雑な集団管理ノウハウを獲得するのである。

● 非段階的学習

　ピアノやバレエといった西欧の芸術を指導する場合も，一つの「わざ」の体系はいくつかの技術要素に分解され，それぞれを単元としたカリキュラムが組まれて，学習の易しいものから難しいものへと順に配列されている（生田，1987）。これに対し，茶道や日本舞踊のような日本古来の「わざ」の教授においては，易から難へと段階を順に学習をすすめていくのではなく，いきなり一つの作品の模倣から始めたり，難易度の高い課題を入門者に経験させたり，あえて段階を設定しないで，学習者自らがその段階や目標を作り出すように促したりする「非段階的な学習」が採られている点に特徴があるという（生田，1987）。

　鋳鉄管製造と生協の共同購入の現場を調査した松本（2003）は，双方の現場において異なる学習方法がとられていることを報告している。鋳鉄管製造の現場では，新人はまず掃除や観察によって現場を把握し，それから徐々に難しいタスクを経験していく「段階的な学習」によって技能を身につけていた。これに対し，生協の新人職員の場合は，基礎的な技能を身につけた後，自分1人で配達業務を進めながら技能を獲得するという「非段階的な学習」方法がとられていた。松本はこうした学習方法を「現場への放り出し」と呼んでいる。

　以上をまとめると，実践による学習には段階的学習と非段階的学習が存在し，領域によって採用される学習方法が異なるといえる。このことは，「よく考えられた練習」にも，領域ごとにいくつかのパターンが存在する可能性を示している。

●── 小池の知的熟練論

　製造企業の現場における熟達を考える際に欠かせないのが小池による一連の研究である（e.g., 小池, 1999；小池・中馬・太田, 2001）。小池は，労働経済学をベースに，製造企業の労働者が持つ技能についての研究を積み重ねてきた。小池は，「問題と変化をこなすノウハウ」を「知的熟練」と呼び，この技能が日本企業の競争力を支えてきたと主張している（小池, 1999）。

　小池によると，一見何の技能も必要ないかにみえる量産組立て職場でも，変化や問題が頻繁に生じており，これらに対処することが求められている。ここで言う問題とは，機械の不調や不良品の出現等のトラブルであり，変化とは，生産量や生産方法の変更，製品種類の変化，人員構成の変化を意味する。こうした問題や変化に適切に対処するためには，問題の原因を推理する能力，不良品を検出する能力，不良の原因を改善する能力，一つの職場で多くの作業をこなす技能，職場の作業を各職務に再配分する能力，組立てラインを変更する能力が必要となる。

　小池らは，自動車産業の組み立て職場における聞き取り調査の結果，次のような4つの技能レベルが存在することを報告している（小池・中馬・太田, 2001）。レベルⅠは，職場のなかで一つの仕事しかできない期間工レベル。レベルⅡは，10から15ある職務のうち，3から5程度の職務をこなし，品質不具合を検出ができるレベルである。レベルⅢは，職場内のほとんどの職務をこなし，品質不具合の原因究明や再発防止策を考えることができるレベルである。このレベルに至るまでには10年ほどの期間が必要になる。レベルⅥは，モデルチェンジなど新しい製品を生産するために新しい機械や仕事の手順を工夫するなど，もっとも面倒な仕事をこなすことが出来るレベルである。長年の勤務の中で，多数はレベルⅢに達するが，レベルⅣは一部の人しか到達できないという。レベルⅢないしⅣの技能を持つ工員は知的熟練工として，企業の競争力を支えているのである。

　こうした知的熟練を獲得するには，「ベテランつきの訓練」の後で，「自分なりの工夫」をする必要がある。すなわち，新たな職場内で職務経験を増やす場

合や，高度な問題の処理ノウハウを教える際に，班長や職長が1対1で訓練し，その後は自分で工夫することになる。また，レベルⅢまでは一つの職場内でよいが，レベルⅣ以上の技能を身につけるにはとなりの職場への経験が必要になる。こうしたスキル獲得のプロセスを見ると，自動車組み立ての現場では，熟練者の支援を受けつつ徐々に複雑な職務を経験する段階的学習が行われていることがわかる。

● 実践における学習の限界

しかし，実践における学習は万能ではない。福島（2001）は，現場の学習が持つ問題や限界について次のような点を指摘している。

- 失敗による学習が構造的に難しい
- 時間的制約がある
- その場に応じた適切な指導が受けられるとは限らない
- ある特定段階の学習レベルに満足してしまう
- 現場での知識が固定化し，新たな環境への適応を阻害する

すなわち，失敗した際のコストが大きいために失敗が許されないケース，じっくりと学ぶ時間がとれないケース，さらに適切な指導者がいないケースが考えられる。また，学習者は「とりあえず仕事をこなすことができる」レベルの知識を習得することで満足してしまい，より高いレベルの知識を得ようとしない傾向もある。さらに，環境が変化することで現場の知識が陳腐化した際に，学習者がそれに固執し，新しい知識を獲得することに抵抗を示すこともある。

こうした問題は，集団・組織レベルの学習においても指摘されている。前述した実践的コミュニティは，①知識を他のコミュニティや組織全体から隠してためこんだり，②平等という規範が形成されることで個人の創造性の芽を摘み，③コミュニティの地位が高くなることで惰性が生まれ技術革新を阻害する危険性を持つという（Wenger et al., 2002）。また，レビットとマーチ（Levitt and March, 1988）は，組織がある手続・方法に習熟して高い業績を上げると，た

とえより良い手続・方法が出てきても，既存のやり方に固執してしまうことを「有能さの罠（competency traps）」と呼び，警告している。

　こうした学習上の問題を解決するにはどうしたらよいのであろうか。ワイク（Weick, 1979）によれば，自分の知識が有効であるかどうかを常に「疑い」「反省する」姿勢が，これらの問題を克服するための鍵であるという。熟達者の特徴の一つである自己モニタリング・スキルは，観察と内省をする能力と深く関わるものである。亀田（1997）も，知識を共有する者同士でコミュニケーションを行う場合に「閉じたループ」に陥りやすいこと，そして，このループから抜け出す上で「グループの外側の世界からのフィードバック」が重要な働きをすることを指摘している。

　状況的学習論やノウイング研究が強調するのは現場における実践である。しかし，福島（2001）が指摘するように，現場における学習にもさまざまな問題点や制約がある。今後必要なことは，ビジネスの実践や現場において，熟達者がどのような学習活動を行っているかを明らかにした上で，どのような組織的支援を行うべきかを検討することであろう。しかし，知識研究や熟達研究では，ビジネスにおける実証研究が少ないという問題を抱えている。知識研究や熟達研究の枠組みを，実践による学習に応用することによって，それぞれの分野における理論的な発展が促進されると考えられる。

6. プロフェッショナリズムと熟達

　これまで紹介してきた研究は，熟達者がどのような知識・スキル・信念を持ち，それをどのように獲得してきたかを検討したものであった。これに対し，プロフェッショナリズムという概念は，プロフェッショナルは「どうあるべきか」という理想像を示す概念である。以下では，プロフェッションの歴史を理解した上で，プロフェッショナルと熟達者の関係について説明する。

── プロフェッションの歴史

　プロフェッション（profession）とは，高度の専門知識や技術を持ち，自律

的な活動が可能で，職務の重要性を認識している人が従事する特別な「職業」を指す（Blau, 1999; Kerr et al., 1977）。プロフェッショナル（professional）とは，プロフェッションのメンバーのことである。

石村（1969）によれば，プロフェッションという概念には次のような歴史的背景がある。プロフェッションは，もともと「信仰告白」という意味を持ち，キリスト教の奉仕的な信念と密接に結びついている。古典的には，「聖職者，医師，弁護士」が三大プロフェッションといわれ，プロフェッションの理想型となっている。なぜなら，中世ヨーロッパの大学は，一般に神学，医学，法学の3つの学部から成っており，大学に入るためには修道士以上の地位を得なければならなかったからである。つまり，信仰を告白したものだけが大学に入り，プロフェッショナルになれたのである。このように，初期のプロフェッションは教会の強い影響のもと大学の中で育ってきたという。キリスト教の影響もあって，プロフェッションは，利他的（altruistic）な性質を持つ。三大プロフェッションを例にとれば，聖職者にあっては悩める魂の救済，医師にあっては肉体の疾病の治療，弁護士にあっては人間間の紛争の処理解決を使命としている。

しかし，三大プロフェッションと呼ばれる職業は，プロフェッションの理想型であり，ピラミッドの頂点にある職業群としてとらえることができる（田尾, 1995）。シャペロ（Shapero, 1985）は，古典的なプロフェッション以外に，建築家，会計士，エンジニア，科学者，看護師，薬剤師，教師，デザイナー，図書館司書，編集者，コンピューターの専門家，編集者，ジャーナリスト，マネジャー，栄養士，広告宣伝の専門家，統計家等をプロフェッションに含めている[14]。

プロフェッションは，職業人としての立場を堅持するためにも自立自営が可能であることが条件とされたが，自営できるのは医師や弁護士においてさえも難しくなっており，プロフェッション一般については，被雇用者の占める割合の方が圧倒的に多くなっているのが現状である（田尾, 1999）。ドラッカー（Drucker, 1952）は，企業に勤務するプロフェッションをプロフェッショナル・エンプロイー（professional employee）と呼び，その重要性を指摘している。また，公的組織や非営利組織における管理職も，プロフェッショナルとし

ての特質を求められるようになっている（Berman, 1999）。実際，どの職業がプロフェッションであるかを判断する基準は多様で恣意的であり，人々の間で合意があるわけではない（Kerr et al., 1977）。

● プロフェッショナリズム

プロフェッションと呼ばれる職業の「価値・目標・期待」を記述したものを，プロフェッショナリズム（professionalism）という（Lui et al., 2003）[15]。すなわち，プロフェッショナリズムは，プロフェッションのあるべき理想像を表現したものである。

表1-2は，代表的な2つの研究によって示されたプロフェッショナリズムの次元を比較したものであるが，これを見ると，それぞれの研究で提示されている次元のうち，「知識の獲得」と「同業者への準拠」を除く4つ次元についてほぼ対応していることがわかる。すなわち，プロフェッショナルの特徴は，次の6つの次元によって説明することができる。

プロフェッショナルとは，①専門的なサービスを顧客に提供するために知識・スキルを獲得し，②同業者集団に準拠し，③職務を遂行する上で自身の判断に基づいて自律的な行動をとることができ，④同僚や顧客から専門家として認められ，⑤顧客の目標達成を助け，公共の利益に奉仕することを重視し，⑥

表1-2　プロフェッショナリズムの次元

Miner（1993），Miner et al.（1994）	Hall（1968）
知識の獲得 顧客にサービスを提供するための知識を獲得する	**同業者への準拠** プロフェッショナル・コミュニティに関与している程度
自律した行動 自身の判断に基づいて自律的に行動する	**自律性** 仕事において自由に意思決定をしたいという欲求
地位の確立 同僚や顧客の間で地位を確立し維持する	**自己統制の信念** 仕事の質は同僚によって評価されるべきであるという信念
他者の援助 他者を助け奉仕したいという欲求	**公共サービスの信念** 公共の利益に奉仕したいというコミットメント
プロフェッショナルとしてのコミットメント 職業に対する愛着とアイデンティティを感じる	**職務へ献身したいという感覚** 外的報酬がなくてもその分野で働きたいという献身的姿勢

注：Lui et al.（2003）を修正

職業に対する愛着を持って，たとえ外的報酬がなくてもその分野で働きたいという献身的な姿勢を持つ人である。

これらの次元を整理すると，プロフェッショナリズムは，次の3つの側面から捉えることができる。

・技術的側面（知識の獲得）
・管理的側面（自律性，自己統制，同業者への準拠）
・精神的側面（他者の援助，公共利益への奉仕，職務へのコミットメント）

すなわち，素人には真似のできない高度な知識やスキルを提供するという「技術的側面」，自律的に意思決定することができ，組織に縛られることなく，同僚との連携を重視するという「管理的側面」，そして，他者に奉仕することに意義を感じ，金銭的な利害を超えて自身の職業にこだわりを持つ「精神的側面」がプロフェッショナルの特性である。

これら3つの特性は相互に関係しているが，中でも，技術的側面がプロフェッショナリズムの基盤となると思われる。なぜなら，社会や組織において希少性が高い優れた知識・スキルを持つ人は，組織に縛られずに自律的に行動できるパワーを持つと同時に，徳義上の義務に従わなければならないからである。

●── プロフェッショナルと熟達者

ただし，上述した3つの側面から成るプロフェッショナリズムは，理想的なプロフェッション像を示すものであり，これらの基準をすべて満たす職業は少ない（Kerr et al., 1977）。ここで示された特徴にどれだけ近いかという観点から，各職業のプロフェッショナリズムの「度合い」を判断するという考え方もある（Kerr et al., 1977）。例えば，三大プロフェッションと呼ばれる聖職者，医師，弁護士の中においても，プロフェッションの条件から逸脱する者もいる。

このことから，プロフェッショナリズムは，職業特性としてよりも，個人特性として捉えるべきであると考えられる。つまり，どのような職業に就いていようとも，プロフェッショナリズムの特性に当てはまる人がプロフェッショナ

ルである。すなわち,「優れた知識・スキルを持ち,自律的に活動することができ,他者へ奉仕したり自分の職業に貢献したいという気持ちを持つ人」がプロフェッショナルとして認められるべきであろう。

なお,「専門的なトレーニングや実践的な経験を積み,特別な技能や知識を獲得した人」である熟達者は,プロフェッショナリズムのうち技術的側面を満たしているという意味で,プロフェッショナルの必要条件を満たすにすぎない。つまり,真のプロフェッショナルは,知識・スキルといった技術的側面をベースとした自律的な行動が可能であり,他者を援助するという高い精神性が要求されるのである[16]。

プロフェッショナルが,職業に必要な価値や実践的な知識・スキルを教え込まれるプロセスをプロフェッショナルの社会化（professional socialization）と呼ぶが（Lui et al., 2003）,この分野の実証的研究は限られており,熟達論や経験学習の知見を応用した実証分析が必要である。

7. 小括

熟達を考える際の理論的枠組みを整理するために,本章の前半では,知識,メタ認知,信念といった認知的ツールを説明し,後半では,それらのツールがどのように獲得されるかについて整理した。

知識,メタ認知,信念に関する概念は,熟達者の認知活動を分析するためのビルディング・ブロックに相当する。厳密な手続きを重視する実験的手法によって研究されてきた認知的概念は,熟達を理解する上で欠かすことができない要素である。また,熟達化のモデル,実践からの学習,プロフェッショナリズムの概念は,さまざまな分野の熟達プロセスを検討するための理論的枠組みを提供するものである。

しかし,本章でレビューした研究には,学習を分析する上で欠かせない「経験」という概念が明示的に組み込まれていない。この点を補うために,次章では,学習の源泉である「経験」に着目し,経験学習の概念や働きについて整理する。

注

（1） 一般に，宣言的知識は，事実，データ，内容としての特性を持ち，手続的知識は，スキル，プログラム，プロセスとしての特性を持つといわれるが，両者を明確に区別することは難しい（Smith, 1994）。例えば，テキストを読んで自動車の運転方法を知っている場合に宣言的知識を持っていることを意味するが，実際に自動車を運転しながら操作方法を習得した場合には手続的知識を持っていることになる。このように，宣言的知識が練習を通して自動化し，手続的知識へと変換されていく過程を考えると，両者を明確に区別することは困難である。

　手続的知識にも，さまざまなレベルが存在し，その一部は宣言的知識として保存されている可能性がある。この点について，太田（1992）は，手続的知識を分類し，①単語の読みや発音の聞き分けなど感覚・知覚過程に関する知識（認知レベルⅠ），②俳句の作り方，算数問題の解法など記憶・思考過程に関する知識（認知レベルⅡ），③ワープロの操作，自転車の乗り方など動作・運動過程に関する知識（行動レベルⅠ），④結婚式や会議の進め方など日常生活の行動過程に関する知識（行動レベルⅡ）の4つに分けている。これら4つのレベルのうち，認知レベルⅡと行動レベルⅡの手続的知識の一部は言語化可能であることから，部分的に宣言的知識として表現することができると考えられる。

　また，意識化可能な手続的知識の一種にスクリプト（script）がある。スクリプトとは，演劇の台本のように時間軸上を一定の順序でエピソードが並んでいるような知識構造である。我々は，日常的な出来事を解釈する際に，この台本に照らして内容を理解している（Schank and Ableson, 1977）。例えば，「大学の講義に出席する」というスクリプトは，「教室に入る→席を見つける→着席する→ノートを取り出す→教授の話を聞く→時間を見る→おしゃべりをする→教室を出る」という行動の連鎖から成る（Bower et al., 1979）。

（2） 営業という概念は日本独特のものであるが，欧米のマーケティング論では人的販売（personal selling）として研究されている。人的販売の認知的研究では，営業担当者が自らの置かれた状況を理解するための宣言的知識と，理解された状況へ対処するために使われる手続的知識に分けて研究が行われており，その中核概念は「適応型販売（adaptive selling）」である（細井,1995；Spiro and Weitz, 1990；Weitz et al., 1986）。適応型販売とは，販売状況に合わせて適切な販売方略を実施することを意味し，有能な営業担当者ほど適応型販売を実践する傾向にある。

（3） 顧客を分類するカテゴリーの数とは，販売員が列挙した顧客タイプの数である。

（4） 人的販売の認知的研究が抱える問題点は次の3点である。第1に，商談という限定された場におけるスクリプトの分析が中心的に行われてきたため，些末的なインプリケーションしか得られていない。第2に，有能な営業担当者のスクリプトや宣言的知識を抽出することに力が注がれ，営業担当者のタイプやタスクの種類の媒介効果が検討されることはなかった。第3に，有能な営業担当者がどのような知識を持っているかを明らかにするというスタティックな研究が中心であった。以上のこと

から，担当者が営業の知識をどのように獲得しているのかについての分析を進める必要があると考えられる。
(5) 西田 (1998) は，beliefを日本語の「信念」よりも幅広い概念としてとらえ「ビリーフ」と呼んでいる。
(6) ロキーチ (Rokeach, 1968) は，この他に，信念－反信念 (belief-disbelief) の次元と，時間的展望 (time perspective) の次元を提示している。信念－反信念は，自分の信じる命題と，認識はしているが自分の立場とは異なる命題が存在することを表す次元であり，時間的展望は，過去，現在，未来のいずれの状況に固執するかを表した次元である。
(7) 野村 (1986) は，beliefを言い表す際に，信念より広い意味を持つ「所信」という用語を使っている。また，彼は，「～すべきだ」「～しなければならない」という強い行動への動機づけを含む「信念」を，多くの人たちに受け入れられている歴史的・科学的事実などに関する「知識」や，宗教的・政治的・思想的な価値体系である「信仰（信条）」と区別している。このとき，知識を気体，信念を液体，信仰を固体に喩えて，変化に対する抵抗や強固さに差があるとしている。
(8) エイベルソン (Abelson, 1979) は，知識と信念の違いについて，以下の7つの点を指摘している。すなわち，信念システムは，①個人間で一致があるわけではなく，内容に個人差がある，②ある特定の概念が存在するかどうかに関係する場合がある（例えば，神や魔女の存在），③現実とは異なる「あるべき理想的な世界」を表象する，④「良い，悪い」といった評価的・感情的な要素を含む，⑤エピソードを含むことが多い，⑥境界を引くことが難しく，オープンである，⑦確信の度合いに差がある，といった特徴を持つ。
(9) 科学的理論と比べて，素人理論は，①定式化されておらず暗黙的であり，②曖昧で整合性がなく首尾一貫性がなく，③帰納主義的で，④原因を推論しようとするものであり，⑤記述的で，⑥状況よりも個人的要因を原因としがちであり，⑦限定された事象に関するもので，⑧信頼性のあるデータに基づかない弱い理論である (Furnham, 1988)。
(10) これに関し，大浦 (2000) は，課題領域を創造性の次元（課題解決の手続きが定型化されている程度）と技能性の次元（個々の行為の遂行にスピードやタイミングなどの時間的な制約が加わる程度）によって分類し，これら2つの次元を組み合わせることによって，熟達を4つの領域（創造的技能領域，創造的非技能領域，非創造的技能領域，非創造的非技能領域）に分けている。例えば，創造的技能領域には，楽曲の演奏，スポーツにおける対人的競技，外科の手術等が，創造的非技能領域には，内科の診断，チェスや碁の競技，小説執筆等が，非創造的技能領域には，タイプや算盤等が，非創造的非技能領域には空手や気功における型の演技の習熟等が含まれる。
(11) レイヴとウェンガーによれば，正統的周辺参加それ自体は教育形態，教授技術的方略，教えるテクニックではなく，学習を分析的に見る一つの見方であり，学習を

理解する一つの方法であるという（Lave and Wenger, 1991, p40）。
(12) 上野（1999）は，レイヴとウェンガーらの状況論的アプローチの特徴として，学習を「頭の中に何かができあがるプロセス」とか「身体に何かが刻みつけられること」としてではなく，「実践コミュニティへの参加」や「リソースへのアクセスの組織化のあり方」として分析している点を挙げている。
(13) バートンら（Burton et al., 1984）は，小世界は次の3つの要素を操作することで設計されるとしている。すなわち，器具・設備（equipment），物理的環境（physical setting），タスクの明示（task specifications）である。
(14) プロフェッションの要件を満たす職業を「フルプロフェッション」，プロフェッションとしての要件を十分備えていないが，専門的な知識や技術によって成り立つ職業を「セミプロフェッション」，プロフェッションを周辺的な肉体労働の面で補助し，プロフェッションによって統制される職業を「パラプロフェッション」と呼ぶこともある（田尾, 1995, 1999）。
(15) ただし，プロフェッショナリズムを測定する尺度については，合意されたものがあるわけではない（Berman, 1999）。
(16) リクルート・ワークス研究所では，ビジネス分野のプロフェッショナルを，顧客ニーズの高度化，細分化への対応を担う「エキスパート型人材」，新しい価値の創造を担う「プロデューサー型人材」，経営のプロフェッショナルである「ビジネスリーダー型人材」に区分している（福島, 2005）。

第2章 経験の実践的研究

　前章で整理した熟達の理論的研究には，成人の能力開発の大半を説明するといわれる「経験」が明示的に組み込まれていなかった。本章は，経験からの学習についてこれまで明らかになっている点を整理することを目的としている。ただし，経験に関する従来の研究は，理論的枠組みが弱く，調査をベースとする実践的研究が多い傾向にある。本章の狙いは，経験の実践的研究を整理することで，前章でレビューした熟達の理論的研究を補うことにある。

　以下では，具体的に次の点について検討する。

- ・経験の概念
- ・経験年数と業績
- ・学習を促進する経験特性
- ・経験からの学習能力

　まず，これまで曖昧にされてきた経験の概念を明確にし，コルブの経験学習モデルについて説明した後，3つの分野に関する実践的研究を概観する。すなわち，①経験年数と業績がどのように関係しているか，②どのような経験特性が学習を促すか，③経験から学習するには，どのような能力が必要になるかについての研究である。

1. 経験の概念

● 経験の定義

　経験は，学習の定義に含まれていることからわかるように，学習の基盤となるものである。しかし，経験という概念は掴みどころがなく曖昧で，先行研究

においても明確な形で定義されているわけではない（Geard and Wilson, 2002）。その理由の一つとして、経験が行為者の主観や社会的・文化的な規範によって影響を受ける、という点が挙げられる（Moon, 2004）。以下では、3つの定義を基に、経験の概念を明確にしたい[1]。

- デューイ（Dewey, 1938）によれば、経験は「個人と個人を取り巻く環境との相互作用」である。ここでいう相互作用とは、「個人の内的条件」と「客観的条件」の二つの条件が一つにセットされた状態を指す。

- 辰野他（1986）は、経験を「人が外界の事象に関与した時の心的過程」として定義している。このとき、彼らは、身体を通して行われる直接経験と、映像や言語などを通して行われる間接経験を区別している。

- 大村（2002）は、経験を「人間が環境の中で生活することにより得られる知識、技能、感情などの総体」としている。

これら3つの定義の共通点は、「人間が外部環境と相互作用すること」を経験と考えている点である。しかし、以下の3点については、合意が得られていないようである。第1に、デューイは、個人と環境の相互作用である経験を、個人の内的条件と客観的条件という2つの要素に分解している。これに類似した考え方を提示しているマートンとブース（Marton and Booth, 1997）およびムーン（Moon, 2004）は、学習の対象となる事象を「外的経験（external experience）」とし、個人の記憶に蓄積されている過去の経験を学習状況に持ち込むことを「内的経験（internal experience）」と呼び区別している。第2に、辰野他（1986）は、個人の身体を通して事象に関与する「直接経験」と、映像や言語を通して事象に関与する「間接経験」を区別している。第3に、大村（2002）は、相互作用の結果として得られる知識・技能・感情も経験に含めている。

これら3つの特性のうち、本書では、第1と第2の特性は認めるが、第3の特性は経験の定義に含めないことにする。すなわち、経験は、外的経験（経験

の対象となる客観的状況）と，内的経験（学習者の内的状態）に分けることができると同時に，身体を通して事象に関与する直接経験と，言語や映像を通して事象に関与する間接経験を区別できると考えた。しかし，外界との相互作用を通して得られた知識，技能，感情は経験には含めないことにする。なぜなら，経験とは行為あるいはプロセスであり，知識はそこから生み出されるアウトプットだからである[2]。

以上の議論を踏まえて，本書では，3つの定義の共通点に基づいて，経験を次のように定義する。

経験とは，「人間と外部環境との相互作用」である。

●── 経験の類型

上記の3つの定義を踏まえると，経験は，表2-1に示すように「直接－間接の次元」と「外的－内的の次元」からとらえることができる。すでに述べたように，直接経験とは，身体を通じて事象に関与することであり，間接経験とは，言語や映像を通して事象に関与することを指す[3]。外的経験とは，関与する事

表2-1　経験の2次元

	外的経験 （関与する事象の 客観的特性）	内的経験 （関与する事象の 理解・解釈）
直接経験 （身体を通した 事象への関与）	（例） 自らがウエイター として働く	（例） ウエイターとしての やりがいや難しさを 実感する
間接経験 （言語・映像を通した 事象への関与）	（例） 友人を通して ウエイターの 活動内容を知る	（例） 友人の話からウエイター のやりがいや難しさを理 解する

象・対象の客観的特性であり，内的経験とは，関与する事象・対象の理解・解釈である[4]。

　レストランでウエイターの仕事を経験するケースを考えてみよう。自らがウエイターとして働く場合は直接経験にあたり，ウエイターをしている友人の話しを通してウエイターという仕事の実態を知る場合には間接経験となる。このとき，ウエイターの活動に関する客観的な特性（例えば，どのようなレストランで，何年くらい働いたのか）は外的経験であるのに対し，ウエイターをすることで何を学び何を感じたかは内的経験にあたる（表2-1）。

　ただし，一般に「経験する」という言葉を使うときには，直接経験を指す場合が多い。例えば，テレビで野球を見ているときには「野球を経験した」とは言わない。つまり，経験を広く定義する場合には，直接経験と間接経験を含むが，経験を狭く定義した場合には，直接経験のみを含むと考えられる。

　なお，デューイ（Dewey, 1938）やバードとウィルソン（Beard and Wilson, 2002）が指摘するように，経験は行為と解釈・思考を結びつけるものであるため，外的経験と内的経験は常にセットになっている。本書では，直接経験・間接経験，外的経験・内的経験のいずれも含むものとして経験をとらえるが，実証分析においては，外的経験と内的経験を区別して測定しきれていない。

2. 経験学習のモデル

● 学習と経験の関係性

　学習と経験は，その定義からもわかるように密接に結びついており，切り離すことができない概念である（Beard and Wilson, 2002）。学習が「知識・スキルの変化」を意味するのに対し，経験は「知識・スキルの変化を促す外界との相互作用」を意味する。序章でも説明したように，経験と学習の関係は図2-1のように表すことができる。すなわち，直接あるいは間接的な経験をすることによって，既存の知識，スキル，信念の一部が修正されたり，新しい知識，スキル，信念が追加されたりする。この変化が学習である。

図2-1　経験と学習の関係性

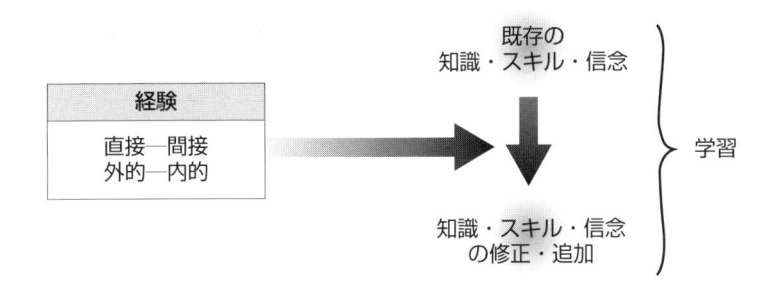

```
                      既存の
                   知識・スキル・信念
    ┌──────┐              │
    │  経験  │              ▼              ┐
    │直接─間接│ ──────▶                    ├ 学習
    │外的─内的│         知識・スキル・信念    │
    └──────┘          の修正・追加         ┘
```

── 経験学習の特徴

　直接経験と間接経験の両方が経験に含まれると定義するとき，「経験学習」と「学習」は同義となる。しかし，一般的には，直接経験による学習を経験学習とみなし，間接経験による学習や教室内での学習は経験学習に含めない傾向にある。そこで，本書では「経験学習」という用語を主に直接経験による学習を指すものとして使用する。なお，経験学習の概念は多岐にわたっており，合意された定義はない（Moon, 2004）。ここでは，経験学習の研究において，学習がどのように捉えられているかを見ておきたい。

　コルブ（Kolb, 1984）は，学習を「経験を変換することを通して知識を創造するプロセス」として定義した上で，経験学習の特徴として，次の6つの点を指摘している。

・学習は，結果ではなくプロセスとして捉えることができる
・学習は，経験に基づく継続的なプロセスである
・学習は，「経験とコンセプト」，「行為と観察」といった，環境に適応する上で対立するモード間に生じるコンフリクトを解消するプロセスである
・学習は，環境に適応するための全体的（holistic）なプロセスである
・学習は，個人と環境の相互作用を含む

バウド（Boud et al., 1993）らも，経験学習の特徴として以下に挙げる5つを指摘している。

・経験は，学習の基盤であり，学習を刺激するものである。
・学習者は，能動的に自己の経験を構築する
・学習は全体的(holistic)なプロセスである
・学習は，社会的，文化的に構築される
・学習は，社会 – 情緒的(socio-emotional)なコンテクストによって影響を受ける

以上のことから，経験学習は，個人が社会的・文化的な環境と相互作用するプロセスであり，人間の中心的な学習形態であることがわかる。

● ── コルブの経験学習モデル

コルブ（Kolb, 1984）は，学習を「経験を変換することで知識を創りだすプロセス」と定義した上で，レヴィン（Lewin, 1951）やデューイ（Dewey, 1938）の研究に基づいて，図2-2に示すような4つのステップから成る経験学習モデルを提示している[5]。

すなわち，個人は①具体的な経験をし（具体的な経験），②その内容を振り返って内省することで（内省的な観察），③そこから得られた教訓を抽象的な仮説や概念に落とし込み（抽象的な概念化），④それを新たな状況に適用する（積極的な実験）ことによって学習するのである。ここで重要なことは，経験そのものよりも，経験を解釈して，そこからどのような法則や教訓を得たかということである。言い換えれば，たとえ二人の人間が同じ経験をしたとしても，経験の解釈次第で学習内容は異なり，その後の行動も変わるといえる（Dixon, 1999）。

また，このモデルは，デューイ（Dewey, 1938）が主張する「経験の連続性」を前提にしている。すなわち，過去の経験を通して獲得した知識やスキルが，その後の経験の質を何らかの仕方で修正するというように，経験は螺旋状に連続しているのである（Dewey, 1938）。

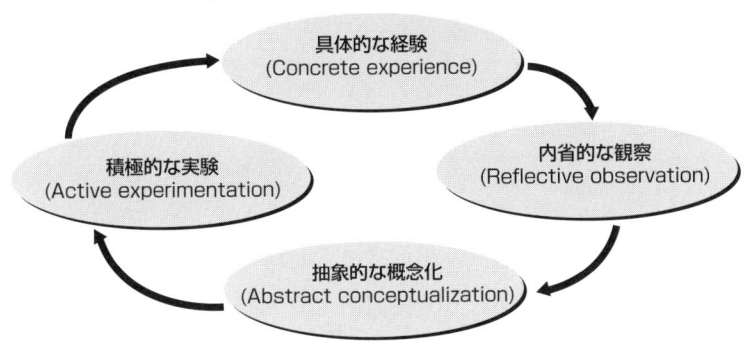

図2-2　コルブの経験学習モデル

具体的な経験
(Concrete experience)

内省的な観察
(Reflective observation)

抽象的な概念化
(Abstract conceptualization)

積極的な実験
(Active experimentation)

注：Kolb（1984）を基に作成

　コルブの経験学習モデルは，管理職の経験学習を説明する理論の中で最も影響力を持ち，教育，心理学，医学，看護，一般マネジメント，コンピューターサイエンス，会計，法律といった幅広い分野に応用されている（Yamazaki and Kayes, 2004）。しかし，このモデルは包括的かつ一般的であるがゆえに，多くの批判も受けている。コルブのモデルに対する最大の批判は，個人的経験を重視するあまり，社会的要因の影響を軽視しているという点である(Kays, 2002)。

　ホルマンら（Holman et al., 1997）によると，コルブのモデルは認知心理学を基にしているため，自己・思考・行為の社会的・歴史的・文化的な側面を見落とし，学習を機械的に説明しているという。また，ヴィンス（Vince, 1998）は，このモデルが社会的地位や性差といったパワー関連の文脈，無意識の学習プロセス，高次のメタ学習プロセスを考慮していないと批判している。ここでいうメタ学習プロセスとは，個人が属している集団やコミュニティの前提を疑うことを指す。以上の点から，コルブの経験学習モデルをさらに発展させるためには，個人が置かれている社会的な環境の影響，無意識的な学習，ならびにメタ学習プロセスを考慮に入れる必要がある。

　これまで経験の概念，類型，モデルを紹介したが，次に，経験に関する実践的な研究を整理したい。ここに含まれるのは，①経験年数と業績の関係，②学習を促進する経験特性，③経験からの学習能力，に関する研究である。

3. 経験年数と業績

　従来の研究では，経験の量的側面である「経験の長さ」が業績とどのような関係にあるかが分析されてきたが，経験年数と業績の関係の強さについての分析結果は一貫していない。例えば，ハンターとハンター（Hunter and Hunter, 1984）は経験年数と業績に関する研究をメタ分析し，平均相関が0.18であったことを報告しているのに対し，同様の分析を行ったマクダニエル（McDaniel, 1985）の研究では，平均相関が0.37であった。

　シュミットら（Schmidt et al., 1986）は，こうした一貫性のなさを「経験の平均レベルの違い」によって説明している。すなわち，平均経験年数のレベルが低いほど，経験と業績の関係は強くなるという。この仮説を検証したのがマクダニエルらである（McDaniel et al., 1988）。彼らは，83の職業グループを含む米国の民間企業16,058名を対象として調査を行い，サンプルを，経験の長さの観点から「0-2.99年」「3-5.99年」「6-8.99年」「9-11.99年」「12年以上」の5群に，職務の認知的複雑さの観点から「複雑性（高）」と「複雑性（低）」の2群に分けた上で，経験年数と業績の関係を分析している。

　その結果，職務に就いた初期段階や，複雑な認知的能力を必要としない職務群では，経験年数が長いほど業績が高くなる傾向が見られた[6]。逆に言えば，職務についてから長い期間が過ぎた時期や，複雑な認知的能力が必要となる職務においては，経験を積んでも業績が高まるとはいえないのである。

　また，経験を積んだ人と経験の浅い人では，目標設定の効果に違いがあることを示したのがアーレイら（Earley et al., 1990）である。彼らは，米国西海岸にある18社に勤務する社員347名に対して調査を実施した。分析の結果，複雑な職務についている場合，経験を積んだ人であれば，高い目標を立てることで業績がアップするのに対し，経験の浅い人だと，高い目標を立てても業績がアップしないことが明らかになった。これに対し，比較的単純な職務についている場合には，経験の長さにかかわらず，目標を高めれば業績もアップする傾向にあった。この結果は，複雑な職務に従事しているときには，高い目標を設定

する効果が経験年数によって左右されることを示している。

以上の研究をまとめると，①経験年数が業績を高めるという単純な関係は，職務に就いた初期段階や，比較的単純な職務においてのみ見られ，②職務について長い期間が経った段階や，複雑な職務に従事している場合には，目標設定をはじめとする他の要因が学習に影響する，といえる。

ただし，前章で紹介した熟達における10年ルールの観点からの分析は実施されておらず，経験年数と経験内容がどのように関係し合っているのかを検討した研究は見られない。

4. 学習を促進する経験特性

次に，経験の特性についての研究に目を移し，優れた実践者がどのような経験から学習してきたかを検討した研究を紹介する。以下では，学習を促進する経験特性を分析した7つの実証研究を紹介したい。

● 成功した管理職の経験

成功している上級管理職（executives）が，どのような経験から学んでいるかを明らかにすることを目的として，マッコールら（McCall, 1988, 1998; McCall et al., 1988; McCall and Hollenbeck, 2002）は，大規模なインタビュー調査を実施している[7]。

彼ら（McCall et al., 1988）は，大企業6社に勤務する成功している上級管理職191名に対し，次のような質問をしている。すなわち，「管理職としてのキャリアを振り返り，管理職としてのあなたの能力を変えるようなイベント（events）やエピソードを少なくとも3つ思い浮かべてください。それを通して，あなたは何を学びましたか」という質問である。

この調査で得られたインタビュー・データから「経験」およびそこから得られた「知識・スキル」が抽出された[8]。分析の結果，図2-3に示すように，成功した管理職は，「課題」「他者（上司）」「苦難」という3つのカテゴリーに関して多様な経験を積むことによって，バランスの取れた教訓を得ていた。例

図2-3 成功している上級管理職の経験

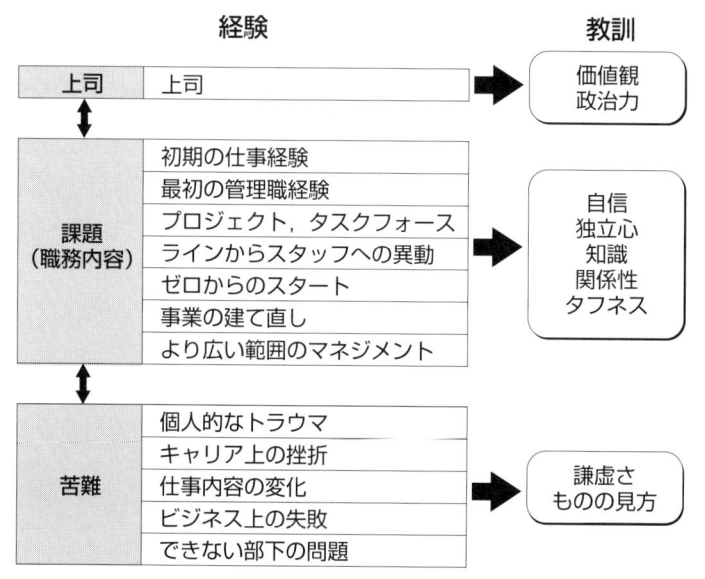

経験		教訓
上司	上司	価値観 政治力
課題 (職務内容)	初期の仕事経験 最初の管理職経験 プロジェクト, タスクフォース ラインからスタッフへの異動 ゼロからのスタート 事業の建て直し より広い範囲のマネジメント	自信 独立心 知識 関係性 タフネス
苦難	個人的なトラウマ キャリア上の挫折 仕事内容の変化 ビジネス上の失敗 できない部下の問題	謙虚さ ものの見方

注:McCall (1998) およびマッコール (2002) を基に作成

えば彼らは,「上司」から価値観や政治的活動のあり方を学習しさまざまな「課題」を遂行することを通して,自信,独立心,知識,関係性,タフネスさを身につけ,「苦難」の経験から,謙虚さ,ものの見方を学んでいた。

また,上記の調査と同様の枠組みに沿って,マッコールとホレンベック (McCall and Hollenbeck, 2002) は,多国籍企業6社に属する101名の上級管理職に対し調査を行った。分析で抽出された332の経験は,表2-2に示されるように,19のカテゴリーに分類されている。

この分類と図2-3の分類を比べると,課題については大きな変化がみられないものの,「短期的な経験」と「モノの見方が変化した経験」という新たなカテゴリーが導入されている。「短期的な経験」は,経験の期間に着目したカテゴリーであり,「ものの見方が変化した経験」は,経験の新規性に着目したカテゴリーである。これらマッコールらによる一連の研究は,高業績者の経験学習の特徴を明らかにしたものであるといえる。

表2-2　国際的な上級管理職の経験

基礎的な課題	初期の仕事経験
	最初の管理職の責任
主要ラインでの課題	事業の建て直し
	事業の構築，展開
	ジョイントベンチャー，提携，M&A
	事業の立ち上げ
短期的経験	重要な他者
	特別なプロジェクト，コンサルティング
	スタッフとしての仕事
	人材開発，教育的な経験
	交渉
	本社での一時的な仕事
ものの見方が変化した経験	カルチャーショック
	キャリアの変化
	現実の直視
	視野や評価尺度の変化
	判断のミス
	個人，家族のチャレンジ
	危機的状況

注：McCall and Hollenbeck（2002）を基に作成

● 一皮むけた経験

　マッコールらの研究枠組みを使って同様の調査を実施したのが金井・古野（2001）である。彼らは，日本の大企業19社の経営幹部20名と，日本を代表するリーディング・カンパニー10社における次世代リーダー候補者である中間管理職26名に対してインタビュー調査を実施した。

　インタビューでは，「過去の仕事経験において，自分が一皮むけたと思う経験を3つ以上抽出してもらい，それぞれの経験で何を学んだか」を聞いている。「一皮むけた経験」とは，自己の成長のきっかけとなるインパクトが大きい経験である（金井・古野，2001）。この概念は，マッコールら（McCall et al., 1988）の「quantum leap experience（量子力学的な飛躍となった経験）」という用語に由来するものであるが，ひと回り大きな人間，より自分らしいキャリアを磨くきっかけとなった経験を指す（金井，2002）。

　この調査結果から得られた主な発見事実は次の点にまとめることができる

（金井・古野，2001；金井，2002）[9]。第1に，リーダーシップの能力は，仕事経験から培われるという点である。一皮むけた経験の中で，研修プログラムを挙げた例は全体の3％であった。第2に，ある特定のイベントから必ずある特定のレッスンが得られるというわけではない。第3に，ミドルとトップの一皮むけた経験は似通っており，時代背景が違ってもおなじような経験が学習に役立っている。第4に，一皮むけた経験が生じた時期は，入社時から退職時まで一様に分布しており，人はいくつになっても経験から学ぶことができる。第5に，米国CCL調査の結果を比較して，日本の中間管理職は「ラインからスタッフへの異動」から多くのレッスンを学んでいるという。

●── 学習を促す経験

中間・上級管理職がどのように学習してきたかを明らかにすることを目的として，デイビスとイースタヴィスミス（Davies and Easterby-Smith, 1984）は，5つの企業に勤務する60名のマネジャーに対してインタビュー調査を実施し，以下の点を明らかにしている。

第1に，管理職は，公式的な研修よりも，実際の仕事経験から学んでいた。第2に，管理職は，新規性が高く，従来の能力が適用できず，新しい解決策を考えざるをえないような問題に直面したときに，成長する傾向にあった。このとき，学習を促進する経験は，「職務の変化・異動」と「職務内の変化」に分かれ，新規性の高い出来事の多くは，外部環境の変化によって引き起こされていた。第3に，実際にアクションを起こすことや，自分がイニシアティブをとっていると感じることが，経験から学習する上で重要であった。すなわち，職務の異動は，自分の意思で異動するときに学習を促進し，職務内の変化は，行動の自由が与えられたときに学習を促進する傾向にあった。第4に，人材開発文化（developing culture）が存在する企業と存在しない企業間で，管理職の学習に差が見られた。人材開発文化とは，管理職に対し「変化する状況に適応し，新しい仕事のやり方を考え出す」よう奨励する規範を指す。

以上の発見事実を基に，彼らは，実践的なアドバイスとして次の点を指摘している。すなわち，経営者は，管理職がリスク回避傾向に陥らないように，

自主的に変化を起こすことを奨励し，新規性の高い職務につけるようにすべきである。ただし，ショック効果（shock effect）を通して不確実かつ新規性の高い経験をさせるだけでなく，メンターによってショックによる過大なストレスを緩和すべきであるという。新規性の高い職務が学習を促進するという彼らの発見は，次項でレビューするマッコーレイら（McCauley et al., 1994）の分析結果とも一致している。

● 学習を促す職務

「職務上の学習はマネジャーが挑戦的な職務状況に直面したときに最も起こりやすい」という前提のもと，マッコーレイら（McCauley et al., 1994）は，管理職の学習を促す職務状況について検討している。

挑戦的な状況が，学習を促進する理由として，彼らは次の2点を挙げている。第1に，挑戦的な状況は，従来の思考方法や行動を見直し，新しいやり方を考える機会を提供する。第2に，挑戦的な状況では，現状の能力と望ましい能力のギャップを埋めるように動機づけられるという。

彼らは，マッコールら（McCall et al., 1988）の実証研究をベースに，表2-3

表2-3　学習を促す職務状況

異動		不慣れな任務
		自身の力量の証明
タスク特性	変化の創出	新しい方向性の構築
		引き継がれた問題
		リストラの決定
		問題のある従業員
	高いレベルの責任	難易度の高い職務
		幅広いビジネスの管理
		過重な職務
		外部圧力の処理
		権限を使わない管理
	非権威的な関係	逆境にあるビジネス状況
障害		トップマネジメントの支援不足
		個人的支援の不足
		扱いにくい上司

注：McCauley et al.（1994）を基に作成

に示すような15の職務状況をベースとして質問票を作成し，692名の管理職に対し調査を実施している。質問票では，提示された職務状況が，回答者の従事している職務をどの程度記述しているかを評価させると同時に，現在の職務からどの程度学んでいるかを評価させている。

分析の結果，「異動（不慣れな任務，自身の力量の証明）」が，学習の程度との正の相関が最も高かった。また，「障害」のカテゴリのうち，「逆境にあるビジネス状況」は学習との相関が見られず，「トップマネジメントの支援不足」と「扱いにくい上司」は学習と負の相関が見られた。その他の項目は，概ね，学習と正の相関が見られた。以上の結果は，新しい職務への挑戦や上層部からのサポートが学習を促進することを示唆している。

学習の促進・阻害要因

経験学習の促進および阻害要因を明らかにするために，モリソンとブラントナー（Morrison and Brantner, 1992）は，海軍の幹部296名（中尉から少佐クラス）を対象に質問紙調査を実施した。なお，彼らのいう学習とは，「部門長として必要な役割を習得している程度」を指し，やや狭い意味で定義されている。

学習に影響を与える独立変数は，次の要因である。すなわち，①職務についている期間，②個人差（個人的背景，過去の経験等），③職務特性（役割の明確さ，役割の複雑さ，職務の挑戦性，役割の負荷，職務の重要性），④コンテキスト（組織特性，組織風土，組織サイクル・ステージ等），⑤環境（結婚，扶養家族）である。

分析の結果，最も強い影響を与えていたのが職務についている期間であり，次いで，職務特性（役割の明確さ，職務の挑戦性の低さ，職務の重要性），自己効力感（self efficacy）であった。なお，職務の挑戦性は学習を阻害していたが，その理由として，海軍においては短い期間で素早く学習することが評価され，高度に挑戦的な職務は好まれない点を挙げている。

ただし，彼らは新しい職務内容の学習のみに焦点を当てており，管理職として必要な知識・スキルの学習全体を分析しているわけではないことから，上記の発見事実も限定されたものとならざるをえない。

● スキル形成の源泉

日米のホワイトカラー管理職がスキルを形成する際に，どのような経験が源泉（source）となっているかを検討するために，本田（2002）は，電気通信業界における日本企業1社，米国企業2社に勤務する管理職9名（人事部，営業本部，経理部の課長レベルの管理職）に対して調査を実施している。ここでいう源泉とは，スキル形成の場所や手法を包括的に表す概念であり，客観的に判断できる事象としての外的経験にあたる。

分析の結果，本田（2002）は，スキル形成の源泉を，表2-4に示すように，企業外の源泉と企業内の源泉に分けている。カテゴリー数は少ないものの，この分類はマッコールらと金井・古野の分類と対応している。このとき，米国企業の管理職は，Off-JTや資格取得を重視し，クロスファンクショナル・チームへの参加が経験の幅を広げる上で有効であると考えているのに対し，日本企業の管理職は，現場経験を重視する傾向にあったという。

● 予期せぬ経験

自分の計画通りに経験を積むことは難しい。リクルート・ワークス研究所は，3社に属する12名のプロフェッショナルと目されるエンジニアに対しインタビュー調査を実施し，5つのキャリア発達段階毎にどのような経験をして，そこから何を学んだかを検討している（笠井, 2005b）。

表2-4　スキル形成の源泉

企業外の源泉	学校教育
	他社での仕事経験
企業内の源泉	Off-JTと資格取得
	現場経験
	職場の部下や同僚
	組織階層間の異動
	クロスファンクショナル・チーム

注：本田（2002）を基に作成

彼らの研究モデルは，プロフェッショナルとしての意識（プロ意識）の構成要素を，自己概念，他者認知，専門技能に分け，それぞれの要素において5段階の階層を仮定している[10]。インタビューでは，自分の成長を振り返り，次の段階に踏み出したと感じた経験を語ってもらう形で学習を測定している。分析の結果，経験をする前に自分で考えていたのとは異なる結果が経験後に得られることが多く見られ，上記の3つの要素（自己概念，他者認知，専門技能）が，予期せぬ経験を通して段階的に深まっていくことが報告されている。

●── 学習を促進する経験の分類

これまで紹介した7つの実証研究で検討されているのは，学習者が関与する客観的事象としての「外的経験」であり，学習者がそれをどのように理解・認識したかを意味する「内的経験」は分析されていない。内的経験は，コルブのモデルにおける「内省的な観察」にあたり，経験からの学習能力と深く関わるものである。これまでの研究結果を基に，外的経験の分類特性を整理すると，以下のようになる。

①タスク（課題）の性質（不慣れな課題，変化を創出する課題，難易度の高い課題，短期的課題，苦難）
②他者からの影響（上司，部下，同僚，取引先）
③時期（キャリア上の初期・中期・後期）
④場所（社内－社外）
⑤直接－間接

第1の分類特性は，従事しているタスク（課題）の性質に関するものである。すなわち，これまで経験したことがない部署へ異動したり，新しい方向性を構築することをミッションとする職務を任されたり，責任が重く難易度の高い職務を与えられたり，プロジェクトやタスクフォースのような短期間の課題に取り組んだ経験である。また，事業上の失敗やミス，降格，惨めな仕事，逆境にあるビジネスの従事といった苦難の経験も含まれる。

第2の分類特性は，他者とともに働く経験である。例えば，ロールモデルとなる上司や同僚との協働，業績に問題のある部下の指導，顧客や取引先との交渉などが含まれる。

　第3の特性は，経験の時期である。キャリア上の初期，中期，後期というように，経験がどの時期に生じたかを示すものである。

　第4の特性は，経験の場所であり，現在勤務している企業内で生じたものか，学校あるいは以前の職場で生じたものであるかに関係している。

　第5の特性は，すでに述べたように，身体を通して事象に関与する直接経験と，言語や映像を通して事象に関与する間接経験の違いである。前者は，職務を通じた経験であるのに対し，後者は，資格取得，学校教育，研修等の職場を離れた場所での経験である。

　紹介した7つの実証研究を総合すると，5つの経験特性のうち，タスク（課題）性質が最も学習に影響を与えているのに対し，研修等の間接的経験の影響は小さいといえる。また，キャリア段階別に経験学習を検討した研究は少なかった。

　経験特性に関する研究が抱えている課題は次の2点である。第1に，従来の研究では，時間的な流れの中で，経験がどのように知識獲得を促進しているかが明らかにされていない[11]。今後は，キャリアの発達段階を考慮した形で経験学習のパターンを検討しなければならないだろう。第2に，熟達研究の課題と同様，経験学習における領域固有性と領域普遍性の問題が明確にされていない。領域ごとの経験学習プロセスを比較することで，この問題を検討することができると思われる。

5. 経験からの学習能力

　前項でレビューした経験特性に関する研究は，主に経験の客観的側面に着目したものであった。しかし，経験をすれば自動的に学習が生じるわけではなく，経験から学ぶには，ある種の能力が必要となる（Moon, 2004）。以下では，関係すると思われる4つの実証研究を紹介する。

● 経験からの学習能力

　国際的な経営者としての能力を持った人材を早期に発見するために，スプレッツァーら（Spreitzer et al., 1997）は，「経験からの学習能力（ability to learn from experience）」を測定する尺度を開発している。経験からの学習能力の次元は以下の通りである。

・フィードバックを求める
・フィードバックを活用する
・異文化に対して前向きに対応する
・学習の機会を求める
・批判に対しオープンである
・柔軟である

　彼らは，多国籍企業6社に在籍する管理職838名を対象とした質問紙調査を実施し，尺度の妥当性を検討した。分析の結果，経験からの学習能力に関する6次元は，管理職の現在の業績，潜在的な能力，仕事上の学習，国際的な管理職としての適性を部分的に説明していることが報告されている。

● 経験学習を促進する態度

　経験からの学習を促進する態度要因を明らかにするために，楠見ら（成田・楠見, 1999；楠見, 1999；楠見, 2001）は，スプレッツァーら（Spreitzer et al., 1997）やアッシュフォード（Ashford, 1986）等の先行研究をもとに，質問紙調査を実施している。彼らは，企業に勤務する社会人228名および対象群としての大学生433名に対し質問紙調査を実施し，経験からの学習を促進する態度因子として，次の5因子を抽出している。

・挑戦性（責任や難易度の高い仕事，変化の大きい職場を好む程度）
・柔軟性（新しい考え方や視点に対処しようとする程度）

- 無難志向性(安定を好み,確実・無難に仕事をこなそうとする程度)
- 自己本位性(周りよりも,自分のやり方,考え方を大事にする程度)
- 評価志向性(自分に対する評価を気にしたり,上司に取り入る程度)

分析の結果,管理職(部長以上の管理職)は,非管理職に比べ,「挑戦性」「柔軟性」が高く,「無難志向性」「評価志向性」が低い傾向にあった。管理職への昇進を熟達の指標とみなすならば,「難易度が高い職務を好み,新しい考え方に対処しようとする態度」を持つ人ほど,経験からの学習能力が高いといえる。

● 偶然を学習機会に転換するスキル

計画された偶発性理論(planned happenstance theory)は,偶発的な事象を学習機会に転換することを重視するキャリアカウンセリングの概念的枠組みである(Mitchell et al., 1999)。この理論に基づけば,「個人が偶然の出来事を生かして機会を創造・予測」するように促すことで,キャリア開発を支援することができる。人々のキャリアにおいて偶然(chance)が果たす役割は大きいが,そこからキャリア上の機会を掴むには次に上げる5つのスキルを身につける必要があるという(Mitchell et al., 1999)。

- 好奇心(curiosity)
- 持続性(persistence)
- 柔軟性(flexibility)
- 楽観性(optimism)
- リスクテイキング(risk taking)

すなわち,新しい学習機会を探索し(好奇心),挫折しても努力し続け(持続性),変化する状況に対応し(柔軟性),新しい機会に直面したときに達成可能であると考え(楽観性),不確かな結果に直面しても行動すること(リスクテイキング)によって,「偶然」をキャリア上の機会に変えることができるのである。

この理論は「どのような経験をするかは偶然によって左右されるが、その偶然を学習の機会として活用できるかどうかは、個人の能力次第である」という前提に立つものである。このことから、上述した5つのスキルは経験から学習する能力の一種であるといえる。

●── 組織ベースの自尊心の役割

ブルータスら（Brutus et al., 2000）は、人が職務経験から学習する上で、「組織ベースの自尊心（organization-based self-esteem：以下OBSE）」が果たす役割を検討している。OBSEとは「組織メンバーとして自分が価値ある存在であると知覚する程度」を指し、ピアスら（Pierce et al., 1989, 1993）によって提唱された概念である。生活全般における通常の自尊心（global self-esteem）にくらべ、OBSEは職務のコンテクストに限定されている点に特徴がある。

彼らは、エグゼクティブMBAおよびマネジメントプログラムに参加した管理職261名を対象に調査を行い、「挑戦的な職務の経験」が「職務からの学習」に及ぼす影響に対しOBSEがどのような効果をもたらすかを検証した。分析の結果、職務が挑戦的であるほど、管理職は職務からの学習を促進していたが、その関係の強さは、OBSEの高・低によって異なっていた。すなわち、OBSEが高い管理職は、自分の職務が挑戦的であるかどうかにかかわらず、職務から学習する傾向にあったが、OBSEの低い管理職は、自分の職務が挑戦的であるときに職務からの学習量が高くなっていた。なお、OBSEは、常に職務からの学習を促進していた。

ブルータスらは、上記の分析結果を次のように解釈している。すなわち、OBSEの低い管理職は、自分が価値のある存在であるかどうか自信がないため、外部の手がかりを基に自身の行動や考えを方向づける傾向にあり、挑戦的な職務が与えられたときにのみモチベーションが高まる。これに対し、OBSEが高い管理職は、外部の情報よりも自分の考えに基づいて行動するため、職務の特性にかかわらず学習する傾向にある。OBSEは、常に職務からの学習を高める効果があることから、彼らは、教育訓練、メンタリング、コーチングを通して、管理職のOBSEを高めるべきであるとしている。

● 経験からの学習能力の整理

　これまでに紹介した研究を整理すると，経験から学習する能力は，次の4点にまとめることができる。

・自分の能力に対する自信（楽観性，自尊心）
・学習機会を追い求める姿勢（好奇心）
・挑戦する姿勢（リスクテイキング）
・柔軟性（批判にオープン，フィードバックの活用）

　すなわち，自分の能力に対して自信を持ち，学習機会を追い求め，リスクをかえりみず挑戦し，状況に応じて柔軟に自分の行動や考え方を変えることができる人ほど，経験から学習することができるといえる。

　しかし，ここで紹介した実証研究の数からわかるように，経験からの学習能力についての研究は不足している（Spreitzer et al., 1997）。これまでの研究は主に「態度」に焦点を当てたものが多いが，態度を決定する仕事観や信念等のメタ知識の観点からこの能力を検討する必要がある。

6. 小括

　本章では，これまで曖昧であった経験の概念を明確化した上で，次の3分野に関する実証研究を整理した。第1に，経験年数と業績の関係，第2に，学習を促進する経験特性，第3に，経験からの学習能力である。

　まずコルブ（Kolb, 1984）のモデルは経験学習を考える上で欠かせない理論になるだろう。また，経験年数と経験特性についての実証分析の結果は，経験学習プロセスを分析する切り口を提供してくれるものである。さらに，経験からの学習能力に関する研究は，学習の主体である個人が果たす役割について有益な示唆を与えてくれる。しかし，経験学習のプロセスは，断片的にしか解明されておらず，理論的な基盤も脆弱である。第Ⅱ部では，本章で明らかになっ

た経験学習プロセスの知見に，熟達化の理論を融合させることで研究枠組みを作り上げ，実証的分析を進めていきたい。

注

（1）『広辞苑・第五版』（岩波書店，1998年）によれば，経験は「人間が外界との相互作用の過程を意識化し，自分のものとすることであり，人間のあらゆる個人的・社会的実践」を含むものである。このとき，経験には，「外的あるいは内的な現実との直接的接触を通して，技能・知識を得たり自分自身を変化させる」という意味もある。

一方，『オックスフォード英語大辞典』（Oxford English Dictionary, 1989）によると，経験には「経験したこと」と「経験によって得られた知識」の2つの意味が含まれている。前者の意味で使われる経験は，ある状況に意識的に関わったり，ある事象から意識的に影響を受けているという事実，あるいは，知識の源泉となるような事実や事象を実際に観察することであり，後者の意味で使われる経験は，観察や行為を通して得られた知識を指す。

広辞苑とオックスフォード英語大辞典の説明を要約すると，経験は一般的に，「技能・知識の獲得を促すような，外界との相互作用の過程を意識化したもの」あるいは「相互作用を通して得られた知識」として捉えることができる。このとき注意すべき点は，①外界との相互作用の過程を意識化したものだけでなく，その結果得られた知識も経験に含まれること，②行為だけでなく観察も相互作用に含まれていること，③現実が外的現実と内的現実に分けられていることである。

（2）「営業部門で働くのははじめての経験だ」「現場で経験を積む」「合併を経験する」という場合の経験は，プロセスとしての経験である。これに対し，「彼は経験豊富だ」「豊富な経験を生かした」「金融業界の経験を生かして」「研究者として20年の経験を持つ」という場合の経験は，経験の結果得られた知識・技能を含むものである。

認知心理学において，記憶は，特定の場所や時間に関係しない規則，概念，言語のような一般的な知識である意味記憶（semantic memory），特定の場所や時間で起こった出来事に関するエピソード記憶（episodic memory），行動的・認知的なスキルについての手続的記憶（procedural memory）に分けることができるが，人間の経験は，エピソード記憶という形で長期記憶の中に保存され，そこから引き出されたルール，方法，原理を意味記憶や手続的記憶の中に保存していると考えられる（Squire, 1987）。

（3）社会的学習理論を提唱するバンデューラ（Bandura, 1977）は，観察学習を間接経験に含めている。

（4）内的経験と外的経験の区分は，キャリアにおける内的キャリア（internal career）

と外的キャリア（external career）の区分とも類似している。キャリアは，「仕事関連の経験，および一連の仕事生活に対して個人が持つ態度の連続体」と定義されているが（Hall and Associates, 1996），公式的な地位や役割のような客観的に説明できる「外的キャリア」と，自身の仕事生活をどのように捉えるかに関する主観的な感覚である「内的キャリア」に分けられる（Schein, 1996）。人は，個々の外的経験と内的経験を積み重ねることで，外的キャリアと内的キャリアを築き上げると考えられる。

（5）Kolb（1984）は，「具体的経験→内省的な観察→抽象的な概念化→積極的な実験」という4つの経験学習プロセスのうち，個人がどのモードを相対的に重視するかによって，学習スタイルを次の4つに区分している（Kolb, 1984; Kolb and Kolb, 2005a; Kolb and Kolb, 2005b）。

　①分岐型（diverging style）:「具体的経験」と「内省的な観察」を重視するスタイル。想像力に優れており，具体的な経験を多様な観点からとらえることができる。
　②情報統合型（assimilating style）:「内省的な観察」と「抽象的な概念化」を重視するスタイル。多様な情報を論理的・抽象的概念によってまとめることができる。
　③収束型（converging style）:「抽象的な概念化」と「積極的な実験」を重視するスタイル。アイデアや理論を使って問題解決・意思決定することができる。
　④適応型（accomodating style）:「積極的な実験」と「具体的経験」を重視するスタイル。挑戦的な経験を好み，リスクがあっても計画を実行することができる。
　　以上の学習スタイルはlearning style inventory（LSI）によって測定することができる（Kolb and Kolb, 2005b）。また，最近では，学習スタイルは9つに拡張されている（Kolb and Kolb, 2005a）。

（6）マクダニエルらは，次の3点を発見している。第1に，全ての経験レベル群および認知的複雑さの群において，職務経験と職務業績は正の関係にあった。第2に，経験レベルの低い群において，職務経験と職務業績の関係は最も強く，経験レベルが高くなるにつれて，経験と業績の関係は弱くなる傾向にあった。第3に，認知的複雑さが高い群よりも，低い群において経験と業績が強く関係していた。

（7）マッコールら（McCall et al., 1988）の調査は，米国のCCL（Center for Creative Leadership）が主催して実施したものである。

（8）内容分析の結果，616のイベントが抽出され，これらのイベントは3つの大カテゴリー，5つの中カテゴリー，16の小カテゴリーに分類されている。

（9）収集されたデータは，マッコールら（McCall et al., 1988）と同様，CCL（Center for Creative Leadership）によって開発された分類コードに基づいて分析された。その結果，CCLの分類コードに当てはまらないイベント（経験）として，兼務，厳しい上司，顧客，午後5時以後の真剣な議論，大学・高校・中学・小学校時代の経験，過去の総括等が挙げられたが，いずれのカテゴリーも，全体における比率は高くはない。

(10) 笠井（2005a）によれば，自己概念は，自分はこうありたいという自覚，他者認知は，自分が他の人からどのように見られているかについての自覚，そして，専門技能は，自分の専門性についての自覚である。専門技能の段階は「初心者→中級者→一人前→熟練→エキスパート」，自己概念の段階は「方向づけ→プロセス認知→役割責任→自己追求→使命または無心」，他者認知の段階は「可能性発見→行動看視→既存文脈での評価→個性の期待→社会的評価」である。

(11) キャリアを5段階に分けた上で「各段階を超えることを助ける経験」について分析している笠井（2005b）の研究はこの例外である。また，金井・古野（2001）は，経験によるリーダーシップ開発の時間幅を，①数分から数時間の出来事の中で，リーダーシップの真価を問われる凝縮した瞬間，②数ヶ月から数年に及ぶプロジェクトの中での経験，③生涯を貫くような経験の連鎖，に分けている。金井・古野によると，彼らの分析は，第2の段階に留まっており，経験の連鎖の全体像を追いかける第3の段階に至っていないという。

第Ⅱ部

経験学習プロセスの分析

実証分析の進め方

実証分析と理論の対応

　第Ⅰ部では，1章で熟達化を，2章で経験学習の研究を整理した。熟達化の研究が理論志向であったのに対し，経験学習の研究は，コルブの研究を除いて，調査をベースにした実践志向が強かった。また，両研究は独立して行われる傾向にあった。

　そこで本書では，熟達の理論的研究と経験の実践的研究を融合する形で，熟達者の経験学習プロセスを明らかにしたいと考えている。図Ⅱ-1は，第Ⅱ部の実証分析が，熟達の理論とどのように対応しているかを示したものである。理論の中心はコルブ（Kolb, 1984）の経験学習モデルである。このモデルによれば，具体的な経験をした個人は，経験を内省・観察して得た教訓を，抽象的な概念として一般化した後に，新しい状況に持ち込む，というサイクルを繰り返すことで経験から学習している。

　3章と4章の分析は，コルブのモデルにおける「具体的経験」に関係している。3章では「経験年数」が熟達においてどのような働きをするかという問題について，熟達の10年ルール（Ericsson, 1996）やアンダーソン（Anderson, 1983）のスキル獲得モデルの観点から検討する。

　4章では，熟達者はキャリアの発達段階の中でどのような経験特性から学んでいるかを，「熟達の領域固有性」（Hirschfeld and Gelman, 1994）や「よく考えられた練習」（Ericsson et al., 1993）の概念に基づいて検討する。

　第5章は，コルブのモデルにおける「抽象的な概念の形成と一般化」のステップに関係している。仕事を通じて形成された信念が，経験からの学習をどのように導くかを，メタ認知（Nelson and Narens, 1994）や信念（Abelson, 1986）に関する研究をベースに検討する。なお，分析結果は，マーケティングにおける顧客志向研究や，組織心理学における目標設定理論，プロフェッショナリズムの観点から解釈される。

　6章は，コルブのモデル全体に関係している。コルブのモデルは，個人的経験を重視するあまり，社会的要因の影響を軽視していると批判されてきたが（Kays, 2002），7章では，個人の活動の場である組織の特性が信念や学習にどの

図Ⅱ-1　理論と実証分析の対応

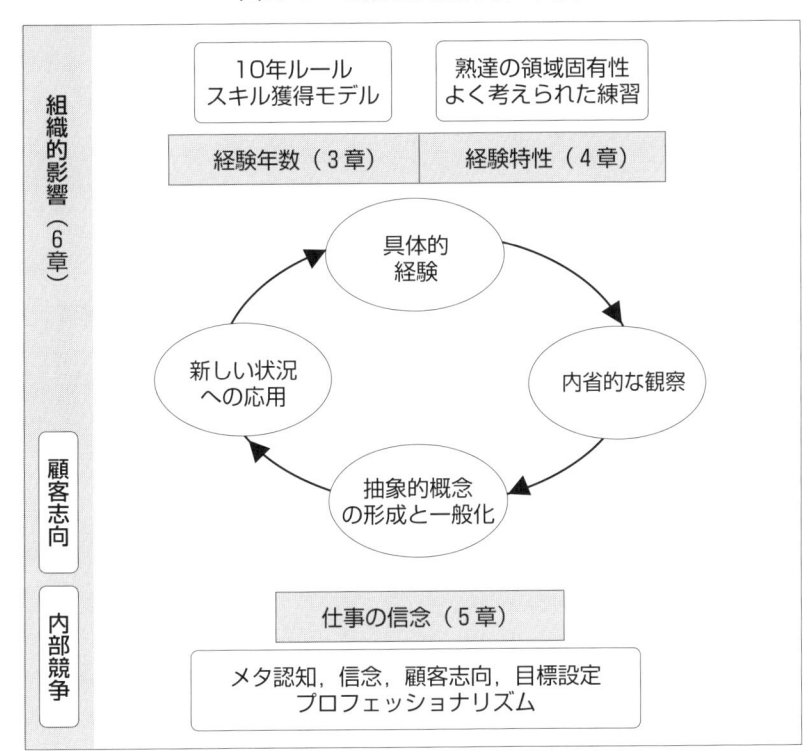

組織的影響（6章）

10年ルール スキル獲得モデル	熟達の領域固有性 よく考えられた練習
経験年数（3章）	経験特性（4章）

具体的経験 → 内省的な観察 → 抽象的概念の形成と一般化 → 新しい状況への応用 → 具体的経験

顧客志向

内部競争

仕事の信念（5章）

メタ認知，信念，顧客志向，目標設定 プロフェッショナリズム

ような影響を与えているかを，マーケティングにおける顧客志向（Narver and Slater, 1990），組織論における内部競争（Campbell and Furrer, 1995）の観点から分析する。

研究モデルと各実証分析の対応

次に，各章の分析を，本書の研究モデルに沿って説明すると図Ⅱ-2のようになる。知識・スキルが獲得されるプロセスを，3章では経験年数の観点から，4章では，経験特性の観点から検討する。5章では，仕事の信念が，経験学習に与える影響を分析する。なお，3～5章の分析では，キャリア発達段階や領域の違いを考慮に入れる。最後に6章では，組織特性が個人レベル，組織レベルの学習に

図Ⅱ-2 研究モデルと実証分析の対応

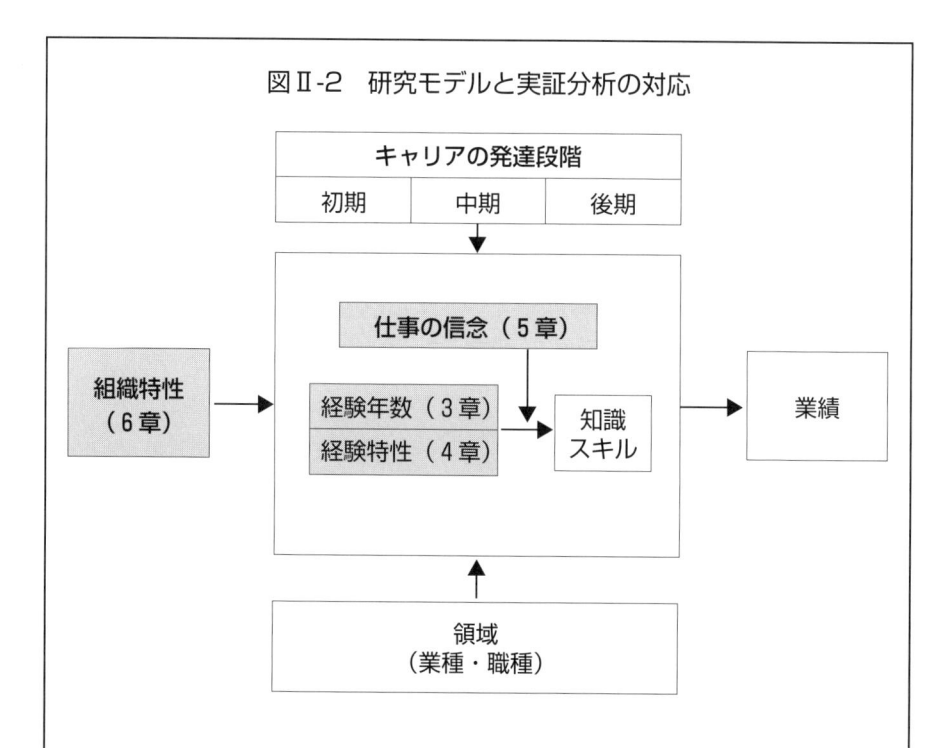

```
           キャリアの発達段階
          ┌─────┬─────┬─────┐
          │ 初期 │ 中期 │ 後期 │
          └─────┴─────┴─────┘
                    ↓
          ┌──────────────────────┐
          │  仕事の信念（5章）    │
  組織特性 →│ ┌──────────┐        │
  （6章） │ │経験年数（3章）│ 知識 │→ 業績
          │ │経験特性（4章）│ スキル│
          │ └──────────┘        │
          └──────────────────────┘
                    ↑
              ┌──────────┐
              │   領域    │
              │(業種・職種)│
              └──────────┘
```

与える影響を検討する。

各章のリサーチ・クエスチョン

ここで，各章におけるリサーチ・クエスチョン（RQ）について説明しておきたい。

3章のRQ 熟達研究では「高いレベルの業績に達するまでには10年の準備期間が必要となる」という10年ルールが提唱されている。このルールは，果たしてビジネス分野においても適用できるのであろうか。また，このルールの背後には，どのようなメカニズムがあるのか。

4章のRQ 熟達者は，領域に固有な知識・スキルを，「よく考えられた練習」によって獲得するといわれている。各領域において，どのような経験特性が学習

を促進しているのか。また，領域（業種・職種）が異なると，経験学習のあり方はどのように異なるのだろうか。

5章のRQ　信念は，知識・スキルの形成を左右するといわれており，経験学習のあり方を方向づける機能を持つと考えられる。仕事の信念は，経験学習の効果に影響を及ぼすであろうか。また，領域が異なると，仕事の信念の内容はどのように異なるのだろうか。

6章のRQ　個人の活動の場である組織の特性は，メンバーの認知・態度・行動に影響を及ぼすといわれている。どのような組織特性が，仕事の信念や学習に影響を与えているだろうか。

なお，3～6章の実証分析で使用されるデータは以下の通りである（詳しくは，序章の表序-1を参照のこと）。

3章：自動車営業調査（A），不動産営業調査（B）
4章：IT技術者(プロジェクト・マネジャー、コンサルタント)の調査（E），不動産営業調査（C）
5章：不動産営業調査（C），自動車営業調査（A），ITコーディネータ調査（F）
6章：自動車営業調査（A），上場企業の営業部門調査（D）

第3章 10年ルールの検証

　人は，長い期間をかけてキャリアを構築するが，知識・スキルの獲得という点からみると，特定領域に入ってから最初の10年間の活動が鍵を握るといわれている。エリクソン（Ericsson, 1996）によれば，「高いレベルの熟達者になるためには10年の準備期間が必要となる」。本章の目的は，この10年ルールがビジネス分野にも当てはまるかどうかを検証することにある。つまり，経験年数という観点から経験学習を検討することが本章の狙いである。以下では，「自動車営業調査」および「不動産営業調査」という2つのデータを用いて分析を進める。

1. 問題の設定

● 熟達の10年ルール

　エリクソンは，10年ルール（10-year rule）を提唱しているが，これは10年という経験を積めば自動的に高い業績につながることを意味しているわけではない。最低限10年の準備期間は，あくまでも高業績を上げるための必要条件である。しかし，この10年ルールの根拠になっている研究は，チェス，音楽，スポーツといった分野が中心であり（Simon and Chase, 1973; Bloom, 1985; Ericsson et al., 1993），ビジネスにおける熟達研究は少ない。そこで，本章では，顧客と企業を結びつける役割を担う営業担当者に焦点を当て，彼らの熟達プロセスを10年ルールの観点から検討する。本章におけるリサーチ・クエスチョンは次のとおりである。

　　熟達研究で提唱されている10年ルールは，ビジネス分野においても適用できるのであろうか。また，このルールの背後には，どのようなメカニズムがあるのか。

アンダーソン（Anderson, 1983）のモデルによれば、スキルは、練習を重ねることにより、ワン・ステップずつ解釈しながら実行される宣言的段階から、状況に応じて自動的に実行される手続的段階へと発達する。つまり、経験を積むほど、スキルとパフォーマンスの結びつきが強くなる。例えば、経験の浅い新人の営業担当者は、頭ではわかっていても実行することができないため、商談スキルが売上に結びつかないことが多いのに対し、ベテラン営業担当者は、豊富な経験を通して培った商談スキルによって売上を伸ばしている。

　「経験を積むにしたがって、営業スキルの有効性が高まる」ということは、経験の長さによって、営業スキルと販売業績の関係が変化することを意味する。本章では、10年ルールに基づいて、営業担当者を、経験年数が10年未満である新人・中堅群と、10年以上の経験を有するベテラン群に分けた上で、彼らの持つ営業スキルと業績の関係を分析する。アンダーソンのモデルに従えば、次のような仮説を立てることができる。

**　営業経験が10年未満の新人・中堅群よりも、10年以上の営業経験を持つベテラン群において、営業のスキルと販売業績の関係が強い。**

　経験の浅い新人・中堅担当者の有する知識がアンダーソン・モデルにおける宣言的段階にあるため有効に機能しにくいのに対して、ベテラン担当者の持つ知識は、手続的段階にあり、自動化・スキル化されているために、販売業績に寄与すると考えられる。なお、ここでいう営業スキルは、やり方や方法に関する知識である「手続的知識」に相当する。

●── 領域による知識・スキルの違い

　本章では、営業担当者のスキルを営業プロセスに沿って測定した。営業プロセスとは、営業活動が行われる流れを示したものである。業界によって違いは見られるものの、通常は図3-1に示すように、「準備段階→説得段階→アフターフォロー」の順番に営業活動が行われる（Busch and Houston, 1985）。

　本書では、営業スキルを、営業プロセスの各ステップにおける「売り方に関する方略・工夫の実施度」という形でとらえた。

図3-1　標準的な営業プロセス

```
準備段階 ─┬─ 見込み客の開拓      見込み客を識別する
         ├─ 予備的アプローチ    見込み客に関する情報収集
         └─ アプローチ          顧客と接触する
説得段階 ─┬─ プレゼンテーション  製品・サービスへの関心を
         │                      引き起こす
         ├─ 抵抗の除去          顧客の抵抗を取り除く
         └─ クロージング        契約への合意を得る
アフターフォロー ── フォローアップ  発生した問題を解決する
```

注：Busch and Houston（1985）を修正

　従来の研究では，熟達者は自分の領域においてのみ優れており，普遍的な能力を備えているわけではないといわれている（Chi et al., 1982; Ericsson, 2001; Glaser and Chi, 1988）。本章では，自動車営業と不動産営業の熟達者が持つ営業スキルの違いについても検討する。なお，ここでいう熟達者とは，10年以上の経験を持ち高業績をあげている担当者を指す。

　以下，自動車営業調査，および不動産営業調査のデータを分析して，上述したリサーチ・クエスチョンと仮説を検証する。

2. 自動車営業の熟達

── 調査について

　大手国産自動車メーカー系列の販売会社3社に勤務する営業担当者108名に対して質問紙調査を実施した。質問票では，9つのステップから成る営業プロセス（1）およびプロセス全般について，売り方に関する方略・工夫を提示し，7ポイント・スケールで測定した（全く行っていない1←→7常に行っている）。売り方に関する方略・工夫は，自由記述式の予備調査によって収集したもので

ある。販売業績指標は，前年度の年間販売台数と車検獲得数の合計値をとった（クロンバックのα係数=.794）。詳しい手続は注（2）を参照のこと。

なお，本章では，スキルの自己評価スコアと販売業績スコアの関係性の観点から，スキルが獲得されているかどうかを判断した。すなわち，営業スキルのスコアと販売業績のスコアの関係（相関）が強いほど，営業スキルが有効な形で実施されており，そのスキルが獲得されているとみなした。

●── 分析結果と考察

経験の効果 営業担当者を，経験年数に基づいて，新人・中堅群（営業経験10年未満）とベテラン群（営業経験10年以上）に分けた上で，それぞれの群において営業スキルと販売業績の関係を検討した。表3-1は，相関分析の結果である。網掛けの部分は，営業スキルと業績の間に正の有意な関係が見られたことを意味している。これを見ると，経験年数の低い新人・中堅群に比べ，経験が豊富なベテラン群において，スキルと業績の間に正の相関が見られる項目が多い。すなわち，経験を積むほど，営業スキルと業績の関係が強まっていることがわかる。

この結果は，「営業経験が10年未満の新人・中堅群よりも，10年以上の営業経験を持つベテラン群において，営業のスキルと販売業績の関係が強い」という仮説を支持するものであり，アンダーソンのスキル獲得モデルによって説明することができる。例えば，「お客様が安心して話せる雰囲気づくりをする」という営業スキルを使用する場合，新人・中堅レベルの営業担当者は，スキルが宣言的段階にあるため十分身についておらず，業績と結びつきにくいのに対し，ベテランの営業担当者の営業スキルは手続的段階にあるため，業績を高めていると考えられる。

ただし，ベテランの営業担当者の全てが，優れたスキルをもち，高い業績をあげているわけではない。新人・中堅群およびベテラン群において，経験年数と業績の関係を分析したところ，表3-2のようになった。すなわち，新人・中堅群では，経験を積めば業績がアップするのに対し，ベテラン群では，経験を積んでも業績が高まらないことがわかった[3]。表3-1の結果と合わせて考

表3-1　自動車営業担当者のスキルと業績に対する経験の効果（相関分析）

営業プロセス	営業スキル	営業経験10年未満 (N=64)	営業経験10年以上 (N=36)
アプローチ	お客様が安心して話せる雰囲気づくりをする	.04	.37*
	お客様のタイプを見極める	.10	.34*
コミュニケーション	現在の車の使用状況，満足点，不満点を聞く	.29*	.07
	家族，趣味について聞く	.01	.34*
	お客様のタイプを見極める	.09	.42*
提案	自分の薦める商品には自信を持つようにする	.21	.37*
クロージング	お客様の言動から買いそうなタイミングを見逃さない	.08	.38*
	お客様に話を合わせながらこちらのペースに引き込む	.21	.38*
	お客様の感情への働きかけを積極的にする	.07	.39*
	最後の不安迷いを解消してあげる	−.23	.42*
	出来る出来ないの返事をはっきりする	−.03	.37*
受注後，納車まで			
納車時	お礼をはっきり述べる	−.25*	-.09
	できるだけ店頭納車を薦める	.01	.36*
	納車の約束時間は厳守する	−.27*	-.07
	紹介を依頼する	.24*	.07
アフターフォロー	サービス入庫を確実にしていただく	−.06	.36*
	イベントがあれば来ていただく	−.13	.36*
紹介の依頼	お客様との信頼関係が深まってきたら，紹介を依頼する	.25*	.19
	お客様の左右両隣の情報を収集した後に，紹介を依頼する	.30*	.06
	勤め先の方の紹介を依頼する	.31*	.35*
代替促進	車検の半年前くらいからアプローチする	.32**	.15
	新型発表時に代替を依頼する	.35**	.10
	下取り額を提示し代替打診を行う	.29*	.10
全般的活動	時間を守る	−.12	.34*
	計画性を持ち，時間を効率的に使うようにする	−.25*	.37*
	その日の仕事はその日にする	−.22	.34*
	約束を守るため，出来そうもないことは約束しない	−.36**	.31
	時間帯に応じて仕事内容を変えるようにしている	.02	.54**
	一件の訪問で，近所の新規顧客，既納先も訪問する	−.04	.40*
	お客さまの情報を，基盤カードで管理している	−.45**	.28
	苦手意識を持たずに，どのようなお客様でも訪問する	−.01	.45**
	他社に替えたお客様もフォローする	.32**	.20

注1：*p<.05；**p<.01　注2：網掛けは統計的に有意な正の相関

表3-2　経験年数と業績の関係（経験年数別）

	営業経験10年未満群	営業経験10年以上群
経験年数と業績の相関	0.65***	−0.21

注：***p<.001

えると，営業経験が10年を超えるベテラン担当者の場合，顧客数も頭打ちになることから，営業に関するスキルをどれだけ持っているかが販売業績の決め手になるといえる[4]。

上記の分析結果が示していることは，営業スキルを自分のものとするには時間がかかり，10年以上のベテランになると，営業スキルのレベルが販売業績を左右するという点である。

熟練営業担当者の特徴　次に，10年以上の経験を持ち，かつ高い業績を上げている熟練営業担当者（以下，熟練担当者）の特徴について検討する。表3-1によれば，熟練担当者は，顧客に出会ってから，コミュニケーションを行い，契約にいたるまでの段階において優れたスキルを持つがゆえに，高業績を上げていると考えられる。すなわち，優れたベテラン担当者は，アプローチの段階において顧客のタイプを見極め，顧客を担当者のペースに巻き込む形でクロージングを行い，効率的な訪問活動を実施することによって高い業績を上げていた。特に，契約の締結を促す「クロージング」の段階において，5つの営業スキルが業績と関連していたことから，クロージング段階が自動車営業プロセスにおいて鍵となるステップであるといえる[5]。

これに対して，新人・中堅レベルにおいて高い業績を上げている担当者は，紹介の依頼や代替の促進を積極的に行う傾向にあった。熟練担当者が，顧客の意思決定に働きかけているのに対し，新人・中堅レベルは，購買後のフォローに力を入れることで業績を上げていることがわかる。

営業スキルの難易度を考えた場合，熟練担当者が，洞察力，コミュニケーション力，説得力といった高度なスキルに基づいて業績を高めているのに対し，新人・中堅レベルの担当者は，既存顧客に紹介や代替を依頼するという比較的実施しやすい活動によって業績を高めていた。このことからも，熟練担当者の

方が，難易度の高い営業スキルを獲得していると解釈できる。

また，スキルの内容を見ると，熟練担当者は「お客様が安心して話せる雰囲気づくりをする」「お客様のタイプを見極める」「サービス入庫を確実にしていただく」といった顧客志向のスキルと，「お客様に話をあわせながらこちらのペースに引き込む」「お客様の言動から買いそうなタイミングを見逃さない」といった目標達成志向のスキルを持っていた。顧客志向と目標達成志向のバランスをとっているという点が，自動車営業における熟練者の特徴として挙げられよう。

アンダーソン・モデルと10年ルールの検証　以上の分析結果は，経験を積むほど営業スキルと業績の関係が強まるとした本章の仮説を支持するものであり，アンダーソンのスキル獲得モデルによって説明が可能である。また，自動車の営業担当者が高度な営業スキルを獲得するまでに約10年という期間を必要としていることが示されたという意味で，得られた分析結果は，エリクソンの10年ルールと一致する。

経験年数の低い新人・中堅レベルの営業担当者のスキルは，宣言的段階にとどまるものであり，手続的段階に達していないと考えられる。すなわち，彼らは命題的な知識はもっているが，その知識はスキルとして自動化されていないのである。例えば，クロージングにおいて「お客様に話を合わせながらこちらのペースに引き込む」「最後の不安，迷いを解消してあげる」といった営業スキルを実行しようとするとき，経験の浅い担当者は，頭では理解しているものの，スムーズに実施できないのであろう。また，宣言的段階にあるスキルを実行するときには，命題的な知識を逐次的に翻訳しながら営業活動をしなければならないために認知的負荷がかかり，業績を低下させている可能性もある。

3．不動産営業の熟達

次に，不動産営業の調査データを検討する。自動車販売とは業種の異なる不動産販売の分野においても，アンダーソンのスキル獲得モデルおよびエリクソンの10年ルールが適用できるかどうかを検証することが，この分析の目的である。

●── 調査について

大手不動産販売会社1社に勤務する営業担当者98名に対して質問紙調査を実施した。質問票では，10ステップから成る営業プロセス毎に，営業活動に関する方略・工夫を提示し，その実施度を7ポイント・スケールで測定した（全く行っていない1⟷7常に行っている）。売り方に関する方略・工夫に関する項目は，自由記述式の予備調査によって収集したものである。業績の指標として個人単位の業績評価を営業管理部門から入手した。詳しい手続については注（6）を参照のこと。

●── 分析結果と考察

経験の効果 営業担当者を，年齢に基づいて，新人・中堅群（30歳未満）とベテラン群（30歳以上）に分けた上で，それぞれの群において営業スキルと販

表3-3 不動産営業担当者のスキルと業績に対する経験の効果（相関分析）

営業プロセス	営業スキル	30歳未満 (n=54)	30歳以上 (n=44)
①買顧客開拓	顧客に対し，すばやく反応する	.18	.32*
②買顧客受付	顧客のニーズ・動機を把握する	.03	.35*
	希望の順位づけ，重点事項をはっきりさせる	.13	.38**
	顧客の現在の状況を把握する	.18	.30*
	物件の価格帯を絞り込む	.05	.29*
	第一次接客で顧客の方向性を示す	.26	.32*
	聞き上手になる	−.13	.23*
③物件紹介	自分を強く印象づけるようにアピールする	.12	.27*
	条件等について積極的に提案し，顧客をリードする	.17	.32*
④顧客フォロー			
⑤現地案内	顧客のポイントを突くようなセールストークをする	.16	.37*
⑥売・買顧客折衝	スピーディーな折衝を心がける	.33*	.19
⑦物件調査			
⑧契約書の作成			
⑨契約の締結			
⑩残金・登記			

注1：*p<.05；**p<.01　注2：網掛け部分は、統計的に有意な正の相関

売業績の関係を検討した。表3-3は，相関分析の結果である。網掛けの部分は，営業スキルと業績の間に正の有意な関係が見られたことを意味している。これを見ると，経験年数の低い新人・中堅群に比べ，経験が豊富なベテラン群において，スキルと業績の間に正の相関が見られる項目が多くなっている。すなわち，経験を積むほど，営業スキルと業績の関係が強まっていることを示している。この結果は，自動車営業の調査データの分析と同様に，「経験の長さによってスキルと業績の関係が変化する」という仮説を支持するものである。

以上の結果は，アンダーソンのスキル獲得モデルによって説明が可能であり，エリクソンの10年ルールと一致するものである。すなわち，約10年という期間をかけて，営業スキルが宣言的段階から手続的段階へと進化し，高い業績につながるようになると考えられる。

次に，熟練営業担当者の特徴について検討する。表3-3を見ればわかるように，熟練者は，顧客と出会う初期段階において優れたスキルを持つがゆえに，高業績を上げていると考えられる。すなわち，熟練担当者は，顧客を受け付けるときに，聞き上手になって，すばやく顧客のニーズ・動機を把握するとともに，顧客に方向性を示し，物件紹介の段階では，自分を印象付けるようにアピールしつつ，条件等について積極的に提案している。売・買顧客の折衝段階以降におけるスキルは業績に関係していないことから，不動産販売における鍵となる営業プロセスは，顧客と接触する初期段階であることがわかる。

また，不動産営業における熟練者の特徴として，自動車営業と同様に，「顧客に対しすばやく対応する」「聞き上手になる」「顧客の動機・ニーズを把握する」「希望の順位付け，重点事項をはっきりさせる」といった顧客志向のスキルと，「条件等について積極的に提案し，顧客をリードする」「顧客のポイントをつくようなセールストークをする」といった目標達成志向のスキルのバランスを取っているという点で，自動車営業と同様の特徴が見られた。

4．発見事実と考察

本章の目的は，アンダーソン（Anderson, 1983）のスキル獲得モデルの観点

から，エリクソン（Ericsson, 1996）の提唱する10年ルールを検証するとともに，営業の領域が異なると営業スキルがどのように異なるかを明らかにすることであった。分析結果から引き出される理論的貢献は次の4点である。

　第1に，自動車と不動産といった異なる領域における営業の熟達化にも，エリクソンの10年ルールが適用できることが明らかになった。ビジネス分野の熟達研究が少ない中，本章の発見事実はビジネス領域における熟達化のプロセスを理解する上で，一つの基盤を提供するものである。

　第2に，従来の10年ルールが，高業績を上げる準備期間として10年が必要であることを示しているのに対し，本章の分析は，営業担当者が有効なスキルを獲得するまでに約10年かかるということを示したという意味で，10年ルールの裏に隠されたメカニズムを説明している。自動車営業の世界では，最初の10年間は経験を積むだけで業績が伸びるが，10年を超えるとスキルが業績を規定していることが示された[7]。最初の10年間の経験は，有効なスキルを獲得し手続化するための準備期間として機能していると考えられる。

　第3に，領域によって鍵となる営業プロセスが異なっていた。自動車営業においては，クロージング段階のスキルが，不動産営業においては，顧客を受け付ける段階のスキルが業績を高めていた。これは，先行研究（Chi et al., 1982；Ericsson, 2001；Glaser and Chi, 1988）が指摘するように，熟達において領域固有の知識が存在することを示している。ただし，環境の変化によって鍵となる営業のプロセスや営業スキルは変化するので，注意が必要である[8]。

　第4に，領域が異なれば鍵となる営業プロセスは異なっていたものの，熟練した営業担当者は「顧客志向」のスキルと「目標達成志向」のスキルのバランスを取っているという点で共通していた。営業担当者は，顧客の立場に立って考え，顧客を満足させる一方で，組織の一員として積極的に売上や利益を上げなければならない。内と外のバランスを取ることが，組織と顧客を結ぶ「境界連結者」あるいは「カスタマー・コンタクト・エンプロイー」の一つの到達点であるといえるだろう。このことは，領域を超えて普遍的なスキル特性が存在する可能性を示唆している。なお，経験学習プロセスにおける領域普遍性の問題は4・5章で検討する。

ただし，10年ルールの解釈については注意が必要である。本章の分析では，ベテラン群において営業スキルと業績の間に相関があったことを「手続き化」したためである解釈した。しかし，ここで検討した営業スキルは実際の手続きの実施を観察したわけではなく，質問紙を通して宣言化された知識という形で測定している。したがって，ベテラン営業担当者が，実践の中で試行錯誤しながら獲得してきた手続的知識を，内省を通して宣言的知識の形で整理していたという解釈も可能である[9]。

5. 小括

　本章では，経験学習プロセスを「経験年数」の観点から分析し，熟達の10年ルールを検証した。その結果，ビジネスの分野においても，高い業績をあげるためには10年の準備期間が必要であること，この期間は実践で役立つスキルを獲得するために必要であることが示された。これは，熟達の10年ルールの背後にあるメカニズムを明らかにしたという意味で重要な発見である。しかし，この10年の間に，営業担当者がどのような経験を積んだのかについては不明である。エリクソンら（Ericsson et al., 1993）は，10年間に「よく考えられた練習（deliberate practice）」が行われたかどうかが熟達化の鍵になると指摘している。この点について明らかにするためには，キャリアの発達段階を考慮した上で，人がどのような学習プロセスを経て熟達するのかについて分析する必要があるだろう。次章では，IT企業および不動産営業における熟達者がどのような経験を通して学習したかについて検討する。

注
(1) この営業プロセスは，分析対象となった大手自動車販売会社の販売マニュアルに掲載されている営業プロセスに基づくものである。
(2) 質問項目を収集するための予備調査として，1997年3月，インタビュー調査（8名）及び自由記述式の定性調査（67名）を実施した。次に，予備調査を基に質問票

を作成し，1997年6月，定量調査を実施した。定量調査において回答が得られた被験者108名の年齢は20代58名，30代27名，40代12名，50代7名，不明4名であり，全員が男性であった。インタビュー調査，および郵送法による定性調査では，9ステップから成る営業プロセス（アプローチ→コミュニケーション→提案→クロージング→受注後・納車まで→納車時→アフターフォロー→紹介の依頼→代替促進）及び「プロセス全般に関わる活動」毎に，営業活動に関する方略・工夫（以下，営業スキル）を自由に記述するように求めた。得られた営業スキルについての自由記述は3名の研究者が協議し，類似したスキルをまとめ，各記述を網羅する形でリスト化した。このとき，スキルの抽象度のレベルを一定にするために，具体的すぎる知識や抽象的すぎるスキルは削除した。次に，抽出された営業スキルを定量的な質問票に変換した上で，質問紙調査を実施した。営業スキルは，提示された売り方に関する方略・工夫の実施度を7ポイント・スケールで測定することによって操作化した（常に行っている7 ←→ 1 全く行っていない）。実施度を測定したのは，行動を提示しその実施度についての回答を求めることで，言語化が難しいスキルを間接的に測定するためである。項目数は157項目である。

（3）表3-1の結果は，ベテランになるほど販売業績が高いことを示しているのではなく，ベテラン群ほど営業スキルと販売業績の「関係」が強くなることを示している。

（4）自動車営業の場合には，経験を積むにしたがって受け持つ顧客数が増えることも，こうした結果が見られたことに関係していると思われる。

（5）本章の分析結果を「ベテランの年齢になると優れたスキルを持つ人間だけが企業に残ったため」と解釈することは妥当ではない。なぜなら，ベテラン群には，販売業績にも差があり，営業スキルの実施頻度にも差が見られるからである。本章の分析結果は，ベテラン群の中には，業績の高い人もいれば低い人もおり，そうした販売業績の差が営業スキルの実施頻度から説明できることを示している。

（6）自由記述式の定性調査（104名）を基に質問票を作成し，定量調査を実施した（98名，全員男性）。定量調査において回答が得られた被験者の年齢は20代44名，30代42名，40代以上12名であった。1995年5月，対象企業の営業管理部門を通して定性調査を実施し，10ステップから成る営業プロセス（買顧客開発→買顧客受付→物件紹介→顧客フォロー→現地案内→売・買顧客折衝→物件調査→契約書の作成→契約締結→残金・登記）毎に，営業活動に関する方略・工夫（以下，営業スキル）を自由に記述するように求めた。得られた営業スキルに関する自由記述は2名の研究者が協議し，類似した知識をまとめ，各記述を網羅する形でリスト化した。このとき，スキルの抽象度のレベルを一定にするために，具体的すぎるスキルや抽象的すぎるスキルは削除した。その結果，88の営業スキルが抽出された。

次に，1995年8月，抽出された営業スキルを定量的な質問票に変換した上で，営業担当者98名に対して質問紙調査を実施した。質問票は，同社の営業管理部門を通じて配布・回収された。営業のスキルは，自動車営業調査と同様に，提示された売り方に関する方略・工夫の実施度を7ポイント・スケールで測定することによって操作

化した（常に行っている7 ⟷ 1全く行っていない）。項目数は88項目である。業績の指標として個人単位の業績評価を営業管理部門から入手した。この評価は，5段階からなっているが，ほぼ販売業績を反映したものである。
（7）この結果は，経験年数と業績の関係がキャリアの初期において強いことを発見したマクダニエルら（McDaniel et al., 1988）の研究と一致するものである。
（8）特に，自動車営業調査は1995年に実施されたものであるため，現在の自動車営業の現場で必要とされているスキルと異なる可能性がある。この点は，ダイハツ工業株式会社の玉井政文氏からご指摘いただいた。
（9）この点は，東京大学大学院教育学研究科の岡田猛先生にご指摘いただいた。

第4章 学習を促す経験

　前章では，ビジネス分野においても熟達者になるには最低10年の期間が必要になることが示されたが，熟達者がその10年間にどのような経験を積んだかは不明のままである。本章では，優れたIT技術者および不動産営業担当者が10年という期間に，どのような経験によって学んだのかを検討する。分析における一つの焦点は，経験学習プロセスが領域によって異なるか，それとも領域を超えた共通点が見られるかどうかを検証することにある。以下では，キャリアの発達段階を考慮しつつ，どのような経験特性が学習を促進するかを，「IT技術者のインタビュー調査」および「不動産営業の質問紙調査」という2つのデータを用いて分析する。

1. 問題の設定

● キャリアの発達段階

　優れた管理職がどのような経験を重ねてきたかについては，マッコールらを中心として分析が行われてきた（金井・古野, 2001；本田, 2002；McCall, 1988, 1998；McCall et al., 1988；McCall and Hollenbeck, 2002；McCauley et al., 1994）。しかし，時間的な流れや発達の段階ごとに，熟達者の経験を分析した研究は少ない。

　マクダニエルら（McDaniel et al., 1988）は，職務経験と職務業績（job performance）の関係は，職務に就いた初期の段階において強いが，職務についてから長い期間が過ぎた段階では弱くなることを報告している。これは，熟達プロセスを検討する際に，キャリアの発達段階を考慮する必要があることを示している。ここで言うキャリアの発達段階とは，新人・中堅・ベテランのように，特定領域で仕事をし始めてからの年数に基づく段階を意味している。

金井・古野（2001）は，自らのリーダーシップ開発研究を振り返り，生涯を貫くような経験の連鎖の全体像を追いかける分析が行われていないことを指摘している。こうした問題に対処する意味でも，熟達者の発達段階を設定し，それぞれの段階における経験と獲得された知識を分析することで，経験学習のパターンの違いを検討する必要があるだろう。

　発達段階を設定するにあたり，エリクソン（Ericsson, 1996）の10年ルールおよびドレイファス（Dreyfus, 1983）のモデルに基づいて，最初の10年間を初期と中期に分け，それ以降を後期とした。ただし，調査によってキャリア発達段階の年数の設定に若干の違いがある。なお，キャリア研究で用いられる発達段階区分（例えば，スーパー（Super, 1957）による4段階区分「探索→確立→維持→離脱」）は，入社から退職までの長期にわたる発達を前提にしており，熟達プロセスを分析する枠組みとしては適当でないと考えられるため，本書では採用しなかった[1]。

　本章ではIT分野および不動産営業の経験学習プロセスを分析するが，第1のリサーチ・クエスチョンは次のとおりである。

　　　各領域において，どのような経験特性が学習を促進しているのか。

● 経験学習の領域固有性

　第2章のレビューにおいては，経験は，①課題の性質（不慣れな課題，変化を創出する課題，難易度の高い課題，短期的課題，苦難），②他者の影響（上司，部下，同僚，取引先），③時期（キャリア上の初期・中期・後期），④場所（社内‐社外），⑤直接経験‐間接経験，という次元によって分類できることが示された。

　先行研究では，熟達者の知識に領域固有性が見られる点は指摘されているものの（Chi et al., 1982；Ericsson, 2001；Glaser and Chi, 1988），学習プロセスの領域固有性を検討した研究は少ない。経営分野の研究においても，管理職一般について分析されているが，業種や職種といった領域が区別されていない。次に挙げる第2のリサーチ・クエスチョンは，この問題を検討するためのもの

である。

　領域（業種・職種）が異なると，経験学習のあり方はどのように異なるか。

　上述した2つのリサーチ・クエスチョンを検討する上で，本章では，ITコンサルタントとプロジェクト・マネジャーに対するインタビュー調査を定性的に分析した後，不動産の営業担当者に対する質問紙調査データを定量的に分析する。

2. IT技術者の経験学習

● —— 調査について

　本項で使用するデータは，経済産業省が実施した「わが国ITサービス市場に関するスキル動向等調査」[2, 3]から得られたものである。わが国においてプロフェッショナル制度もしくはプロフェッショナルの育成に力を入れているIT企業6社に勤務するプロジェクト・マネジャー14名とコンサルタント10名に対してインタビュー調査を実施した。

　インタビューの基本的質問は次の2つである。「入社から現在までを，初期（入社〜5年目），中期（6年〜12年目），後期（13年目〜）に区分した上で，自身のスキルや能力が向上したと思われる経験(プロジェクト・出来事・職務)について説明してください」という質問の後で[4]，「各経験を通して，どのようなスキル・知識・能力が身についたか，説明してください」という質問をした。インタビュー・データは，ストラウスとコービン（Strauss and Corbin, 1990; 1998）によるグランデッド・セオリー・アプローチを参考にして分析を行った。詳しい手続については「注(5)」を参照のこと。

　なお，コンサルタントは，企業が情報システムを導入する初期段階において顧客企業が抱える問題を診断し，解決策を提案する「上流工程」の業務を担当している。これに対し，プロジェクト・マネジャーは，提案された施策を基に，複数のメンバーからなるプロジェクトを率いて情報システムを企画・設計・開

発・導入する役割を担っている。

● ── 分析結果

知識・スキルの類型　知識・スキルは,「顧客管理スキル」「集団管理スキル」「概念スキル」「職務関連の知識」「信念・姿勢」のカテゴリーに分類された(表4-1)。顧客管理スキルは,担当する顧客とのコミュニケーション,顧客が抱えている問題の把握,顧客との交渉に関係するスキルである。集団管理スキルは,プロジェクトを運営するために必要なスキルであり,優先事項の明確化と決断,メンバーの方向づけと情報共有,スケジュール管理などが含まれる。

概念スキルは,問題発見力,問題解決力,論理的思考力,各種分析スキルのように,具体的な事象を概念レベルで捉え分析する能力である。職務関連の知識は,技術的知識,業務知識,会社の仕組みやモノづくりのプロセスについての理解など,従事している職務内容と密接に結びついた知識を指す。

なお,彼らが持つ知識・スキルに関するインタビュー内容の一部は付録Aに掲載しているので,参照してほしい。

表4-1　知識・スキルの類型

カテゴリー	サブカテゴリー
顧客管理スキル	顧客とのコミュニケーション
	顧客との関係づくり
	顧客が抱える問題の把握
	顧客との交渉
	顧客の説得
	トラブルの処理
集団管理スキル	プロジェクトの目的の明確化
	リスク管理
	メンバーの方向づけと情報共有
	サブリーダーによる間接管理
	スケジュール管理
	優先事項の明確化と決断力
概念スキル	問題発見能力
	問題解決能力
	論理的思考能力
	各種分析スキル
職務関連の知識	業務の知識
	技術的知識
	会社の仕組みの理解
	モノづくりのプロセスの理解

表4-2　経験の類型

カテゴリー	サブカテゴリー
役割モデル	反面教師
	手本
顧客との相互作用	顧客との折衝
	顧客からの学習
	顧客との共同作業
	厳しい顧客を担当
タスクの特性	専門的な仕事
	SEとしての部分的な仕事
	プロジェクトのサブリーダー
	小・中規模プロジェクトのリーダー
	大規模プロジェクトのリーダー
	一人で成し遂げた経験
	ゼロからの経験
タスクの結果	失敗
	成功・達成

経験の類型　経験は，「役割モデル」，「顧客との相互作用」，「タスクの特性」，「タスクの結果」に分類された（表4-2）。役割モデルは，上司や先輩から指導を受けたり，周りの人の失敗を観察するなど，他者から学ぶ経験を指す。顧客との相互作用は，顧客との折衝，顧客からの学習，顧客との共同作業といった経験を含む。タスクの特性は，どのような性質を持つ仕事（職務・課題）に従事したかを示すものである。タスクの特性としては，専門的であるかどうか，部分的か完結したものか，小規模か大規模か，サポートがあったかどうか，といったさまざまな特性から成る。タスクの結果は，課題・職務を遂行した際の失敗・成功の体験である。

なお，インタビュー内容の一部は，付録Bに掲載しているので参照してほしい。

キャリア発達段階毎の熟達プロセス　図4-1と図4-2は，キャリア段階（初期，中期，後期）毎に，「知識・スキルが向上したと思われる経験」と「獲得した知識・スキルの内容」を，出現頻度に基づいて記述したものである[6]。図には，調査対象者間に共通して見られた経験および知識・スキルのみを提示している。また，基本的にはサブカテゴリー・レベルで記述しているが，カテゴリーに集約可能な要因についてはカテゴリー・レベルを示している。

プロジェクト・マネジャーおよびコンサルタント間で共通していたのは，初

図4-1 プロジェクト・マネジャーの熟達プロセス

	初期（入社〜5年目）	中期（6〜12年目）	後期（13年目〜）
経験	SEとしての部分的仕事 ──● プロジェクトのサブリーダー ────────●	小中規模プロジェクトリーダー ────────● 大規模プロジェクトリーダー ────────● 厳しい顧客 ──────● 役割モデル ──●	
獲得した知識・スキル	技術的知識 ────────────────● モノづくりのプロセスの理解 ────────────●	集団管理スキル ────────────● 顧客管理スキル ────────────●	

図4-2 コンサルタントの熟達プロセス

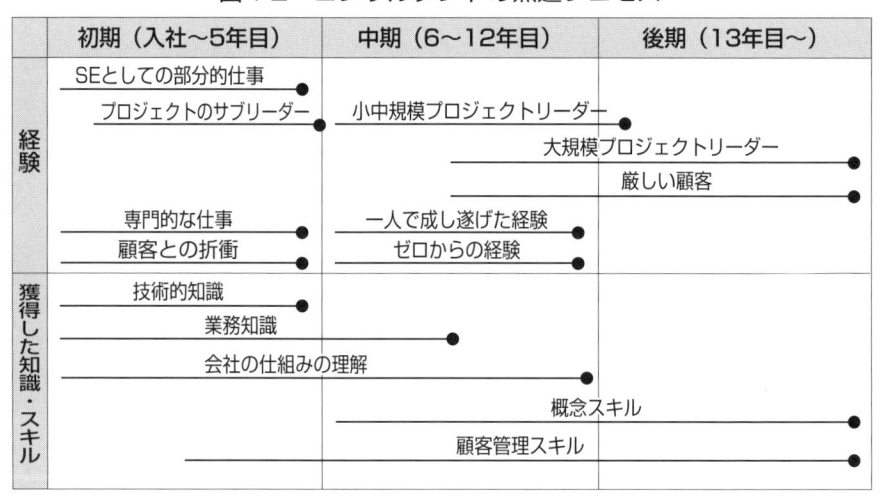

	初期（入社〜5年目）	中期（6〜12年目）	後期（13年目〜）
経験	SEとしての部分的仕事 ──● プロジェクトのサブリーダー ────────● 専門的な仕事 ────────● 顧客との折衝 ────────●	小中規模プロジェクトリーダー ──────● 大規模プロジェクトリーダー ────────● 厳しい顧客 ──────● 一人で成し遂げた経験 ──────● ゼロからの経験 ──────●	
獲得した知識・スキル	技術的知識 ────● 業務知識 ──────● 会社の仕組みの理解 ────────●	概念スキル ────────────● 顧客管理スキル ────────────●	

期において「SEとしての部分的仕事」や「プロジェクトのサブリーダー」を経験することでコンピューターの基礎知識や業務知識といった「職務関連の知識」を獲得し，後期において「大規模プロジェクト」や「厳しい顧客」を経験することで高度な「顧客管理スキル」を獲得していた点である[7]。例えば，あ

るプロジェクト・マネジャーは,初期の経験を振り返って次のように述べている[8]。

　入社1年目から5年目で見ますと,最初に入ったところが信用金庫の共同センター。金融機関ですね。仕事としては,アプリケーション,OSだとか,ミドルだとか,システムSEという仕事を5年くらいやってました。システムの基本となるのは,この時期に身につけたんですね。生でOSだとか,ネットワークだとか,自分自身で実体験が積める環境にありました。3人から5人のグループの一員ですから,大きなグループではないですね。

　ただし,同じ職務関連の知識でも,プロジェクト・マネジャーが「モノづくりのプロセス」に関する知識を獲得していたのに対し,コンサルタントは「顧客の業務」や「会社の仕組み」に関する知識を獲得していた。
　また,顧客管理スキルについても,プロジェクト・マネジャーが,「顧客のプライオリティを明確化する」「トラブルの処理」といった,顧客の要求水準や期待を明確にする「期待調整型の顧客管理スキル」を習得していたのに対し,コンサルタントは,「説得・交渉」「関係づくり」といった,顧客に深く入り込む「発見・説得型の顧客管理スキル」を習得していた点に特徴がある。あるコンサルタントは,顧客管理スキルについて次のように語っている。

　コンサルタントとしての役割みたいなものに,いくつかあるんですけど。大きいのは,その相手の立場に代わって,社内で発言してあげる,もう一つはまとめてあげるということだと思うんですよね。(中略)違う観点で見るとか,まとめるという行為が我々の仕事だと思ってます。「社内で,あなたに代わって発言します」というのが,一つのキーですね。

　両職種の熟達プロセスに明確な違いが見られたのは中期である。コンサルタントは,中期に「一人で成し遂げた経験」や「ゼロからの経験」を通して「概念スキル」を習得していた。つまり,彼らは,入社6〜10年の間に,専門性や新規性が高く,他者からのサポートが得られない状況で活動する傾向にあった。次のコンサルタントは,中期の経験を振り返って次のようにコメントしている。

顧客の要求は厳しかったというか，とにかく皆何もやったことがなかったですから。今だったらネットワークでいろんなことをやるというのは当たり前ですけど，その当時，誰もそんなことをやったことがないので。(中略) それは，皆手探りです。そういう形で，机上でいろいろこういう風にすればいいとかいうことを実践でちゃんとやれたということですね。

　次のコンサルタントも，中期において，従来経験したことがなかった仕事を一人で成し遂げた経験をしている。

　その当時は，小売，流通関係というのは，お客様自身とまさに一緒にやれるという環境の中でやりましたね。技術的な世界はそうなんですけど。お客様によって，技術だけやってという場合もあれば，アプリケーション開発を一緒にという場合もあります。アプリケーション的には，百貨店さんなんかで，「友の会」というようなシステムをやりましたね。あれをリアルな仕組みで立ち上げたときに，リアルオンラインで立ち上げたときに，まさに一からやったという感じでしたね。

　これに対し，プロジェクト・マネジャーは，「プロジェクトのサブリーダー」「小・中規模のプロジェクトリーダー」「大規模プロジェクトリーダー」のように，徐々に難易度の高いタスクを経験することで，集団管理スキルを習得していた。あるプロジェクト・マネジャーは，若手・中堅の教育に関して次のように述べている。

　プロジェクトリーダーというのは，責任も重いじゃないですか。また，プロジェクトの規模にもよります。早いうちから，経験すればいいんですけども，あまり無理にやらせると，ひずみがくると思います。できれば，20代のうちに，10数人くらいのプロジェクトを回して，30代くらいになってきてから，もう少し大きなプロジェクトにしていったほうがいいと思います。(無理にやらせると) ある意味，自信を失ってしまう。

　次のプロジェクト・マネジャーは，大規模な集団を管理する際に，高度なス

キルが必要であると述べている。

> サブグループのなかで閉じていてすむような問題と，全体に行き渡る問題というのを見極める。グループに閉じた問題がそのグループのリーダーとその範囲内で解決能力があって，おさまりそうな問題かどうかを判断する。おさまりそうならいいが，グループ間にまたがるような，アーキテクチャーにかかわるような問題については，基本的には解決できないだろうということで，自分が入る。自分が入って，関わるメンバーの主だったメンバーを集めて，「問題の所在」とか，「どういう対策を打つか」ということや，「誰がいつまでに」ということを徹底する。

このとき，上司や先輩の「役割モデル」から学習している点も，プロジェクト・マネジャーの特徴である。つまり，プロジェクト・マネジャーは，入社から10年間ほどの間，先輩・上司を手本にし，責任や規模という点で少しずつ難易度の高い職務をこなす傾向にあった。なお，失敗や成功というサブカテゴリーを持つ「タスクの結果」は，出現の時期に一定の傾向が見られなかったため，図4-1，4-2には示さなかった。

●―― 考察

知識・スキル・経験の類型　本研究において抽出された知識・スキルの類型は，カッツ（Katz, 1955）やワグナーとスタンバーグ（Wagner and Sternberg, 1985）による知識・スキル類型と整合するものである。カッツは管理職の業績を左右するスキルとして，「テクニカル・スキル」，「ヒューマン・スキル」，「コンセプチュアル・スキル」の3つのスキルを挙げており，ワグナーとスタンバーグは，実践的なノウハウである暗黙知を，「自己管理」「他者管理」「タスク管理」の3つに区分している。本研究における顧客管理スキル，集団管理スキルは，カッツのヒューマンスキル，およびワグナーとスタンバーグの他者管理の暗黙知にあたる。また，概念スキルはコンセプチュアル・スキルに，職務関連の知識はテクニカル・スキルに相当し，これらを合わせたものがタスク管理の暗黙知になる。

本研究で見出された経験の類型（タスクの特性，タスクの結果，役割モデル，顧客との相互作用）も，マッコールら（McCall et al., 1988）やマッコーレイら（McCauley et al., 1994）による類型と対応している。マッコールらは，カテゴリーとして「課題」「他者」「苦難」を，マッコーレイらは「異動」，「タスク特性」，「障害」を提示している。本研究で抽出された「タスクの特性」は，「課題」「タスク特性」「異動」と関連し，「タスクの結果」は「苦難」と関連している。また，「役割モデル」と「顧客との相互作用」は，「他者」に相当する。
　以上のように，知識・スキルおよび経験に関する本研究の類型は，先行研究と整合していることから，分類の妥当性は高いと考えられる。

　知識・スキルの形成プロセス　プロジェクト・マネジャーとコンサルタントの熟達プロセスを分析した結果，両職種の熟達者は，キャリアの各段階において，特定の知識・スキルを習得する傾向にあり，熟達プロセスには共通点と相違点が見られた。
　両者の共通点は，初期に職務関連の知識を獲得していることと，初期から後期の長い期間にわたって顧客管理スキルの獲得が続くという点である。初期に職務関連の知識が獲得されているという点は，職務遂行に必要な基礎知識が早い時期に形成され，こうした知識が熟達の基盤になっていると解釈できる。プロジェクト・マネジャーの場合には，「モノづくりのプロセスの理解」，コンサルタントの場合には，「会社の仕組みの理解」が重視され，初期から中期にかけて，仕事の「全体像」や「枠組み」に関する知識が獲得されていた。顧客管理スキルに関して，プロジェクト・マネジャーは期待調整型のスキル，コンサルタントは，発見・説得型のスキルを獲得しており，スキルの内容は微妙に異なっていた。
　両者の相違点は，中期における学習である。プロジェクト・マネジャーは集団管理スキルを，コンサルタントは概念スキルを重点的に獲得していた。顧客が抱える問題を把握し，解決策を提示することを主な役割とするコンサルタントと，集団を率いて解決策を実行することを主な役割とするプロジェクト・マネジャーの役割の違いが，獲得する知識・スキルにもあらわれている。
　グレイサーとチ（Glaser and Chi, 1988）が指摘するように，熟達者には領

図4-3　IT技術者の知識・スキルの構造とキャリア段階

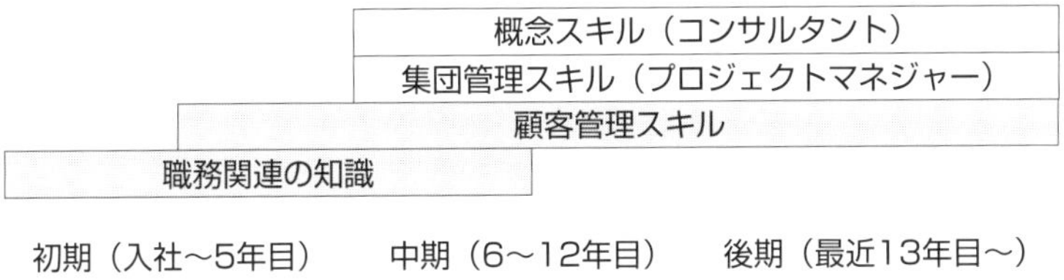

```
                    概念スキル（コンサルタント）
                 集団管理スキル（プロジェクトマネジャー）
               顧客管理スキル
        職務関連の知識
```

初期（入社～5年目）　　中期（6～12年目）　　後期（最近13年目～）

注：網かけ部分は領域に共通した知識・スキルを示している

域固有性が存在するが，この領域固有性が強まるのは中期以降であると考えられる。図4-3は，両職種の熟達者が知識・スキルを獲得するプロセスをキャリア段階ごとに示したものである。これを見ると，ある順序にそって個別の知識・スキルが獲得され，その構造には階層性が存在すること，知識形成プロセスには領域普遍の部分と領域固有の部分があることがわかる。このことから，熟達化を考える際には，当該領域における知識・スキルの形成プロセスを見極めることが重要になるだろう。

経験学習のプロセス　次に，キャリア段階ごとの経験学習プロセスについて考察したい。分析の結果，職務内容が異なると，経験学習パターンも異なることが明らかになった。この発見事実は，領域ごとに，熟達を促進する特定の経験学習のパターンが存在することを示している。経験学習パターンの違いは，主に中期（6～12年目）における経験学習の違いによるものである。この結果は，知識構造だけでなく熟練プロセスにも領域固有性が存在することを示している。

図4-4は，プロジェクト・マネジャーとコンサルタントの経験学習パターンの違いをイメージ化したものである。縦軸は総合的なタスクの難易度を，横軸は時間を表している。これを見るとわかるように，プロジェクト・マネジャーが，徐々にタスクの難易度を高める「段階的な学習パターン」をとるのに対し，コンサルタントは，中期において，「修羅場体験」とでもいうべき難易度の高いタスクに従事する「非段階的な学習パターン」をとっていた。プロジェクト・マネジャーの学習パターンは，バートンら（Burton et al., 1984）がいう

図4-4 職種による経験学習パターンの違い

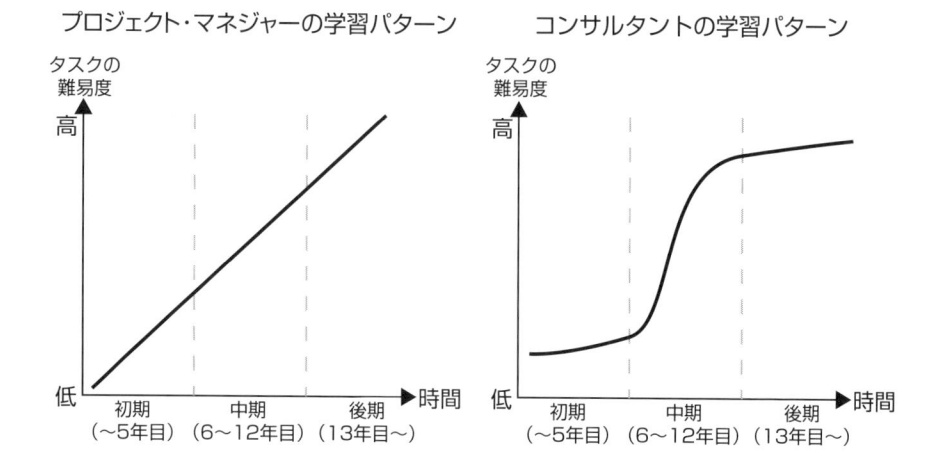

プロジェクト・マネジャーの学習パターン　　コンサルタントの学習パターン

「徐々に複雑さを増す小世界」のパラダイムに基づく学習方法であり、コンサルタントの学習パターンは非段階的学習方法といえる[9]。

　こうした学習パターンの違いは、各職種における課題の性質と、核となる知識・スキル特性の違いによるものと考えられる。プロジェクト・マネジャーは、比較的明確に定義されたプロジェクトの目標に向かって集団を運営していくことをミッションとしている。プロジェクトマネジャーの育成において段階的な経験学習が適しているのは、彼らに要求される最も重要なスキルが「集団管理スキル」だからであろう。分析でも見たように、管理する集団規模が拡大すると、より高度なスキルが要求され、失敗したときのリスクも大きくなる。つまり、集団規模によって、必要な管理スキルが異なるため、集団管理能力を身に着けるには、小規模集団の管理スキル→中規模集団の管理スキル→大規模集団の管理スキルという具合に、積み上げ式に学習する方が適していると解釈できる（付録Aの集団管理スキルを参照のこと）。

　これに対し、コンサルタントの育成において非段階的経験学習が適しているのは、彼らに要求されている最も重要な能力が「概念スキル」だからであると考えられる。コンサルタントは、クライアント企業が抱える潜在的な問題点を見つけ出し、それに対する解決策を提示することをミッションとしているた

め,「何が問題であるのか」が明確に定義されていない,いわゆる不良定義問題 (ill defined problem)(Kahney, 1986) に直面することが多い[10]。一流のコンサルタントになるためには,問題が明確でない課題を繰り返しこなすことで,概念スキルを身につける必要がある(付録B,コンサルタントの経験学習パターンを参照のこと)。概念スキルは,集団規模によって必要とされるスキルの違いはないと思われることから,キャリアの中期に難易度の高いタスクを独力で解決する経験を積むことが,高度な概念スキルを獲得するために有効になると考えられる。

従来の研究では,新規性の高い職務が学習を促進するとされてきたが (Davies and Easterby-Smith, 1984; McCauley et al., 1994),本書の結果は,新規性の高いタスクを経験させることが学習を促すかどうかは,職務内容次第であることを示している。すなわち,問題を発見し解決策を提示するコンサルタントのような職務においては,中期に新規性の高い職務を与えることが有効であるが,集団を率いて解決策を実行するプロジェクト・マネジャーのような職種では,新規性の度合いを徐々に上げていく方が効果的である。つまり,領域が異なると,熟達を促す挑戦のさせ方が異なるといえる。

また,分析結果の中で注目したいことは,熟達における役割モデルの影響である。役割モデルから学習していたのは,プロジェクト・マネジャーのみであった。これは,プロジェクト・マネジャーの中核能力が集団管理スキルであることと関係しているように思われる。将来プロジェクト・マネジャーになる人材は,初期および中期にプロジェクトのメンバーやサブリーダーとして活動する中で,周囲のリーダーの行動を観察しやすい状況にある。これに対し,コンサルタントに必要な概念スキルは外から観察することが難しいため,試行錯誤を通して学習せざるを得ないと考えられる。

3. 不動産営業の経験学習

次に,分析の対象を不動産営業の担当者に変えて,経験学習を定量的な方法で検討しよう。具体的には,キャリアの発達段階を,初期段階(入社〜5年目),

中期段階（6年目〜10年目）に分けた上で，経験特性が業績に及ぼす影響を検討する。

分析対象を10年以上の経験を持つ営業担当者に限定し，彼らの「過去の経験」と「現在の業績」の関係を，キャリアの発達段階毎に分析した。

── 調査について

大手不動産販売会社（第3章で検討した不動産販売会社とは別会社）に勤務する，10年以上の営業経験を持つ営業担当者218名に対して質問紙調査を実施した。質問票では，各キャリア段階（初期・中期）毎に，31の経験を提示し，「営業担当者としての能力を獲得するにあたって，各経験が，どの程度重要だと感じたか」を「全く重要ではない1←→7非常に重要」の7段階で回答を求めた。このとき，各項目を経験していないケースもチェックした。経験に関する項目は，自由記述式の予備調査によって収集したものである。業績データについては，各営業担当者の年間販売業績を販売エリア毎に標準化したデータを使用した。詳しい手続については「注(11)」を参照のこと。

── 分析結果

キャリア発達段階毎の経験　キャリア発達段階毎の経験を分析するにあたり，次のような分析ステップをとった。まず，初期段階（入社〜5年目）と中期段階（6〜10年目）毎に，経験の重視度（31項目）について因子分析（主因子法・バリマックス回転）を行った[12]。その際，次の手順にしたがって，項目を絞り込んだ。すなわち，①因子に対して因子負荷量が低い項目の除去，②削減したときにα係数が大きく増加する項目の除去，③α係数が低い因子の除去，というプロセスを繰り返した。特定の因子に含まれる項目の因子負荷量が0.4以上，因子に含まれる項目を尺度化した場合の信頼性係数（クロンバックのα係数）が0.7以上になった時点で因子分析を終了した。

その結果，初期における経験特性は表4-3に示すように，「顧客との相互作用」「職務の広がり」「先輩・上司との出会い」「悔しい思い」の4因子が抽出された[13]。中期における経験特性は表4-4に示すように，「発奮した経験」

「顧客との相互作用」「職務の広がり」「高度な仕事の達成」「紹介の増大」「先輩・上司との出会い」の6因子が抽出された(主因子法・バリマックス回転)[14]。

経験と業績の関係　次に,経験の有無という観点から,各因子に含まれる項目の経験スコアを合算した(経験した1・経験しない0)。すなわち,初期は4つのカテゴリー,中期は6つのカテゴリーについて経験の度合いに関する得点を算出した。経験特性と業績の相関係数を示したのが表4-5である。これを見ると,キャリアの初期段階では,「職務の広がり」を経験した担当者ほど高い業績を上げており,中期段階では,「高度な仕事の達成」「職務の広がり」「紹介の増大」を経験した担当者ほど高い業績を上げる傾向にあった。

● ―― 考察

不動産営業担当者の初期と中期における経験の内容を比較すると,「顧客との相互作用」,「職務の広がり」,「先輩・上司との出会い」は共通して見られた。

表4-3　初期の経験に関する因子分析の結果

初期(入社～5年目)の経験	因子負荷量
顧客との相互作用(1)	
特定のお客様から信頼され,多くの紹介を得た	.74
難しい案件を成立させた	.72
お客様からの難しい要求に応えることができた	.70
既成約者からの紹介が増えた	.62
大きな仕事を任され,こなせるようになった	.56
お客様から感謝された	.56
お客様から叱られた	.50
業者との付き合いを始めた	.50
クレームを解決したことで,お客様との人間関係ができた	.50
職務の広がり(1)	
他店舗に異動して,業務の幅が広がった	.61
部下を持つようになり,責任を感じた	.59
宅建に合格して自信がついた	.54
営業目標が厳しくなった	.54
先輩・上司との出会い(1)	
尊敬できる先輩・上司にめぐり合えた	.85
尊敬できる上司に教育された	.75
悔しい思い	
先輩・上司から馬鹿にされて見返そうと思った	.72
上司に叱られて発奮した	.54
社内の他店舗に負けて悔しかった	.49
他決して悔しい思いをした	.42

表4-4 中期の経験に関する因子分析の結果

中期（6～10年目）の経験	因子負荷量
発奮した経験	
上司に叱られて発奮した	.65
会社で研修を受けて，営業ノウハウを学んだ	.62
先輩・同僚から馬鹿にされて見返そうと思った	.61
宅建に合格して自信がついた	.55
先輩社員に同行して営業ノウハウを学んだ	.55
社内の他店舗に負けて悔しかった	.54
厳しい上司に指導された	.51
顧客と相互作用（2）	
お客様から叱られた	.66
お客様からの難しい要求に応えることができた	.62
お客様から感謝された	.51
難しい案件を成功させた	.51
大きなクレームを経験した	.48
他決して，悔しい思いをした	.43
職務の広がり（2）	
部下を持つようになり責任を感じた	.70
他店舗に異動して業務の幅が広がった	.55
業者との付き合いを始めた	.51
営業目標が厳しくなった	.41
高度な仕事の達成	
全て自分で考える状況で仕事をこなした	.68
大きな仕事を任され，こなせるようになった	.52
高い目標を達成し自信がついた	.47
努力した結果が成果に結びつき自信がついた	.45
収入が高くなりもっと上を目指す気持ちが強くなった	.42
紹介の増大	
既成約者からの紹介が増えた	.81
特定のお客様から信頼され，多くの紹介を得た	.77
先輩・上司との出会い(2)	
尊敬できる先輩・上司にめぐり合えた	.61
尊敬できる上司に教育された	.58

表4-5 経験特性と業績の相関（キャリア発達段階別）

経験	相関係数
初期（入社から5年目）	
職務の広がり	.19**
顧客との相互作用	.09
悔しい思い	.07
先輩・上司との出会い	.02
中期（6～10年目）	
高度な仕事の達成	.23***
職務の広がり	.21***
紹介の増大	.17*
顧客との相互作用	.12
先輩・上司との出会い	.07
発奮した経験	.03

注1：n=194　注2：*p<.05;**p<.01;***p<.001

初期の経験として特徴的なのは「悔しい思い」であった。これは、入社して5年以内の担当者が、知識・スキルの不足から、思うような業績を上げることができず、先輩・上司から叱られたり、社内の他店や他社の担当者に遅れをとってしまうことを示していると思われる。

中期の特徴は「高度な仕事の達成」「紹介の増大」などの成功経験、および、先輩・上司から指導を受けたり、社内の他店舗に負けて悔しかった事などの「発奮した経験」に特徴が見られる。

経験と業績の関係を見ると、初期、中期とも、「職務の広がり」を経験した担当者の業績が伸びていた。そして、中期には、「高度な仕事を達成」したり、「紹介が増大した」といった成果を出すことで生まれる自信が業績アップにつながっていた。一方、顧客との相互作用や先輩・上司との出会いは業績との関係が弱かった。

以上のことから、営業においては、顧客や役割モデルといった「対人的経験」よりも、タスク中心の経験が熟達を促進すると考えられる。優れた不動産営業担当者は、中期に高度な仕事を経験して業績を伸ばし、「役割モデル」の重要性が低いという点で、非段階的学習を通して熟達するコンサルタントに近いといえる。

4. 経験の類型と領域固有性

── 学習を促進する経験特性

IT技術者の分析では、「役割モデル」「顧客との相互作用」「タスクの特性」「タスクの結果」という4つの経験が抽出された。不動産営業の分析においても、ほぼこの4つの類型に沿った経験が見られた。このことから、カスタマー・コンタクト・エンプロイーの経験は、領域は異なっても、図4-5に示すように4つに分類できると考えられる。この類型は、従来の研究（e.g., 金井・古野, 2001 ; McCall et al., 1988 ; McCauley et al., 1994）から大きく外れるものではないが、「顧客特性」が主要なカテゴリーとなっている点に特徴がある。

IT技術者および不動産営業担当者の調査分析から明らかになったことは、

図4-5　分析結果から得られた経験類型

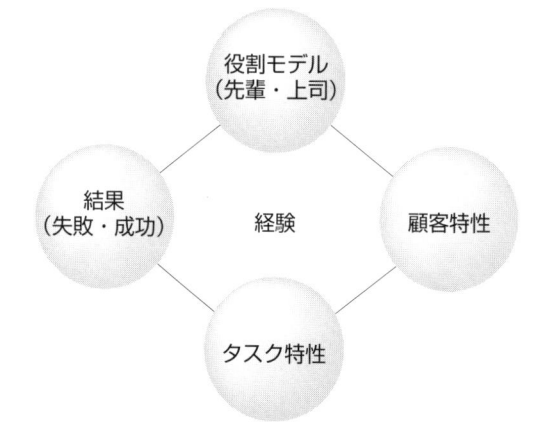

（役割モデル（先輩・上司）／結果（失敗・成功）／経験／顧客特性／タスク特性）

初期・中期・後期とキャリアの発達段階が進むにつれ，徐々に広がるタスクを通して学習している点である。中期以降に経験する職務の難易度については差があるものの，高度な仕事を達成することで一定の成果をおさめ，その結果として自信が生まれるのだろう。

　また，IT技術者や営業担当者は，他者から学習するより，職務の遂行を通して学習する傾向にあった[15]。この結果は，マッコールら（McCall et al., 1988）や，デイビスとイースタヴィスミス（Davies and Easterby-Smith, 1984）の研究とも一致している。彼らは，「職務の変化・異動」や「職務内の変化」が学習を促進することを報告しており，従来の能力が適用できず，新しい解決策を考えざるをえないような新規性の高い問題に直面したときにマネジャーが成長すると主張している。

　ただし，モデルとなる他者から大きな影響を受けることは少ないという結果が得られたが，タスクを遂行する中で他者から断片的に学習することはありうる。つまり，対人的な経験は，タスク特性の中に組み込まれている可能性がある。

　キャリア段階に関しては，いずれの領域においても，入社6〜10年の中期における経験が学習の鍵を握っていた。例えば，不動産営業担当者は，中期において高度な仕事を達成したり，紹介の増大を通して学んでいた。また，プロジ

ェクト・マネジャーおよびコンサルタントは，初期に形成した基盤の上で，中期において難易度の高い仕事に挑戦することによって高度な知識・スキルを身につけていた。本章の分析結果は，10年の後半期がより重要となることを示したという意味で，先行研究により指摘されてきた10年ルール（Ericsson, 1996；Hayes, 1989；Simon and Chase, 1973）をより深めたと考えられる。

● 領域による経験学習の違い

　分析を通して，領域が異なると経験学習プロセスも異なっていることが明らかになった。これは，エリクソンら（Ericsson et al., 1993）のいう「よく考えられた練習」の内容が，領域毎に異なることを示している。領域による経験学習プロセスの違いは，主に，各領域で必要とされる知識・スキルの違いに由来するものであると考えられる。

　例えば，プロジェクト・マネジャーは，集団管理スキルを要求されるために，徐々にタスクの難易度を高めるような段階的学習パターンをとるのに対し，分析スキルが要求されるコンサルタントは，中期において極めて難易度の高いタスクを経験する非段階的学習パターンをとっていた。不動産営業の担当者も，中期において高度なタスクを経験することで業績を伸ばしていたことから，ITコンサルタントに近い非段階的学習パターンをとると考えられる。この結果は，従来の研究が主張するように，知識に領域固有性が存在するだけではなく（Ericsson, 2001；Glaser and Chi, 1988），知識を形成する過程にも領域固有性が存在することを示している。

　課題の難易度を徐々に上げていき，個人が無理なく学習できる環境を整えることは，「認知的徒弟制」（Brown et al., 1989）や，「正統的周辺参加」（Lave and Wenger, 1991），「徐々に複雑さを増す小世界」（Burton et al., 1984）の考え方に沿ったものである。しかし，本章の分析によれば，こうした段階的な学習方法は，集団管理スキルが要求されるプロジェクト・マネジメントの領域において有効となる。

　特定の知識・スキルと経験の対応関係に関する研究を積み重ねることによって，領域普遍的な理論を構築することができるかもしれない。なぜなら，各領

図4-6 4章における発見事実のまとめ

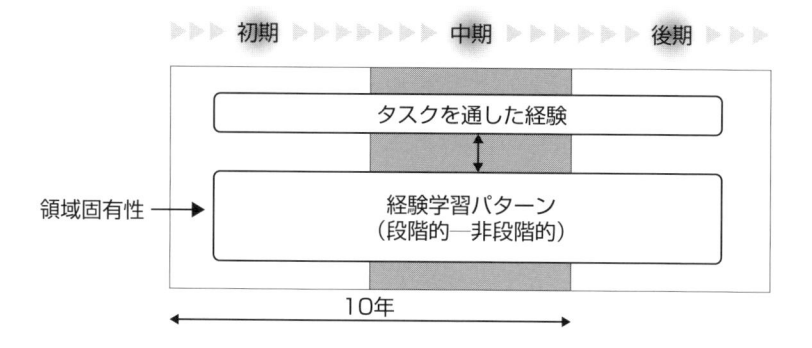

```
         ▶▶▶ 初期 ▶▶▶▶▶▶▶ 中期 ▶▶▶▶▶▶ 後期 ▶▶▶
         ┌─────────────────────────────────────┐
         │        タスクを通した経験              │
         └─────────────────────────────────────┘
                          ↕
領域固有性 →  ┌─────────────────────────────────────┐
         │        経験学習パターン               │
         │       （段階的─非段階的）             │
         └─────────────────────────────────────┘
              ←──────── 10年 ────────→
```

域における熟達の特徴が，必要となる知識・スキルの組み合わせによって説明できるからである。

　図4-6は，本章の発見事実をまとめたものである。すなわち，①カスタマー・コンタクト・エンプロイーは主にタスクを通した経験によって学習し，②入社6～10年目のキャリア中期における経験が熟達の鍵を握り，③領域によって異なる経験学習パターンをとることが示唆された。

　今後は，これまでのように経験を並列的に類型化するだけでなく，キャリアの発達段階において，どのような順序で経験が積まれていくかという観点から経験学習のパターンを明らかにすべきである。つまり，経験の類型化から，経験学習プロセスの解明へと，研究の力点を移す必要があるだろう。

5. 小括

　本章では，どのような経験特性が熟達を促すか，また，領域によって経験学習パターンが異なるかどうかについて検討した。その結果，①熟達者は，他者からよりも，挑戦的な仕事から学ぶ傾向があること，②キャリアの中期（6～10年目）における経験が熟達の鍵を握ること，③領域（職種）が異なると経験学習のパターンが異なることが示された。これらの中で，①の発見は従来の知見を確認するものであり，②と③の発見は，従来の熟達・経験学習研究を一歩

進めるものである。

　しかし，熟達プロセスを研究する際には，状況要因だけでなく，個人の内的要因についても検討する必要がある（McCall, 1998）。なぜなら，同じ経験をしても，そこから多くの事を学ぶ人もいれば，何も学ばない人もおり，経験からの学習能力には個人差が存在するからである。次章では，経験からの学習能力に深く関係すると思われる「仕事上の信念」の働きについて検討する。

注

(1) クロンら（Cron, 1984；Cron et al., 1986；Cron et al., 1988）は，キャリア段階（career stages）を「探索（exploration）→確立（establishment）→維持（maintenance）→離脱（disengagement）」に区分した上で，キャリア段階が職務態度，仕事環境の知覚，業績，モチベーションに与える影響を検討している。しかし，彼らは，知識・スキルの獲得という熟達の視点から営業担当者を分析しているわけではない。

(2) この調査結果は，「わが組ITサービス市場に関するスキル動向等調査研究報告書」（平成15年3月，財団法人日本情報処理開発協会・情報処理技術者試験センター，学校法人産業能率大学）にまとめられている。本項に関連する分析は，この報告書の第3部「ITプロフェッショナルに対するヒアリング調査」で報告されている。ただし，本項の分析結果は，この調査データを再分析したものである。

(3) 筆者は，平成14年度の経済産業省委託調査「我が国ITサービス市場に関するスキル動向等調査」におけるITスキル標準調査研究委員会の委員として，ITプロフェッショナルに対するヒアリング調査を担当した。

(4) キャリアの中期が「6～10年目」ではなく「6～12年目」と設定されているのは，調査を実施した機関の考えに基づいている。ただし，インタビュー調査という手法を採っているため，この点は分析に大きな影響は及ぼしてはいないと思われる。

(5) 各社への調査依頼は，経済産業省政策商務局を通して行われた。調査対象者の選定にあたっては，各社において優れた業績を上げ，ITスキル・スタンダードにおいてレベル6か7に相当する技術者を選定してもらうように依頼した。インタビュー調査は2002年9月から11月上旬の間に実施した。また，インタビューは半構造化された形で行われた。すなわち，調査者が提示した質問に答えてもらうが，質問の順序にこだわらず，話の流れを重視する形をとった。インタビューの所要時間は1時間から2時間であり，内容はフィールド・ノートに記録され，テープレコーダーに録音された。録音された内容は，全て文字に変換し，電子データとして記録した。イン

タビュー調査対象者24名のうち，男性は23名，女性は1名，年齢は38～57才，役職は全員，部長以上であった。職種としては，プロジェクト・マネジャーが14名，コンサルタントが10名である。

インタビュー・データは，ストラウスとコービン（Strauss and Corbin, 1990; 1998）によるグランデッド・セオリー・アプローチを参考にして分析を行った。記録されたインタビューの内容は，次の手順で分析された。ステップ1：インタビュー・データから，「スキルや能力が向上したと思われる経験」，「獲得した知識・スキルの内容」に関する概念を抽出する。ステップ2：抽出された概念をコード化し，類似性に基づいて，経験および知識・スキルに関するカテゴリーを生成する。ステップ3：キャリア段階毎に，経験および知識・スキルのカテゴリー間の関係を分析する。なお，ステップ2では，はじめにサブカテゴリーを，次にカテゴリーを生成した。

なお，ストラウスとコービン（Strauss and Corbin, 1990）は，データを分解，検証，比較し，カテゴリー化を行うプロセスをオープン・コード化（open coding），新たな方法で諸カテゴリーを関係づけることでデータをまとめなおすプロセスを軸足コード化（axial coding），中核となるカテゴリーを選び，他のカテゴリーと体系的に関係づけるプロセスを選択コード化（selective coding）と呼んでいる。一連の分析は筆者一人で実施した。

（6）失敗や成功のようなタスクの結果は，一定の傾向が見られなかったため，図5‐1，5‐2には示していない。
（7）コンサルタントの熟達プロセスにおいてプロジェクト関連の経験が含まれているのは，プロジェクト・マネジャー出身のコンサルタントが多いためである。
（8）本書で提示するインタビュー内容は，録音したものを文字化したものである。ただし，読みにくいものに関しては語尾や接続詞に限って多少の修正を加えている。
（9）ここでいう非段階的学習は，ある程度の基礎ができた段階で，難易度の高い課題を与える学習方法を意味しており，伝統芸道に見られる模倣を中心とした非段階的学習（生田，1987）とは異なる。
（10）カーニー（Kahney, 1986）によれば，よく構造化された良定義問題（well-defined problem）は，問題を解決するために必要な情報（問題の初期状態に関する情報，目標状態に関する情報，問題解決時にすることが許されている事柄，問題解決時の制約情報）が解決者に提供されている状況であるのに対し，不良定義問題（ill-defined problem）は，これらの情報がわずかしか，あるいは全く与えられていない状況を指す。
（11）まず，2003年12月に，同社の営業担当者72名に対して予備調査を行い，各キャリア段階（初期：入社～5年目，中期：6～10年目）毎に，自身の能力が高まったと思われる経験を自由に記述してもらった。このデータを内容分析し，31項目からなる尺度を作成した。次に，2004年1～2月に，この項目を含んだ質問紙調査を488名の営業担当者に対して実施した。質問票では，各キャリア段階（初期・中期）毎に，31の経験を提示し，「営業担当者としての能力を獲得するにあたって，各経験が，ど

の程度重要だと感じたか」を「全く重要ではない1←→7非常に重要」の7段階で回答を求めた。このとき，各項目を経験していないケースもチェックした。質問票の配布と回収は，同社の人事部門を通して行われた。使用するデータは，488名の営業担当者のうち，10年以上の営業経験を持つ218名のデータである。

(12) キャリア発達段階毎に因子分析を行った理由は，初期（入社～5年目）と中期（6～10年目）では，担当者の経験特性は異なると考えられるからである。

(13) 初期の経験に関する因子分析の結果は以下の通りである。

経験に関する項目	第1因子 顧客との相互作用 (1)	第2因子 職務の広がり (1)	第3因子 先輩・上司との出会い (1)	第4因子 悔しい思い
特定のお客様から信頼され，多くの紹介を得た	.735	.284	.045	.028
難しい案件を成立させた	.719	.205	.291	.143
お客様からの難しい要求に応えることができた	.703	.106	.229	.305
既成約者からの紹介が増えた	.623	.200	.059	.096
大きな仕事を任され，こなせるようになった	.562	.351	.279	.209
お客様から感謝された	.559	.017	.349	.260
お客様から叱られた	.502	.038	.296	.394
業者との付き合いを始めた	.500	.362	.235	.097
クレームを解決したことで，お客様との人間関係ができた	.496	.180	.183	.353
他店舗に異動して，業務の幅が広がった	.231	.609	.285	.151
部下を持つようになり，責任を感じた	.252	.586	.134	.127
宅建に合格して自信がついた	-.009	.542	.104	.234
営業目標が厳しくなった	.331	.539	-.008	.201
尊敬できる先輩・上司にめぐり合えた	.240	.201	.855	.146
尊敬できる上司に教育された	.222	.170	.745	.026
先輩・上司から馬鹿にされて見返そうと思った	.100	.254	.040	.716
上司に叱られて発奮した	.272	.365	.156	.544
社内の他店舗に負けて悔しかった	.240	.383	.022	.494
他決してくやしい思いをした	.407	.124	.380	.421
固有値	3.96	2.19	2.09	.191
累積寄与率（%）	20.83	32.35	43.33	53.38

(14) 中期の経験に関する因子分析の結果は, 以下の通りである。

経験に関する項目	第1因子 発奮した経験	第2因子 顧客との相互作用(2)	第3因子 職務の広がり(2)	第4因子 高度な仕事の達成	第5因子 紹介の増大	第6因子 先輩・上司との出会い(2)
上司に叱られて発奮した	.648	.192	.224	.165	.103	.024
会社で研修を受けて, 営業ノウハウを学んだ	.616	.132	.033	.070	.176	.155
先輩・同僚から馬鹿にされて見返そうと思った	.607	.080	.118	.112	.021	.111
宅建に合格して自信がついた	.548	-.016	.104	.032	-.016	.051
先輩社員に同行して営業ノウハウを学んだ	.548	.213	.054	-.069	.069	.417
社内の他店舗に負けて悔しかった	.537	.177	.286	.248	.173	.035
厳しい上司に指導された	.506	.149	.252	.110	-.014	.261
お客様から叱られた	.485	.660	.059	-.025	.137	.137
お客様からの難しい要求に応えることができた	.096	.615	.332	.283	.349	.137
お客様から感謝された	.122	.513	.145	.324	.225	.241
難しい案件を成功させた	.007	.510	.278	.472	.383	.178
大きなクレームを経験した	.178	.476	.358	.120	-.032	.098
他決して, 悔しい思いをした	.411	.430	.088	.263	.233	.151
部下を持つようになり責任を感じた	.198	.091	.704	.119	.131	.024
他店舗に異動して業務の幅が広がった	.287	.131	.549	.115	.147	.197
業者との付き合いを始めた	.141	.215	.510	.165	.367	.178
営業目標が厳しくなった	.400	.244	.413	.054	.170	-.298
全て自分で考える状況で仕事をこなした	.093	.044	.054	.677	.162	.151
大きな仕事を任され, こなせるようになった	.046	.326	.449	.520	.276	.121
高い目標を達成し自信がついた	.290	.273	.350	.469	.106	-.073
努力した結果が成果に結びつき自信がついた	.416	.376	.107	.453	.155	.204
収入が高くなりもっと上を目指す気持ちが強くなった	.393	.265	.268	.422	.143	-.044
既成約者からの紹介が増えた	.173	.043	.192	.205	.811	.078
特定のお客様から信頼され, 多くの紹介を得た	.062	.305	.173	.177	.768	-.008
尊敬できる先輩・上司にめぐり合えた	.322	.344	.089	.191	.165	.610
尊敬できる上司に教育された	.366	.156	.173	.228	.020	.575
固有値	3.77	2.67	2.31	2.17	2.11	1.40
累積寄与率 (%)	14.50	24.77	33.67	42.01	50.11	55.49

(15) ただし, プロジェクト・マネジャーは, 中期において役割モデルから学んでいた。

第5章 学習を方向づける信念

　同じ経験を積んでも，そこから多くのことを学ぶ人もいれば，学ばない人もいる。つまり，経験から学ぶ能力には個人差がある(McCall, 1998; Moon, 2004)。いくら栄養が豊富な土を与えても，養分を吸い上げるための「根」が発達していなければ美味しい野菜が育たないように，さまざまな経験から知識やスキルを獲得する力が弱いと人は成長しない。

　経験からの学習能力には，いくつかの要因が存在すると思われるが，本書では「仕事の信念」に着目する。なぜなら，信念は，より高次の認知特性として，人間の態度・行動を方向づける役割を持つといわれ，プロフェッショナルの条件である精神面の成熟にも関係するからである。

　本章では，「不動営業調査」，「自動車営業調査」，「ITコーディネータ調査」という3つのデータを用いて，信念の働きを分析する。

1. 問題の設定

● 経験からの学習能力

　第2章でレビューしたように，従来の研究を整理すると，次に挙げる要因が，経験からの学習能力と関係している（Brutus et al., 2000；Mitchell et al., 1999；成田・楠見, 1999；Spreitzer et al., 1997）。

・自分の能力に対する自信（楽観性，自尊心）
・学習機会を追い求める姿勢（好奇心）
・挑戦する姿勢（リスクテイキング）
・柔軟性（批判にオープン，フィードバックの活用）

すなわち，自分の能力に対して自信を持ち，学習機会を追い求め，リスクをかえりみず挑戦し，状況に応じて柔軟に自分の行動や考え方を変えることができる人ほど，経験から学習する傾向にある。
　しかし，経験からの学習能力に関する実証研究は少なく，そのメカニズムは不明な点が多い。先行研究においても，「経験」が分析の中に組み込まれておらず，上述した要因も，経験学習に与える影響が明確な形で分析されているわけではない。そこで，本章は，経験からの学習能力を検討する上で，「仕事の信念」が果たす役割に注目する。

● 信念の働き

　本書が仕事の信念に焦点を当てる理由は，信念が個人の行動・判断・評価を方向づけたり（Cameron et al., 2001；Furnham, 1988），新しい経験の解釈を導く「トップダウン」的な働きをするといわれているからである（Eichenbaum and Bodkin, 2000）。仕事の信念は，環境を理解し，予測し，コントロールするために使われる個人的な理論・原理・原則のようなものであることから経験学習のあり方を左右すると考えられる[1]。
　レオナルドとスワップ（Leonard and Swap, 2005）によれば，直接の経験を通して獲得され，アイデンティティの一部となっている中核的信念は，「何を真実として受け入れるか」，「世界をどのように見るか」に影響を与えるフィルター機能を持ち，知識の形成を大きく左右するという。
　なお，エイベルソン（Abelson, 1986）は，信念が意思決定の道具として有益である程度を「道具的な機能性」，自己を表現するのに有益である程度を「表現的な機能性」と呼び，信念に価値を感じるほど保持され変化しにくいと主張している。人は，職務を遂行する中で，自分の持つ信念の機能性・有益性を判断しながら，特定の信念を保持したり，破棄したりしていると考えられる。
　知識形成のあり方を左右する信念は，経験からの学習プロセスにも影響を与えていると予想されることから，本章では，次のようなリサーチ・クエスチョンを提示する。

仕事の信念は，経験学習の効果にどのような影響を及ぼすであろうか。また，領域が異なると，仕事の信念の内容は，どのように異なるのだろうか。

以下では，まず不動産営業の調査データを用いて，仕事の信念が経験学習の効果に及ぼす影響を検討する。次に，自動車の営業担当者およびITコーディネータが持つ信念の特徴について分析し，領域毎の信念の違いや共通点について議論する。

2.「経験から学習する能力」としての信念

同じ内容の経験をしたとしても，個人が持つ仕事上の信念が異なれば，その成果も異なるだろう。ここでの分析の目的は，経験学習の質を高めるような信念の特性を明らかにすることにある。

●── 調査について

本節で使用するデータは前章で検討した不動産販売会社の調査データ（調査C）と同じものである。調査では，自由記述形式の予備調査によって仕事の信念に関する項目を収集し，質問票に変換した上で本調査を実施した。本調査では，予備調査で得られた32項目の信念を提示し，「営業活動を実施する上で，どのような信念・理念をお持ちですか？つまり，営業活動をうまく行う上で，「何が重要だ」とお感じですか？」という質問に対する回答を求めた（全く違う1 ←→ 7 全くその通り）。

●── 分析結果

信念の類型　信念項目について因子分析（主因子法，バリマックス回転）を行い，次の手順にしたがって，項目を絞り込んだ。すなわち，①どの因子に対しても因子負荷量が低い項目の除去，②削減したときに α 係数が大きく増加する項目の除去，③ α 係数が低い因子の除去，というプロセスを繰り返した。全ての因子において，特定因子に対する各項目の負荷量が0.4以上，因子に含ま

れる項目の信頼性係数（クロンバックの α 係数）が0.7以上になった時点で分析を終了した。

その結果，表5-1に示すように，「顧客志向の信念」と「目標達成志向の信念」の2つの因子が抽出された（それぞれの α 係数は，0.89と0.88であった）[2]。

信念と業績　各因子に含まれる項目の得点を平均したものを，各信念の得点とした上で表5-2に示すように，2つの信念と販売業績の相関を求めた。その結果，顧客志向の信念と業績の相関係数は -0.01（n.s.），目標達成志向の信念と業績の相関係数は0.16（$p<.05$）であった。つまり，顧客志向の信念は，業績を高める直接的な効果はないが，目標達成志向は弱いながらも業績を高めていた。

表5-1　不動産営業担当者の信念

仕事の信念	因子負荷量
顧客志向の信念	
顧客のために誠心誠意をつくす	.85
お客様に喜んでいただく	.80
顧客に信頼されるように努力する	.68
最後まであきらめない	.68
謙虚な気持ち，感謝の気持ちを忘れない	.62
お客様と同じ目線で考える	.62
自分自身を売り込む	.58
目標達成志向の信念	
稼ごうとする意識を重視する	.82
数字を上げる気持ちの強さが大事	.81
一番になりたい気持ちを大事にする	.75
目標を持つ	.60
目標数字をクリアする	.60
執着する気持ちを大事にする	.58
営業は自分との戦いである	.49

表5-2　不動産営業担当者の信念と業績の相関

仕事の信念	販売業績の相関
顧客志向の信念	-.01
目標達成志向の信念	.16*

注1：n=194
注2：*p<.05

信念の効果 次に，営業担当者を，顧客志向の信念の得点によって高・低2つの群に分けた上で，第4章の分析と同様に経験特性と業績の関係について相関分析を行った。表5-3を見ればわかるように，顧客志向が低い群では，各経験が業績と結びついていないのに対し，顧客志向が高い群では，経験と業績の結びつきが強かった。特に，初期（入社〜5年目）における「顧客との相互作用」「職務の広がり」，中期（6年〜10年目）における「職務の広がり」「高度な仕事の達成」「紹介の増大」が業績を高めていた。

一方，目標達成志向が高い群と低い群の間では，経験と業績の関係における明確な違いは見られなかった。目標達成志向が高い群では，初期において先輩・上司から学んでいる人ほど，中期において高度な仕事を達成している人ほど，現在の業績が高かった。目標達成志向が低い群では，中期における職務の広がりや紹介の増大が，業績を高めていた。また，両群とも，初期における職務の広がりが業績を高めていた。

表5-3　経験と業績の関係に対する顧客志向信念の効果（相関分析）

経験	顧客志向の信念（低）n=99	顧客志向の信念（高）n=106
初期		
顧客との相互作用（1）	-.02	.21*
職務の広がり（1）	.08	.30***
先輩上司からの学び（1）	-.10	.20
悔しい思い（1）	-.04	.18
中期		
発奮した経験	.01	.06
顧客との相互作用（2）	.17	.07
職務の広がり（2）	.08	.30***
高度な仕事の達成	.18	.33***
紹介の増大	.12	.22*
先輩・上司からの学び（2）	.05	.11

注：*p<.05；**p<.01；***p<.001

表5-4 経験と業績の関係に対する
目標達成志向信念の効果（相関分析）

経験	目標達成志向の信念（低）n=97	目標達成志向の信念（高）n=105
初期		
顧客との相互作用（1）	.19	.19
職務の広がり	.28*	.25*
先輩上司からの学び（1）	-.04	.22*
悔しい思い（1）	.19	.18
中期		
発奮した経験	.17	.01
顧客との相互作用（2）	.18	.08
職務の広がり（2）	.28*	.20
高度な仕事の達成	.17	.34***
紹介の増大	.26*	.14
先輩・上司からの学び（2）	.04	.05

注：*p<.05；**p<.01；***p<.001

● ── **考察**

　分析の結果，顧客志向の信念が経験学習の効果を左右することが明らかになった。顧客志向の信念が高い人ほど，キャリアの初期・中期段階における経験が現在の業績と強く結びつく傾向が見られた。これに対し，目標達成志向の信念は経験学習の効果に影響を与えていたものの，顧客志向の信念ほど明確な形で関係しているわけではなかった。

　この結果は，営業担当者が持つ仕事の信念が，仕事の進め方についての素人理論（Hong et al., 2001）として，彼らの行動・判断・評価を方向づけていることを示唆するものである。仕事の信念は，ネルソンとナレンズ（Nelson and Narens, 1994）がいうメタレベルで機能していると考えられる。

　ここで，顧客志向の信念が経験学習を促進していた理由について考えたい。顧客の問題を解決しようとすると，仕事の難易度が高まり，担当者が処理すべき情報量が増えることから，営業活動を通して獲得される知識・スキルの量が増える。つまり，顧客志向に基づいて行動しようとすると，顧客のニーズや問

題点を探るためのコミュニケーション力，情報収集力，顧客に対して提案を行う企画力，顧客に有用な情報を提供するための専門知識が要求されるため，こうした知識・スキルの獲得が促されると考えられる。また，顧客に喜ばれるという点において，担当者は自分の仕事に有意性を感じ，内発的動機づけが高まると推測される。

先行研究において，個人レベルの顧客志向は，顧客満足，倫理的行動，組織へのコミットメント，職務満足，組織のマーケット志向に与える影響が検討されてきたが（Hoffman and Ingram, 1991, 1992；Howe et al., 1994；Pettijohn et al., 2002 他），顧客志向が持つ学習促進機能については指摘されてこなかった。その意味で，本書の発見は顧客志向研究に新しい知見を提供したといえる。

一方，目標達成志向の信念が高い担当者が必ずしも経験学習が高いわけではなかった。つまり，目標達成志向の信念が高い担当者は，初期には先輩や上司から，中期には高度な仕事を達成することを通して学んでいるが，目標達成志向の信念が低い担当者も，職務の広がりや紹介の増大という経験から学んでいた。このことは，目標達成志向の高さが経験学習の質を左右するわけではないことを示している。目標達成志向の信念は，現在の業績と直接的に関係していたことから，目標に対するコミットメントを高め，販売業績を向上させるモチベーションを促進していると考えられる。

以上のことから，顧客志向と目標達成志向の信念は，それぞれ異なる働きをしているといえる。すなわち，顧客志向は主に学習促進機能を持ち，担当者の中長期的な成果に関係しているのに対し，目標達成志向は，モチベーション促進機能を持ち，短期的な成果と関係していると考えられる。

3. 自動車営業における信念

同じ営業職でも，取り扱う商品・サービスが異なると，仕事の信念は異なるだろうか。本項では，自動車営業の担当者が持つ信念について検討する。ここで使用するデータは，3章で紹介した調査データ（調査A）と同じものである。ただし，営業担当者の経験特性は測定していないことから，仕事の信念と業績

の関係を分析することに主眼を置く。

以下では，まず自動車営業における仕事の信念を抽出し，経験年数の違いによって，信念と販売業績の関係が変化するかどうかを分析する。すなわち，経験年数をもとにキャリアの発達をいくつかの段階に分け，それぞれの段階ごとに，信念と業績の関係を検討する。この分析によって，どの段階において仕事の信念が業績と結びついているのを確かめることができる。

●── 調査について

3章で述べた手続きにしたがって，予備調査で抽出された項目を定量的な質問票に変換し，本調査によって定量的なデータを収集した。本調査では，信念に関する15項目を提示し，「営業活動を行うにあたり，どのような信念・理念を持っているか」を「全くその通り1 ⟵⟶ 7 全く違う」の7段階で回答を求めた。本調査の対象者は，自動車販売会社の営業担当者108名である。

●── 分析結果

仕事の信念に関する項目に対して因子分析を行ったところ，不動産営業における分析と同様に，「顧客志向の信念」と「目標達成志向の信念」の2因子が抽出された（表5-5）[3]。以下では，この因子に含まれる項目の平均値を各信念の得点とした。

これら2つの信念と販売業績の相関を求めたところ，表5-6のようになった。まず，全体データについて分析したところ，目標達成志向と業績の相関は0.23（$p<.05$）であり，顧客志向と業績の相関は-0.03（n.s）であった。これは，不動産営業の分析結果と一致するものである。つまり，全体的に見ると，目標達成志向の信念は業績を高めるが，顧客志向の信念は業績と関係していないことを示している。

次に，経験年数を基に，営業担当者を「初期（3年未満）」「中期（3-9年）」「後期（10年以上）」という3つのカテゴリーに分けた上で，信念と業績の相関を分析した。なお，こうした区分を採用したのは，各カテゴリーに分析可能なデータ数を確保するためである。表5-6を見ると，経験を積むほど，信念と

表5-5　自動車営業担当者の信念の因子分析結果

仕事の信念	因子負荷量
顧客志向の信念	
お客様に後悔させない	.66
お客様との約束は必ず守る	.61
常に誠意を持って対応する	.80
素早い対応を心がける	.70
お客様との信頼関係を築く	.66
お客様を好きになる	.54
お客様の立場に立って物事を考える	.59
お客様に満足していただく	.81
継続は力なり	.46
目標達成志向の信念	
自己管理をしっかりする	.52
目標は必ず達成する	.72
何事にも一生懸命	.76
他人に負けない	.72
出来ないことははっきり断る	.42

表5-6　自動車営業担当者の信念と業績の相関

信念	全体 (n=100)	信念と業績との相関		
		3年未満 (n=27)	3-9年 (n=37)	10年以上 (n=36)
顧客志向	-.03	-.20	.11	.37*
目標達成志向	.23*	-.26	.35*	.46**

注：*p<.05；**p<.01

業績の関係が強くなる傾向が見られる。このとき，目標達成志向の信念は，営業経験3年以上の中期から業績と関係しているのに対し，顧客志向の信念は，営業経験10年以上の後期になって，業績と関係していた。これは，顧客志向の信念が業績と結びつくまでに，長い時間がかかることを示している。

● ── 考察

　分析の結果，自動車営業担当者は，不動産営業担当者と同様に，「顧客志向の信念」と「目標達成志向の信念」を持っていることが明らかになった。このことから，取り扱い商品が異なっても，営業担当者は類似した仕事の信念を持つ可能性が高いといえる。

営業担当者が顧客志向と目標達成志向の信念を持つのは，彼らが組織と外部環境をつなぐ境界連結者であることと，顧客と接触するカスタマー・コンタクト・エンプロイーであることが関係していると思われる。営業担当者は，商品・サービスの販売活動を通して企業の目標を達成すると同時に，企業と顧客の関係性を構築する役割を担っている（Dubinsky et al., 1986；Shepherd, 1999；Singh, 1998）。それゆえ，熟達した営業担当者ほど，目標達成志向と顧客志向のバランスを取ろうとする傾向にあるのだろう[4]。

　なお，信念というメタレベルだけでなく，スキルレベルにおいても，顧客志向と目標達成志向は高業績者の特徴である。自動車営業と不動産営業のスキルと業績を検討した第3章の分析において，両分野の高業績担当者は，「顧客志向」のスキルと「目標達成志向」のスキルのバランスを取っているという点で共通していた。このことから，目標達成志向と顧客志向は，メタレベルにおいてもスキルレベルにおいても，営業分野における熟達の条件である可能性が高い。

　分析の結果明らかになった第2の点は，自動車と不動産の営業において，目標達成志向の信念が販売業績を高めていたのに対し，顧客志向の信念は販売業績と関係していなかったことである。自動車営業の分析では，顧客志向の信念が業績と結びつくまでに約10年の期間が必要であることが明らかになった。これは，3章で検証した10年ルールと一致した結果である。目標達成志向の信念が業績向上に対して即効性があるのに対し，顧客志向の信念が業績に寄与するまでには時間がかかるといえる[5]。

　こうした結果は，エイベルソン（Abelson, 1986）による「信念の道具的な機能性」の観点から説明することができる。すなわち，顧客志向の信念が意思決定の道具として有効であることを実感するまでに時間がかかるのである。前章のIT分野における分析でも，コンサルタントやプロジェクト・マネジャーが長い時間をかけて顧客管理スキルを獲得していた。この結果は，顧客志向の知識・スキルの奥深さを示している。

4. ITコーディネータの信念

　不動産および自動車の営業において「顧客志向」と「目標達成志向」という極めて類似した信念構造が見られた。しかし，これら2つの信念は，営業という職種に特有の信念であるかもしれない。そこで，次に，中小企業向けの情報システムを構築する際にコンサルタント的な役割を果たすITコーディネータの信念を検討した。業界や職種が異なる熟達者の信念を分析することによって，領域と信念の関係を検証したい。

●── ITコーディネータとは[6]

　ITコーディネータは，「経営者の立場に立って経営とITを橋渡しし，真に経営に役立つIT投資を推進・支援するプロフェッショナル」と定義されており，その資格は2001年よりITコーディネータ協会によって認定されている。この資格認定制度が発足した背景には，わが国において非効率な情報化投資が行われている現状がある。すなわち，ITベンダー（製品のメーカーや販売会社）はユーザー（クライアント企業）の経営に関する知識が乏しく，一方，ユーザーは情報システム開発についての知識が乏しいため，効率的なIT投資が行われていないのである。

　こうした現状を打破するため，ITコーディネータには，ITベンダーとユーザーの橋渡しをし，ITを活用したビジネス・ソリューションを構築する中心的な担い手としての役割が期待されている。具体的には，経営戦略を基にした情報化の企画立案から，情報システム開発プロジェクト，運用サービスまでの一貫したプロセスをコーディネート（調整）することがITコーディネータの役割である。現在，公認会計士，税理士，中小企業診断士などの専門家を中心にITコーディネータが認定され，全国で活躍している。

　ITコーディネータの活動の中心は，あくまでもアドバイスであり，情報システムの構築はITベンダーが行うことから考えて，彼らの活動はコンサルティングに重きが置かれているといえよう。なお，ITコーディネータが持つIT

コンサルティングの実践的知識を業務プロセスに沿って記述した内容を付録Cに掲載した。

●—— 調査について

　ここで使用するデータは、経済産業省の委託調査である「地域高度IT人材の動向調査（産業能率大学，2004）」から得られたものである[7]。調査対象者の選定にあたっては、ITコーディネータ協会に依頼し、第一線で活躍している優秀なITコーディネータ12名を選抜してもらった。インタビューにおける質問は「ITコーディネータとしての活動をする上で、何が重要だと感じていますか。また、職業上の信念、価値観、ポリシーについて説明してください」という内容である。インタビュー調査対象者の属性は表5-7に示すとおりであるが、全員がITコーディネータの資格を有し、ITコーディネータを指導するインストラクターの立場にある。インタビュー調査によって得られたデータは、4章の分析と同様に、ストラウスとコービン（Strauss and Corbin, 1990, 1998）によるグランデッド・セオリー・アプローチを参考にして分析を行った。より詳しい手続については、「注(8)」を参照のこと。

表5-7　調査対象者の属性

	年齢	活動拠点	勤務形態	所有資格
A	49	四国	独立	中小企業診断士，MBA
B	66	関東	独立	中小企業診断士
C	61	関東	独立	情報処理技術者・特殊
D	42	関西	独立	
E	43	関東	企業勤務	
F	50	関東	企業勤務	中小企業診断士，システム監査技術者
G	55	北陸	独立	
H	51	関西	独立	税理士
I	55	関東	独立	
J	50	四国	独立	
K	60	関東	独立	中小企業診断士
L	58	関東	独立	技術士（情報工学）

●── 分析結果

　ITコーディネータ（以下，ITC）のインタビュー・データを分析したところ，表5-8に示すように，仕事の信念として「目標達成志向」と「顧客志向」が抽出された[9]。これら主カテゴリーとしての2つの信念は，12名のITコーディネータ全員に共通していた[10]。以下では，それぞれの信念の内容について説明したい。

　目標達成志向の信念　目標達成志向の信念は「目標達成」，「自己実現」，「情熱・熱意」，「努力・挑戦」，「学習目標」といったサブカテゴリーから成る信念である。すなわち，明確な目標を設定し，情熱・熱意を持って努力・挑戦し，その結果として，自己実現や学習を重視する考え方である。業績目標を重視していた営業担当者と比較すると，ITCは学習に関する目標を設定し，それを達成しようとしていることがわかる。

　彼らの信念を見ると，業績目標を達成することだけでなく，「志」や「夢」という言葉に代表されるように，仕事自体にやりがいを感じ，自分なりの理想を追い求める自己実現を重視する点に特徴がある。いくつかのコメントを見てみよう。

> 志と情熱と，世のため人のためですよね。残された人生はあまり長くないので，できるだけ続くのであれば，世のため人のために，自分がある程度勉強してきた知見というものを，知的財産というものはないですけど，何らかのノウハウを若い人たちと共有していきたいなと思います。

　このITCは，志や情熱を持った上で，自分の活動を社会に還元することを重視している。次のITCは，明確な意思を持って努力することを強調している。

> ぼくは「意気地」という言葉が好きなんですよ，意気地のあるとか意気地なしというじゃないですか。意気地の「意」というのは意思なんですね，意気地の「気」というのは気力・体力・健康ということで，意気地の「地」というのは地面・バックグランド・カラー・その人のオリジナルカラーというふうな意味な

表5-8 ITコーディネータの信念

カテゴリー	サブカテゴリー	項目
目標達成志向	目標設定	目標を持つ 夢を忘れない 志を持つ 志を持って常に努力する
	自己実現	好きなようにやる お金にこだわらない
	情熱・熱意	情熱を持って仕事をする 熱意 信念を持って事に当たる
	努力・挑戦	頑張る 前向きに働く 常に全力投球する ベストを尽くす 新しいことにチャレンジする
	学習目標	経営やITの幅広い知識を身につける 常に最新の情報をキャッチ 人に負けない専門性を持つ 信頼される能力を身につける 尊敬される人格を身につける
顧客志向	顧客満足の追求	顧客の期待に応え、最善の努力をする 客に喜ばれるコンサルティングを目指す 顧客の喜びは我々の喜び
	信頼の重視	パートナーとして見てくれる顧客を大切にする 信頼してくれる顧客を大切にする 信は万事の元をなす 各ステークホルダーとの信頼関係を築く
	経営者の理解	経営者の想いを共有する 経営者の痛み・悩みを共有する 経営トップの思いを理解する
	現状の把握	組織の成熟度を十分理解する 企業の人材・組織風土の課題を考える 企業規模や内容・地域性を考慮する
	意思決定支援	顧客が自ら動き出すようにコーチングする 経営者の立案を支援することに徹する 経営者や企業の中に「答え」がある
	顧客からの学習	顧客とともに成長する 顧客から勉強する 顧客の視点で物事を考える

んですね。だから地面に足をつけて自分でこういう事をやりたいという風に目標を持って，しかもその健康・体力を含めてがんばるということが非常に好きなんです。自分も好きだし，そうやってやってる人を見るのも好きなんです。

次に紹介する二人のITCは，「仕事が好きだから」という思いをベースに活動している。

> 思うようにやりたい。生活できればいいですね。ギャンブルもしない，お酒も飲まない，何が楽しみで生きてるのか。いろんな人とコミュニケーションして，今日も，朝からギフトショーで前に立って，こうやっているというのは，やはり好きなんでしょうね。

> コンサルティングで儲けようと思ったら，ほとんど難しい。よっぽど有名で，ちょこっと来たらうん十万円というような先生だったら儲かるかも。基本的には無理。先日そういう話が出て，僕が「趣味でやってるの」と言ったら，相手が「趣味でやられちゃ困る」と。でも，そのくらいじゃなきゃ仕事ってできないんですよ，そろばんはじいてたらできない。好きだからやってるわけで。

ITCが持つ目標達成志向は，知識や情報を身につけること，すなわち「学習」を一つの目標にしている点に特徴が見られる。あるコーディネータは，コンサルティングを行う企業について徹底的に勉強するという。

> 私は1つの仕事をしたときに，チャンスだと思っているので，そこの会社の仕事を限りなく勉強します。飛行機会社をやるときには，飛行機に乗って徹底的に身につけようとしますし，アパレルだったら，僕はどんな織物の設計書でも書けます。そこまで勉強する。去るときには，顧客企業の従業員が持っている，そこそこの知識は持っていますね。

顧客志向の信念　顧客志向の信念は，「顧客満足」，「信頼の重視」，「経営者の理解」，「現状の把握」，「意思決定の支援」，「顧客からの学習」といったサブカテゴリーを含んでいる。つまり，顧客の立場で現状を把握し，顧客が意思決定することを支援し，結果的に顧客満足や信頼を高めることを重視する信念で

ある。次のITCは，顧客の視点で考えることを重視している。

> ITコーディネーターのプロセスで一番痛感してるのは，顧客の視点。今，インストラクターしてますけど，経営戦略からシステム運用，モニタリング全般にかかるプロセスには，顧客の視点が全部つながっている。これを見ない限り，ITコーディネーターとしては機能しない。だからどのシーンでも，顧客の視点が関わってきますね。

あるITCは，「経営者を知る」という点が重要になると語っている。

> 経営者を知るということが一番必要。3つのことを知る必要がある。業界を知る，企業を知る，経営者を知る。3知，これが基本。このうち，経営者を理解できるというのが一番必要だと思います。お互い一緒にやっていくわけですから。誰に雇われたかというと，会社ではない。経営者から雇われてる。そこを間違えたら大変なこと。コンサルというのは，基本的に人から頼まれている。会社という無機質な仕組みから頼まれているわけではない。そういう面でも，自分を頼んでくれた人をよく知るということが一番ですね。

次のITCも，顧客に成果を出してもらうことを強調している。経営者の「思い」を受けとめて，それを実現することが大事であると指摘する。

> そんな難しい事はないんですけども，やっぱりお客さまの為，お客さまに成果を出していただくという思いじゃないですかね。出来たら私はお手伝い始めたらそれこそ3年かかろうが成果が出るまでお手伝いをしたいですね。それではじめて報われるんで。

あるITCは，顧客企業とともに成長することを信念としている。

> 一番大事なのは相手の立場で考えるということと，お客さんが納得してうちの会社が大きくなるということ。一緒に成長する，ということですね。うまくいく会社をたくさん作って羨ましがらせるやり方しかないから。うちの会社がきちんと動ける，儲けさせてもらうのはお客さんが納得して儲けているから，と

いう形でやっていきたい。

多くのITCは，業者ではなくパートナーとして顧客と付き合うときに良い仕事ができると述べている。次のコメントを見てみよう。

> 例えばベンダーの立場で顧客企業へ行くとき，コンサル的なお話をして，お客さんが，私とか部下をパートナーとして見ているときはどんなのもうまくいく。どんなにその納期がきつくても，あるいはどんな仕様がきつくても，お互いパートナーとして見てる。でも，そこで業者として扱われたら，みんなやる気がなくなると思うんです。

次のITCは，多くのノウハウを顧客から学ぶと述べている。

> どちらかというと，経営者が教えてくれるんですよ。ですから，私のノウハウというのは何なのかというと，自分で勉強したのではなく，全部教えてもらっちゃうことなんです。常に，教えてもらってます。木工家具の表面仕上げのやり方から何から全部わかりましたよ。貼り付けるのにどうで，ノンホルマリンにするのにはどうで。だから今，木工家具屋さんとは，ほぼ対等に付き合えます。本当にモノを作っている人から教えてもらうのが僕らの仕事で，教えてもらったことを伝えるわけでしょ。

●── 目標達成志向と顧客志向の関係

上述した信念の内容を見ると，目標達成志向と顧客志向が密接に関係していることがわかる。第1に，「パートナーとして信頼してくれる顧客に対しては，やる気が出る」というコメントに代表されるように，顧客志向における「信頼の重視」は，目標達成志向における「努力・挑戦」「情熱・熱意」と結びついている。互いに信頼関係にあるからこそ，熱意を持って努力しようという気が起こるという意味で，顧客との関係が目標達成のドライバーとなっている。

第2に，目標達成志向における「目標設定」は，単に自身の売上・利益目標だけではなく，「経営者の思いの実現」や「顧客満足」であるというケースが

図5-2 目標達成志向と顧客志向の関係

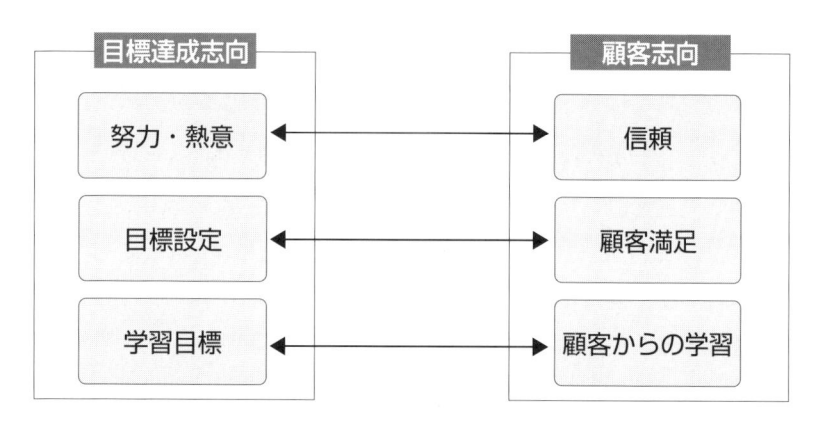

```
┌─ 目標達成志向 ──────┐         ┌─ 顧客志向 ────────┐
│  ┌──────────┐   │         │  ┌──────────┐  │
│  │ 努力・熱意  │   │ ←───→  │  │   信頼    │  │
│  └──────────┘   │         │  └──────────┘  │
│  ┌──────────┐   │         │  ┌──────────┐  │
│  │  目標設定  │   │ ←───→  │  │  顧客満足  │  │
│  └──────────┘   │         │  └──────────┘  │
│  ┌──────────┐   │         │  ┌──────────┐  │
│  │  学習目標  │   │ ←───→  │  │顧客からの学習│  │
│  └──────────┘   │         │  └──────────┘  │
└─────────────────┘         └─────────────────┘
```

見られた。つまり，数値的な目標を達成する手段としての顧客満足というよりも，顧客満足それ自体が目標となっていた。

第3に，「顧客と一緒に成長する」「顧客から学ぶ」という考え方は，目標達成志向における学習目標と関連している。すなわち，顧客との関係から学習することを重視するとき，顧客志向と目標達成志向が結びつくといえる。

図5-2は，以上3点をまとめたものである。顧客満足や顧客からの学習を自身の目標として設定したり，顧客との信頼が熱意・努力のベースとなる場合に，目標達成志向と顧客志向の信念が結びつくと考えられる。なお，こうした信念は，ITコーディネータが持つ個別の知識・スキルと深く結びついていた。詳しくは付録Cを参照のこと。

● 考察

不動産および自動車の営業において見られた「顧客志向」と「目標達成志向」の信念構造は，業種・職種の異なるITコーディネータにおいても抽出された。すなわち，顧客を重視し目標達成にこだわりを持つという点では，営業担当者もITコーディネータも類似の信念を持っていた。こうした結果は，領域が異なる熟達者であっても，信念というメタレベルでは知識に共通性が存在する可能性を示している。

しかし，営業担当者の信念と違う点は，目標達成志向の内容である。表5-8にあるように，ITコーディネータの目標達成志向には「自己実現」や「学習」といった要素が含まれていた。つまり，ITコーディネータは，自分の目標や夢にこだわり，顧客との関係の中から学ぶことを重視する傾向にあった。「顧客」と「自己」が対等な形で関係し合い，そこから学習することを強調している点にITコーディネータの信念の特徴がある。

従来の目標理論によれば，目標志向性には「学習目標志向（learning goal orientation）」と「業績目標志向（performance goal orientation）」の2タイプがある（VandeWalle et al., 1999）。学習目標志向を持つ人は，自分の知識・能力を高めることに主な関心があるのに対し，業績目標志向を持つ人は，業績を高めることで自分の能力に対するポジティブな評価を得ることに主な関心がある[11]。すなわち，学習目標は知識・能力を獲得することを促進し，業績目標は既に持っている知識・能力を活用することを促す。人が成功するためには，両タイプの目標を持つことが必要となるといわれている（Seijts and Latham, 2005）。目標志向の違いという点に関して，営業担当者は業績目標志向が強く，ITコーディネータは学習目標志向が強いといえるだろう。

こうした違いが見られたのは，ITコーディネータのほとんどが独立した経営者の立場にあることが関係していると思われる。彼らは，会社から与えられた目標ではなく，自分で立てた目標を追及する自律性を持っているため，自己実現や学習といった目標を持ちやすいと解釈できる。このように，目標達成志向という点で共通していても，領域が異なると目標の内容に違いが見られる。

5. 仕事信念の働き

本章における3つの分析を通して，不動産営業，自動車営業，ITコーディネータが「顧客志向の信念」と「目標達成の信念」を持っていることが明らかになった。以下では，先行研究において，本章の発見事実がどのように位置づけられるかを議論した後，2つの信念の働き，および信念の領域普遍性について考察する。

●── 顧客志向研究における位置づけ

　まず，本書で発見された顧客志向の信念を，従来の研究の中に位置づけたい。個人レベルの顧客志向を最初に測定したのはザックスとワイツ（Saxe and Weitz, 1982）である。彼らは，マーケティングの土台となる考え方であるマーケティング・コンセプト（marketing concept）に基づいて販売担当者の顧客志向を概念化している[12]。マーケティング・コンセプトとは，「ターゲット顧客を明確にし，彼らのニーズに焦点を当て，企業内のすべての活動が顧客満足を高めることに向けられるように統合することで，利益を得ようとする考え方」である（Kotler, 1997）。これに対して，販売志向は，顧客のニーズを考えずに，強力な営業やプロモーションによって自社の商品・サービスを販売し利益を得ようとする志向性を指す（Kotler, 1997）。

　ドナバンら（Donavan et al., 2004）も，ザックスとワイツの研究を基に，次の4次元から構成される顧客志向尺度を開発している。

・顧客を大事にする欲求
・顧客ニーズを読み取ろうとする欲求
・個人的な関係を築こうとする欲求
・求められるサービスを提供しようとする欲求

　本書で抽出された顧客志向は，「誠意を持って」「顧客の立場で製品・サービスを提供し」「顧客満足，信頼を得る」という要素を含んでいたことから，先行研究における顧客志向に対応するものである。

　ただし，本書で見出された顧客志向は，概念と機能の点で従来の研究とは異なる特性を持っている。まず，ザックスとワイツが顧客志向を「行動特性」として，ドナバンらが「表層的パーソナリティ特性」としてとらえているのに対し，本書における顧客志向は，メタ知識としての信念である。従来の顧客志向スケールと業績指標との間には正の関係が報告されているが（e.g., Boles et al., 2001 ; Brown et al., 2002），本書の不動産営業調査では，顧客志向が業績と

関係していなかった。これは，メタ知識としての顧客志向の信念が，短期的業績よりも，中長期的な学習と関係するためであると解釈できる。

また，先行研究では，顧客志向が，顧客満足，倫理的行動，組織コミットメント，職務満足等に与える影響が検討されてきたが（Donavan et al., 2004；Hoffman and Ingram, 1991, 1992；Howe et al., 1994；Pettijohn et al., 2002他），経験学習との関係は分析されていない。その意味で，本書の理論的貢献は，これまで見過ごされてきた顧客志向の学習促進機能を明らかにしたという点にある。

顧客志向の信念が経験学習を促進していた理由は，担当者が顧客の問題を解決するために必要な知識・スキルを獲得しなければならないためであると考えられる。顧客ニーズを読み取り，求められるサービスを提供するためには，高度なコミュニケーション力，情報収集力，企画力，専門知識が要求される。顧客志向が高い担当者ほど，こうした知識・スキルを獲得する傾向にあると思われる。

●── 目標設定理論における位置づけ

次に，目標達成志向の信念を，従来の研究の中に位置づけたい。目標設定の研究は，35年以上にわたり幅広い分野で行われてきた。そこでは，高い目標を設定することがモチベーションを向上させることが明らかにされている（Locke and Latham, 2002）。挑戦的な目標を設定することは，次のような4つの機能によって個人のモチベーションを高める（Locke and Latham, 2002；Seijts and Latham, 2005）。

①努力の方向づけ：個人の努力を目標関連活動に向けさせる
②努力の量：個人の努力量を高める
③努力の持続性：個人の努力を持続させる
④知識・戦略の発見：タスクに関連した知識や方略を発見・使用することを間接的に促す

自動車と不動産の営業担当者は双方とも，自己管理能力を持つことと，売上や利益といった数値的な業績目標を達成することを重視していた。つまり，彼らは，目標達成志向の信念によって，自分をコントロールしながら，業績目標を達成するモチベーションを高めていると考えられる。

　これに対してITコーディネータは，「目標設定」「努力・挑戦」の他に，「自己実現」や「学習目標」といった信念を持っていた。このことは，ITコーディネータの目標達成志向の信念が，業績目標よりも学習目標によって駆動されていることを示している。以上の点から，個人が学習目標を中心とした目標設定を行うとき，上述した4つの目標設定機能のうち④の「知識・戦略の発見機能」が活性化され，顧客志向の学習機能と結びつくようになると解釈できる。

● ── 2つの信念の働き

　仕事の信念は，一種のメタ知識である。このメタ知識は，実践的な経験を通して形づくられた素人理論（Hong et al., 2001）として，仕事上の行動・判断・評価を方向づけている。分析結果から，顧客志向と目標達成志向の信念は，それぞれ異なる機能を持つと考えられる。

　「モチベーション」と「認知能力（知識・スキル）」は，学習と仕事業績を規定する基本的要因であると指摘されているが（Kanfer and Ackerman, 1989），2種類の仕事の信念は，それぞれモチベーションと認知能力に異なる影響を与えていると解釈できる。図5-3に示すように，目標達成志向は，主に努力の方向性・量・持続性に影響することで個人の目標達成へのモチベーションを向上させる働きをすると考えられる。これに対し，顧客志向は，主に問題の解決に必要な情報処理量および認知的コストを高めることで，新しい知識・スキルの獲得を促進する機能を持つと思われる。

　このとき，目標達成しようとして必要な知識を身につける場合もあるし，顧客を満足させることを重視することがモチベーションアップにつながる場合もあると考えられることから，図5-3にはこれらの関係性を点線で示している。

　ここで問題となるのは，顧客志向と目標達成志向の関係である。ITコーディネータ調査では，顧客志向と目標達成志向が結びついていたが，営業調査で

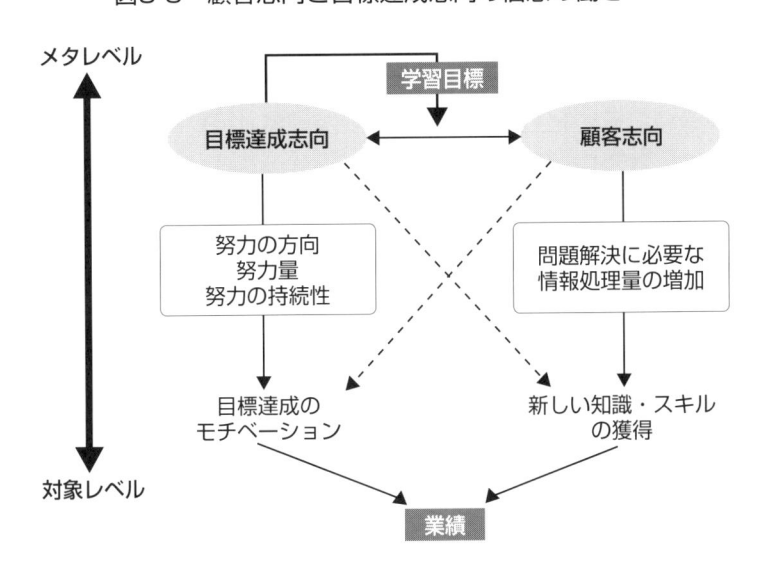

図5-3 顧客志向と目標達成志向の信念の働き[13]

```
メタレベル ↑
          │         学習目標
          │      ┌─────┐
          │      ↓     ↓
          │   目標達成志向 ⇔ 顧客志向
          │    ┌──────┐    ┌──────────┐
          │    │努力の方向│    │問題解決に必要な│
          │    │努力量   │    │情報処理量の増加│
          │    │努力の持続性│  └──────────┘
          │    └──────┘
          │    目標達成の      新しい知識・スキル
          │   モチベーション      の獲得
          │         ↓         ↓
          ↓         業績
対象レベル
```

は，両者の間に明確な関係性は見られなかった。このことから，個人が持つ目標の性質が，目標達成志向と顧客志向の関係に影響を与えると考えられる。すなわち，個人が学習目標を持っているほど，目標達成志向と顧客志向の信念の結びつきが強くなるのである。

● 信念の領域普遍性

これまでの研究によると，熟達者は，領域に固有な知識を持つといわれている（Ericsson, 2001；Glaser and Chi, 1988）。しかし，自動車と不動産という異なる商品・サービスを扱う営業担当者，および情報技術分野のコンサルティングを手がけるITコーディネータの間で共通の仕事の信念が見られたという事実は，メタ知識としての信念が領域普遍的な性質を持つ可能性を示唆している。

領域普遍性とは，業種や職種による領域の違いを超えて共通の知識特性が見られることを意味する。ネルソンとナレンズ（Nelson and Narens, 1994）のいう対象レベルの知識は領域固有であったとしても，メタレベルの知識には領域普遍性が見られると考えられる。ただし，ここでいう領域とは，業界・業種

で区切られる下位領域のことであり，顧客と接する境界連結者という上位領域のことを指しているのではない。

　仕事信念において共通性が見られた理由を,以下の4つの点から考察したい。第1に，本書の調査対象者が顧客と接する境界連結者の役割を担っているために，目標達成と顧客志向という内外のバランスをとることが重要になるといえる。顧客と接する境界連結者は，顧客との関係を構築すると同時に，組織の目標を達成することを役割として課されているがゆえに，顧客志向と目標達成志向のバランスを保つ必要があるのだろう。

　組織を代表とする境界連結者は，外部との関係性を構築すると同時に，外部からの影響をブロックする防波堤としての働きが要求されることがある (Fennell and Alexander, 1987；松尾他，2000；小川，1995)。つまり，組織内部の論理と組織外部の論理のバランスを取ることで，はじめて境界連結者の役割を果たすことができるのである。顧客は大事にするが自分の目標は達成できない担当者や，自分の目標は重視するが顧客を粗末に扱う担当者は，境界連結者としての機能を果たすことができない。

　第2に，目標達成志向と顧客志向の信念の関係は，ワグナーら (Wagner, 1985；Wagner and Sternberg, 1987) の暗黙知の類型の観点から捉えることが可能である。つまり，目標達成志向の信念は，ワグナーらの「自己管理の暗黙知」に，顧客志向の信念は「他者管理の暗黙知」に相当し，これら2つの信念が「タスク管理の暗黙知」を方向づけていると考えられる。目標達成志向の信念は自己を管理するためのメタ知識として，顧客志向の信念は組織外の他者を管理するためのメタ知識として機能し，職務をうまくこなすためのノウハウを規定しているのである[14]。

　第3に，2つの仕事の信念は，第2章でレビューした「経験からの学習能力」と関係している。経験からの学習能力は，①自分の能力に対する自信，②挑戦する姿勢，③学習機会を追い求める姿勢，④柔軟性から構成されるが，このうち，自信や挑戦する姿勢は目標達成志向の信念と，学習機会を求める姿勢や柔軟性は顧客志向の信念と結びついていることがわかる。つまり，目標達成志向の信念が強い人は，自分の能力に自信を持ち，高い目標に向かって挑戦する傾

向が強く顧客志向の信念が強い人は，顧客から学習することを重視し，顧客からのフィードバックに柔軟に対応すると考えられる。

第4に，目標達成と顧客志向の信念は，プロフェッショナリズムの特性と深く関係している。プロフェッショナリズムは，高度な知識・スキルを獲得することを基盤として，自律的な活動が可能であり，顧客に奉仕・援助し，自身の職業に対して深い愛着を持つという特徴を含んでいた（Hall, 1968；Miner, 1993）。このうち，目標達成志向の信念は，知識・スキルの獲得や自律的な活動と関係し，顧客志向の信念は顧客への奉仕・援助と結びついている。このことは，本書の分析対象となった高業績を上げている営業担当者やITコーディネータがプロフェッショナルとして特性を持っていることを示している。

6. 小括

本章では，経験からの学習を方向づける信念の働きについて検討し，領域の違いを超えて，目標達成志向と顧客志向の信念が重要な役割を果たすことが明らかになった。これら2つの信念はそれぞれ異なる機能を持つが，顧客志向の信念が経験学習を促進する機能を持つことは重要な発見である。また，こうした熟達者の信念は，プロフェッショナリズムの次元とも深く関係していることから，本書の分析対象がプロフェッショナルとしての特性を持つといえる。

しかし，こうした信念が，どのように形成されたかについては明らかにされていない。人の一般的な信念は，家庭環境，地域環境，就学環境によって左右されると思われるが，仕事の信念に関しては，勤務する組織からの影響が強いと思われる。次章では，学習を促進する組織特性を検討する。

注
(1) 仕事の信念は，フラベルとウェルマン（Flavell and Wellman, 1977）が指摘するタスク変数（特定のタスクや課題の有効性）や戦略変数（目的に応じた効果的な方略の使用）に関するメタ知識と密接に関係すると思われる。

（２）因子分析の結果の詳細は以下の通りである。

仕事の信念	第1因子 顧客志向の信念	第2因子 目標達成志向の信念
お客様に後悔させない	.66	.24
お客様との約束は必ず守る	.61	.18
常に誠意を持って対応する	.80	.18
素早い対応を心がける	.70	.37
お客様との信頼関係を築く	.66	.27
お客様を好きになる	.54	.16
お客様の立場に立って物事を考える	.59	.22
お客様に満足していただく	.81	.20
継続は力なり	.46	.48
自己管理をしっかりする	.43	.52
目標は必ず達成する	.36	.72
何事にも一生懸命	.24	.76
他人に負けない	.10	.72
出来ないことははっきり断る	.11	.42
固有値	5.84	6.98
累積寄与率（％）	41.70	49.90

（３）因子分析の結果の詳細は以下の通りである。

仕事の信念	第1因子 顧客志向の信念	第2因子 目標達成志向の信念
顧客のために誠心誠意をつくす	.85	.13
お客様に喜んでいただく	.80	.17
顧客に信頼されるように努力する	.68	.37
最後まであきらめない	.68	.44
謙虚な気持ち、感謝の気持ちを忘れない	.62	.29
お客様と同じ目線で考える	.62	.19
自分自身を売り込む	.58	.40
稼ごうとする意識を重視する	.13	.82
数字を上げる気持ちの強さが大事	.25	.81
一番になりたい気持ちを大事にする	.15	.75
目標を持つ	.39	.60
目標数字をクリアする	.41	.60
執着する気持ちを大事にする	.39	.58
営業は自分との戦いである	.30	.49
固有値	4.05	3.85
累積寄与率（％）	28.96	56.44

（４）フェネルとアレキサンダー（Fennell and Alexander, 1987）は，境界連結活動として，自組織と他組織を結びつけるブリッジング（bridging）と，外部から組織への悪影響を緩衝あるいは保護するバッファリング（buffering）の2つを挙げている。

（５）これは扱う商品サービスの違いによる可能性がある。不動産に比べ，自動車は買い替えのサイクル・タイムが短いため，自分の持つ顧客ベースが業績に直結するしくみになっていると思われる。したがって，経験を積むほど顧客数がふえるために，キャリアの後期において，顧客志向の信念と業績の関係が強まるのかもしれない。

（６）この説明は，特定非営利活動法人ITコーディネータ協会ホームページ（http://www.itc.or.jp/index.html）に基づいている。

（７）筆者は，平成14年度の経済産業省委託調査「地域高度IT人材の動向調査」における調査委員会の委員として，ヒアリング調査Aを担当した。

（８）インタビュー調査は，2004年の2月から3月上旬に，大阪と東京で実施した。ま

た，インタビューは半構造化された形で行われた．すなわち，提示した質問に答えてもらうが，質問の順序にこだわらず，話の流れを重視し自由に話してもらう形を取った．インタビューの所要時間は1時間から1時間30分であり，内容はフィールド・ノートに記録され，テープレコーダーに録音された．録音された内容は，全て文字に変換し，ファイル化した．対象者の全員が男性であり，年齢は42〜66才（平均57才）であった．また，企業に勤務する者が2名，自ら会社を経営している者が10名であった．

　提示するインタビュー・データについては，録音内容をそのまま文章化したが，意味が理解しにくい部分については，接続や語尾の表現に限って若干の修正をほどこしている．なお，カテゴリーの生成については，まずサブカテゴリーを，次にカテゴリーを抽出する形で分析を行った．

(9) ここで示した分析は，「平成14年度経済産業省委託調査 地域高度IT人材の動向調査」によって得られたインタビュー・データを再分析したものである．

(10) これら2つの信念の他にも，いくつかのサブカテゴリーが抽出されたが，一部のITコーディネータのみに該当するものであるため除外した（例えば，「地場企業の育成」）．

(11) これら2つの目標は，熟達目標（mastery goal）と業績目標（performance goal）という呼ばれ方をすることもある．熟達目標とは，タスクを修得することを通して能力（competence）を高めることに焦点を当てる目標であるのに対し，業績目標は，他者と比べた自身の能力を示すことに焦点が当てられた目標である（Elliot and McGregor, 2001）．

(12) ザックスとワイツは販売担当者の販売志向と顧客志向を測定するために24項目で構成されるSOCO（selling orientation-customer orientation）尺度を開発した．SOCO尺度には，次のような顧客志向に関する項目を含む．
　①顧客が満足のいく購買ができるように支援する気持ちを持つ
　②顧客が自身のニーズを理解するのを助ける
　③顧客のニーズを満たす製品・サービスを提供する
　④製品・サービスを正確に説明する
　⑤顧客の関心にあったプレゼンテーションをする
　⑥ごまかしの戦術をとらない
　⑦高圧的な販売方法をとらない
　質問票では「提示された行動を，どの程度の顧客に対して実施しているか」という観点から9段階（Never（1）⟷（9）Always）で回答する形式をとっている．

(13) この図を修正するにあたり，リクルート社の高橋勝浩氏に貴重なアドバイスをいただいた．

(14) ワグナーらのいう他者管理は，同僚や部下といった自組織における他者である．本書における他者管理は，他者の概念を広げて，顧客も含めるものとして考えている．2005年12月に京都大学で開かれたシンポジウム（第4回京都大学大学院教育学

研究科国際シンポジウム「暗黙知と熟達化」）に参加されたワグナー氏にこの点を確認したところ，顧客を管理することも他者管理に含まれるとの見解をいただいた。

第6章 学習を支える組織

　世の中には優れた人材が育つ組織と育ちにくい組織が存在する。本章の目的は，個人レベルおよび部門レベルの分析を通して，学習を促進する組織特性を明らかにすることにある。以下では，次の2つの視点に立って分析を進める。

　まず，経験学習を方向づける仕事の信念が，どのような組織風土の下で形成されるかを，自動車営業の調査データを基に検討する。この分析は，個人学習を促進する組織特性を明らかにすることを目的としている。

　次に，部門の革新性と協調性が，どのような組織特性によって高められるかを，日本企業の営業部門を対象とした調査データを通して検討する。なお，部門内の革新性と協調性が高い状態とは，新しく生み出された知識がメンバー間で共有されている状態を意味している。この分析を通して，部門レベルの学習を促進する組織特性を明らかにする。

1. 問題の設定

●── 組織風土の働き

　組織風土は，一般に「組織の方針，目標，慣行，手続についての共有された知覚」と定義されている（Reichers and Schneider, 1990；Schneider, 2000）。簡単に言えば，仕事環境の知覚である。組織風土は，組織において何が重要で，メンバーにどのような行動が期待されているかを伝えるシグナルを送ることで，①個人が直面する刺激を意味づけ，②行動選択の自由を制約し，③特定の行動に報酬や罰を与え，個人の行動に影響を与えている（Bowen and Ostroff, 2004；Forehand and Gilmer, 1964；James et al., 1977；Reichers and Schneider, 1990; Scott and Bruce, 1994）。これまでの実証研究によると，組織風土は，メンバーの行動（Scott and Bruce, 1994），職務満足（Churchill et al.,

1976),意思決定 (Qualls and Puto, 1989) 等を規定している。このことから,組織風土は,組織において期待される行動パターンや価値を伝達することを通して,個人の仕事上の信念にも影響を及ぼしていると考えられる[1]。

なお,組織風土と似た概念に組織文化がある。デニソン (Denison, 1996) は,両概念とも「組織における社会的文脈の影響」という共通の現象を扱っており,定量的な研究においては両概念の違いは見られないとしている。本書もデニソンと同様に,組織文化と組織風土の間に大きな概念上の違いはないという立場をとる[2][3]。したがって,測定尺度の次元を設定する際には,組織風土だけでなく,組織文化の先行研究も参考にした。

●── 信念の形成プロセス

仕事の信念の形成プロセスにはいくつかのパターンがある。第1章でも説明したように,フィッシュバインとエイゼン (Fishbein and Ajzen, 1975) は,信念をその形成プロセスの違いから3種類に分類している。すなわち,ある対象を直接的に経験することで形成された「記述的信念 (descriptive beliefs)」,既に持っている記述的信念をベースとして推論によって形成された「推論的信念 (inferential beliefs)」,外部からの情報によって形成された「情報的信念 (informational beliefs)」である。

例えば,職務において自ら行動した結果として得た信念は,記述的信念であり,上司や先輩から教えられた情報に基づいて獲得した信念は,情報的信念である。

なお,組織風土は,まず情報的信念に影響し,その後,自身の直接経験を通して,情報的信念が記述的信念に変換されると考えられる。ただし信念は,職場の風土や自身の経験から自動的に形成されるわけではない。人は,信念が意思決定の道具として有益であったり,自己を表現するのに有益であると感じたときに,その信念に価値を見出し,保持するようになる (Abelson, 1986)。

2. 組織風土と信念

　本章では，まず，どのような組織風土が「目標達成志向」と「顧客志向」の信念に影響を与えているかを検証する。以下では，組織全体の風土ではなく，営業担当者が所属している営業所の風土を測定した。本書では，「営業所における仕事環境の知覚」を営業所風土と呼ぶことにする。リサーチ・クエスチョンは次のとおりである。

どのような営業所風土が，仕事の信念に影響を与えているのか。

　営業所風土は営業担当者の信念に影響を与えていると考えられるが，その影響は，キャリアの発達段階によって異なると予測できる。なぜなら，経験を積んだ担当者の信念は強固なものになっているため，環境の影響を受けにくいと考えられるからである。これに対し，経験の浅い営業担当者の信念構造は形成されている途中であることから，環境の影響を受けやすいと思われる。したがって，次のような仮説を立てた。

経験年数が浅いほど，営業所風土が担当者の信念に与える影響が強くなる。

　なお，以下の分析単位は個人である。したがって，営業所風土は心理的風土（psychological climate）としてとらえることができる。心理的風土とは，個人レベルでとらえた組織風土概念であり，「組織の方針，慣行，手続についての個人の知覚」と定義されている（Schneider, 1990）。

● ── 調査について

　ここで用いられるデータは，3章・5章で分析した自動車営業調査データ（調査A）と同じものである。仕事信念の尺度は，5章で抽出したものを使用した。営業所風土の尺度は，組織風土および組織文化に関する過去の研究をもとに開発した（Field and Abelson, 1982；Hofstede et al., 1990; 加護野, 1993；Koys and DeCotiis, 1991；Narver and Slater, 1990；O'Reilly et al., 1991;

Reynolds, 1986)。

　営業所風土尺度は，従来よく使われている「協調性」，「自律性」，「顧客志向」，「革新性」，「内部競争」といった次元を含むものである。調査の際，各項目の内容が自分の所属する営業所内でどの程度当てはまるかについて7ポイント・スケールによって回答を求めた（全く違う1 ⟵⟶ 7 全くその通り）。

　営業所風土の項目について因子分析（主成分法，バリマックス回転）を行い，前章と同様に，次の手順にしたがって項目を絞り込んだ。すなわち，①どの因子に対しても因子負荷量が低い項目の除去，②削減したときに α 係数が大きく増加する項目の除去，③ α 係数が低い因子の除去，というプロセスを繰り返した。全ての因子において，特定因子に対する各項目の負荷量が0.4以上，因子に含まれる項目の信頼性係数（クロンバックの α 係数）が0.7以上になった時

表6-1　営業所風土（因子分析の結果）

営業所風土	因子負荷量
顧客主導の協調性	
販売部門とサービス・事務部門は協力しあっている	.63
職場内では協力しあっている	.56
顧客満足を高めることが重視されている	.64
アフターサービスに力を入れている	.76
苦情・クレームは迅速に解決されている	.45
顧客ニーズを把握することが重視されている	.53
職場内では仕事上の情報を交換しあっている	.50
革新性	
上司は部下から出されるアイデアや意見を受け入れる	.64
新しいアイデアや仕事のやり方を出すように奨励されている	.69
職場内には心地よい緊張感がある	.55
新しい試みが実験的に実行される	.59
面白いアイデアは多少の危険があっても実行される	.72
上司とのコミュニケーション	
上司に対して自由に意見を出すことができる	.64
上司に対して気軽に相談できる	.89
職場内で生じた問題は有効に解決されている	.48
内部競争	
営業マン同士の競争は激しい	.86
職場内では営業マン同士が刺激しあっている	.67

点で分析を終了した。その結果，表6-1に示すように，「顧客主導の協調性」，「革新性」，「上司とのコミュニケーション」「内部競争」という4つの因子が抽出された（それぞれのα係数は，0.86, 0.88, 0.82, 0.81であった）[4]。

分析結果

本章のリサーチ・クエスチョン及び仮説を検証するにあたり，重回帰分析（Moderated Regression Analysis）を実施した。このとき，顧客志向の信念と目標達成志向の信念のそれぞれを従属変数とし，経験年数と営業所風土の各次元を独立変数としている。なお，経験年数のモデレート効果（経験年数の違いによって，営業所風土と信念の関係に違いが見られる効果）を分析するために，経験年数と営業所風土の交互作用項をモデルに組み込んだ。

主効果 分析の結果は，表6-2に示すとおりである。まず，主効果について検討する。目標達成志向の信念を従属変数としたときには，上司のコミュニケーションと内部競争について主効果が見られた（$\beta=.39$, $p<.01$ ； $\beta=.44$, $p<.01$）。これは，上司と気軽に話しあうことができ，担当者同士が競い合っている営業所に勤務している担当者ほど，目標達成志向の信念スコアが高くなる

表6-2 営業所風土と経験年数が仕事の信念に及ぼす影響
(Moderated Regression Analysis)

従属変数=目標達成志向		従属変数=顧客志向	
独立変数	β	独立変数	β
主効果		主効果	
経験年数	.14	経験年数	−.24 *
上司とのコミュニケーション	.39 **	上司とのコミュニケーション	.00
内部競争	.44 **	内部競争	−.15
顧客主導の協調性	.11	顧客主導の協調性	.35 **
革新性	.18	革新性	−.10
交互作用		交互作用	
上司とのコミュニケーション×経験年数	−.21	上司とのコミュニケーション×経験年数	.03
内部競争×経験年数	−.34 *	内部競争×経験年数	.31 *
顧客主導の協調性×経験年数	.15	顧客主導の協調性×経験年数	.05
革新性×経験年数	−.14	革新性×経験年数	.13

Adjusted R^2=.194, F=3.77, $p<.001$.
+$p<.10$; *$p<.05$; **$p<.01$

Adjusted R^2=.275, F=4.01, $p<.001$.
*$p<.05$; **$p<.01$

ことを示している。一方，顧客志向の信念を従属変数にしたときには，経験年数と顧客主導の協調性について主効果が見られた（$\beta=-.24$, p<.05; $\beta=.35$, p<.01）。これは，顧客主導の協調性が高い営業所に勤務しているほど，また，経験年数が低い担当者ほど，顧客志向の信念スコアが高いことを示している。

交互作用 次に，交互作用について検討する。目標達成志向の信念を従属変数としたときには，内部競争と経験年数の間に交互作用が見られた（$\beta=-.34$, p<.05）。この交互作用の内容を詳しく検討するために，営業担当者を経験年数によって「初期（3年未満）」「中期（3-9年）」「後期（10年以上）」に分けた上で，営業所風土と信念の相関を分析した。表6-3を見ればわかるように，経験年数が浅い営業担当者ほど，内部競争と目標達成志向の信念の関連性が強くなっている。これは，経験の浅い営業担当者が内部競争の強い営業所に勤務していると目標達成志向の信念が強まるが，経験を積んだ営業担当者の場合には，所内の競争の強さが目標達成の信念に影響しないことを示している。

一方，顧客志向の信念を従属変数としたときにも，内部競争と経験年数の間に交互作用が見られた（$\beta=.31$, p<.05）。すなわち，経験の浅い営業担当者が内部競争の強い営業所に勤務していると顧客志向の信念が弱まるが，経験を積んだ営業担当者が内部競争の強い営業所に勤務していると，逆に顧客志向の信念が強まるのである。

以上の結果から，内部競争の風土と目標達成志向の信念の関係についてのみ，本章の仮説が支持されたといえる。

表6-3　仕事の信念と営業所風土の相関分析（経験年数別）

営業所風土	仕事の信念					
	目標達成志向			顧客志向		
	3年未満 n=30	3-9年 n=38	10年以上 n=36	3年未満 n=30	3-9年 n=38	10年以上 n=36
内部競争	.55 **	.23	−.07	−.33 +	.17	.31 +
顧客主導協調	.09	.22	.32 +	.13	.56 **	.48 **
革新性	.10	.30 +	.00	−.02	.19	.24
上司とのコミュニケーション	.40 *	.22	.27	−.28	−.06	.29 +

注：$p<.10$; *$p<.05$; **$p<.01$

● ── **考察**

目標達成志向を促進する風土　営業所内において上司と自由に話すことができる雰囲気があると，担当者の目標達成志向の信念が強まることが明らかになった。これは，担当者が仕事上の問題に直面したときに，上司からアドバイスを受けたり，励まされることによって，目標達成のために動機づけられるためであると解釈できる。

　内部競争の風土も目標達成の信念を促進する効果があったが，その効果は，経験が浅い担当者ほど大きく，経験を積んだ担当者では小さかった。これは，強固な信念が確立されていない経験の浅い担当者が競争の激しい営業所で働いていると，競争に勝つことや目標を達成することの重要性を実感し，そうした考え方を自身の信念として受け入れるためであると考えられる。経験を積んだ担当者は，目標達成についての信念がすでに形成されているため，周囲の環境による影響を受けないと解釈できる。

　従来の研究において，内部競争は，個人の目標に対するコミットメントを促進する作用があることが指摘されている（Triplett, 1987）。つまり，競争によって生じる同僚からのプレッシャー（ピアプレッシャー）があると，人は，もし一人であればあきらめてしまうような目標に対しても関与し続けることができるのである（Locke, 1968；White et al., 1977）。この点に関して松本（2003）も，組織的な競争意識を利用することで，学習者が技能を向上させようとするモチベーションを高めることができると指摘している。

　本章の分析結果は先行研究と一致するものであるが，内部競争が目標達成志向に与える影響が経験年数によって異なることを示した点に新しい理論的発見があるといえる。

顧客志向の信念を促進する風土　顧客満足を重視しつつ互いに協力しあう雰囲気を持つ職場であるほど，経験年数にかかわりなく，そこで働く担当者の顧客志向は強かった。つまり，経験を積んだ担当者であっても，同じ職場で働く他者が顧客を重視していると，顧客重視の信念が強まるのである。これは，人が顧客志向の信念を形成する際に，環境の影響を受けやすいことを示唆している。

ここで問題となるのは,経験の浅い営業担当者が内部競争の強い営業所で働くと顧客志向が弱まるという点である。これは,キャリアの初期段階にある営業担当者が,内部競争を勝ち抜くために売上・利益を追ってしまうと,アウトプットを出すことに注意が向き,顧客志向の重要性に気づきにくくなると解釈できる。

両刃の剣としての内部競争 内部競争の営業所風土は,経験の浅い営業担当者が持つ目標達成志向の信念を育てるが,彼らの顧客志向の信念を阻害するという意味で,両刃の剣として性質を持つのである。内部競争によるネガティブな影響を抑えるための一つの手段は,顧客重視の風土を醸成することにある。つまり,職場において内部競争と顧客重視のバランスをとることが,担当者(特に経験の浅い担当者)の目標達成志向と顧客志向の信念の両方を育成するための鍵である。5章で明らかになったように,これら2つの信念のバランスをとることで,担当者は短期的な業績を上げつつ,経験から学習する能力も高めることができる。

3. 内部競争と顧客志向の働き

前項の分析において,内部競争と顧客重視の営業所風土が,目標達成志向と顧客志向の信念を促進することが明らかになった。しかし,この結果については,3つの問題点がある。第1に,自動車営業調査から引き出されたものであり,他の業界にも一般化できるかどうか不明である。第2に,両刃の剣としての性質を持つ内部競争や,顧客志向の働きが明らかにされていない。第3に,組織風土という漠然とした概念を使用しているため,具体的にどのように内部競争の質を高めればよいかについての示唆が得られないことである。

これらの問題点をクリアするために,まず,内部競争と顧客志向の概念と働きについて簡単にレビューした後,幅広い業種をサンプルとした調査データに基づいて,より具体的な内部競争と顧客志向の機能を明らかにしたい。

●—— 内部競争の概念

　一般に，内部競争は，「2人以上の人が，全員が同等に共有できないような有形，無形の報酬をめぐって競い合っている状況」として概念的に定義されている（Brown et al., 1998；Johnson et al., 1981；Kohn, 1992）。また，実証研究では「集団メンバーの相対的な業績に応じて報酬が分配される状況」（Kelley and Thibaut, 1969）として操作的に定義されている。

　どのような集団・組織内にも，多かれ少なかれ競争的状態が存在するが，すべての競争が同じ性質を持つわけではない。人々が集団内で競い合うとき，メンバー同士が切磋琢磨することで集団が活性化することもあれば，メンバーが互いに足を引っ張り合い集団業績を低下させることもある。つまり，世の中には，メンバーの潜在能力を引き出し，新しいものを生み出す「ポジティブな競争」と，メンバーの対人関係を悪化させ，内部資源の奪い合いに拘泥する「ネガティブな競争」が存在する。例えば，スポーツの世界では，チーム内の「レギュラー争い」を意図的に煽ることで，メンバーを動機づけ，チームを活性化するという手法がとられることがある。しかし，こうした内部競争の導入によって，チームが分裂してしまうこともある。

　近年，多くの日本企業は，メンバーのモチベーションを高め，業績を改善するために，成果主義の人事制度を取り入れている。しかし，競争に敗れたメンバーのモラール・ダウンやチャレンジ精神の喪失といった弊害が現れ，制度の見直を迫られているケースも多い[5]。

●—— 内部競争の働き

　先行研究においても，内部競争は，個人や集団に対してポジティブな効果とネガティブな効果の両方を持つことが指摘されている。図6-1に示すように，内部競争によって評価懸念，同僚からの圧力，淘汰圧力が生じ，これらの圧力が，集団業績に対してポジティブにもネガティブにも働きうる。

　内部競争のポジティブな効果は，高い目標設定や目標へのコミットメントを促進し，主観的な目標達成可能性を高め，集団・組織内での情報創出を促すと

図6-1　内部競争の働き

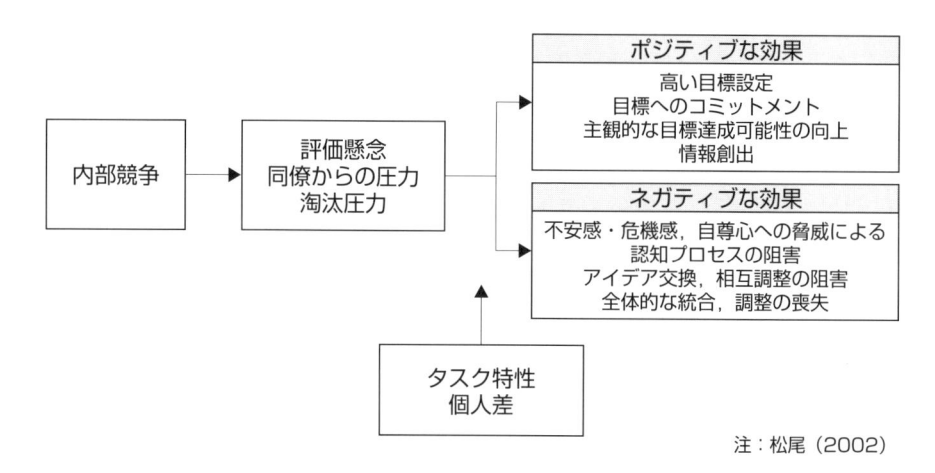

```
┌──────┐    ┌──────────┐    ┌──────────────────────┐
│内部競争│ → │評価懸念   │ → │    ポジティブな効果     │
└──────┘    │同僚からの圧力│    │   高い目標設定        │
            │淘汰圧力    │    │   目標へのコミットメント   │
            └──────────┘    │ 主観的な目標達成可能性の向上│
                  │          │     情報創出          │
                  │          └──────────────────────┘
                  │          ┌──────────────────────┐
                  └────────→ │    ネガティブな効果     │
                             │不安感・危機感，自尊心への脅威による│
                             │      認知プロセスの阻害    │
                             │ アイデア交換，相互調整の阻害 │
                             │   全体的な統合，調整の喪失  │
                             └──────────────────────┘
                                      ↑
                              ┌──────────┐
                              │ タスク特性 │
                              │   個人差   │
                              └──────────┘
```

注：松尾（2002）

いう点である（Campbell, 1982; Locke, 1968；Triplett, 1987；White et al., 1977）。内部競争のネガティブな効果は，メンバーの不安感，危機感を増大させ，自尊心に脅威を与えることによりメンバーの認知活動が阻害されることや，集団・組織内のアイデア交換，相互調整，統合を阻害することにある（Campbell and Furrer, 1995；Deutsch, 1948；Shaw, 1958）。そして，内部競争の有効性を左右するモデレータ要因として考えられるのが，タスク特性と個人差である（Jewell and Reitz, 1981；Johnson et al., 1981）。

このように，内部競争は，メンバーのモチベーションを高める強力なドライバーとなりうるが，使い方を間違えると，メンバー間の協調的関係を破壊しかねない劇薬にたとえることができる。経営学の先行研究においても，内部競争が「両刃の剣」としての性質を持つ点が指摘されている（Brown et al., 1998; Tjosvold et al., 2003）。内部競争という薬を投与することで組織の競争力を高めようとする場合には，いかにこの強い副作用を抑制するかが重要となる。しかし，長い間，内部競争の機能が検討されてきたにもかかわらず（Johnson and Johnson, 1999；Kohn, 1992），建設的な内部競争を作り上げるためのメカニズムを解明しようとする研究は限られていた（Tjosvold et al., 2003；Tsai, 2001）。

顧客志向の概念

　次に，組織特性としての顧客志向の概念について説明したい。まず，顧客志向に関するいくつかの定義を紹介しよう。これまでの研究では，顧客志向は「自社のターゲット顧客に対して，持続的に優れた価値を提供するために，顧客を十分理解すること」（Narver and Slater, 1990），「顧客の関心を第一に考える一連の信念」（Desphande et al., 1993），および「顧客ニーズを分析・理解し，それに応えるための企業の能力や意思」（Gatignon and Xuereb, 1997）と定義されている。これらの定義を整理すると，顧客志向とは「顧客のニーズを理解し，それに応えようとする企業の意思」であることがわかる。

　顧客志向を含むより広い概念に「市場志向（market orientation）」という概念がある。ナーバーとスレーター（Narver and Slater, 1990）によれば，市場志向は，顧客志向，競合志向，部門間の調整という3つの要素から構成されているが，このうち顧客志向が最も中心的な役割を果たすという。なぜなら，顧客志向は，顧客を第一と考える「マーケティング・コンセプト（marketing concept）」に基づく概念であるという意味で（Han et al., 1998），市場志向の企業文化の最も根本的な側面だからである（Desphande et al., 1993 ; Lawton and Parasuraman, 1980）。なお，顧客志向と市場志向を同義のものとしてとらえるマーケティング研究者も存在する（e.g., Desphande et al., 1993）。

顧客志向の働き

　これまでのマーケティング研究では，顧客ニーズにフォーカスを当てている企業ほど，成功する傾向にあることが示されてきた（Donavan et al., 2004 ; Kennedy et al., 2003）。しかし，顧客志向がイノベーションを高めるかどうかについて合意が得られていない。

　顧客志向が革新的な製品開発や研究開発活動を阻害すると主張する研究者もいる。変化の激しい業界で活動する企業が，既存顧客の声に耳を傾けすぎると，ときに最新技術を商品化する妨げになることもある（Christensen and Bower, 1996 ; Leonard, 1995）。なぜなら，顧客の声を聞きすぎると，企業は現状を維

持することに力を入れ，新しい技術や素材が持つ可能性に目を向けなくなるからである（Ulwick, 2002）。つまり，企業は「顧客主導（customer-led）」以上でなければならない。

　こうした批判にもかかわらず，顧客志向がイノベーションを高めるという実証研究が報告されている。例えば，需要が不安定な場合に，顧客志向が製品イノベーションを高めるといった研究（Gatignon and Xuereb, 1997），銀行における顧客志向が，技術的・管理的イノベーションを促進するとする研究（Han et al., 1998），そして，製造企業における顧客志向が，新規性の高い製品の導入を促すという研究（Lukas and Ferrell, 2000）が報告されている。また，川上（2005）は，革新的な製品に比べて，改善的な製品を開発する場合の方が，顧客情報を利用することによって新製品開発の効率性を高めることができることを，実証分析によって明らかにしている。

　では，顧客志向はどのようなメカニズムでイノベーションを高めるのだろうか。一つの解釈は，顧客志向が，組織における共通の判断規準や価値観として働くことで，部門間のネガティブなコンフリクトを抑制する効果を持つという考え方である（Atuahene-Gima, 1996; Dougherty, 1992）。コッターとヘスケット（Kotter and Heskett, 1992）によれば，環境に適応している高業績企業ほど「何のためにイノベーションを起こすのか」というイノベーションの目的を明確に意識しており，その際，顧客満足を高めることを目的とする傾向にある。

4. 顧客主導のプロセス型内部競争

●—— 創造的な内部競争の条件

　松尾（2002）は，創造的な内部競争のメカニズムを探るために，「組織内における競争が激しいにも関わらず，知識や情報が共有され，新しいアイデアが生み出されている企業」であるオリックス株式会社と大手コンピューターメーカーA社に対する事例研究を行った。

　2社に共通していたのは，①財務業績ベースの競争，知識ベースの競争，行動ベースの競争，個人間競争，チーム間競争といった異なるタイプの競争が組み合

わされ，②強い顧客志向が見られるという点であった。こうした特性が，社内におけるネガティブなコンフリクトを抑制し，革新性や協調性を促進していた。

具体的にいえば，売上や利益のような財務業績だけではなく，担当者のアイデア，提案内容，活動プロセスといった知識や行動が評価の対象となるとともに，集団・チーム単位の業績評価が組み込まれていた。これによって，組織内ではメンバーが積極的に知識を創出し，それを他者と共有する風土が醸成されていた。また，顧客を重視する考え方がメンバー共通の判断規準・価値観となり，集団間のネガティブなコンフリクトが抑制されるとともに，メンバーの内発的なモチベーションを高めていた。つまり，分析対象となった2社においては，「顧客満足を高める」という共通の価値観を基盤として，組織内部で多様な競争が組み合わされていたのである。

これらの事例研究の結果を踏まえ，内部競争をどのようにデザインすれば，知識創出を促すことができるかを明らかにするため，質問紙調査を実施した。部門レベルの学習を促進するポジティブな内部競争のあり方を検討することが調査の目的である。

● 調査について

2002年2月，東京・大阪に本社を置く東証一部上場企業1,000社に対して郵送法による質問紙調査を行い，各社の主力製品・サービスを担当する営業部門における課長以上の管理職に回答を依頼し，213社から調査票を回収することができた。このうち，欠損値のある回答を除いた206社のデータを分析で使用した。回答企業の業種は，製造業が72.1%，非製造業が27.9%であった。従業員数の分布は，1,000人未満の企業が全体の34.8%，1,000人以上5,000人未満が47.5%，5,000人以上が17.7%であった。

表6-4に示すように，分析では，内部競争を構成する要素である業績評価基準（行動ベースの評価，知識ベースの評価，財務業績ベースの評価），競争の単位（部門単位の競争の強さ），報酬の性質（長期的報酬，短期的報酬），および顧客志向の風土が，営業部門内の革新性・協調性に及ぼす影響が検討された[6]。

このとき，革新性は，新規性の許容（新しいやり方が許容されている程度），

表6-4　内部競争の構成要素と顧客志向の項目

行動ベース評価（α=0.75）
・上司は，部下と密に連絡を取っている
・上司は，部下の営業活動の内容や方法についてサポートしている
・上司は，部下の営業活動について尋ねることはない
・業績評価の際には，多くの点が考慮される

成果ベースの評価（α=0.64）
・担当者の業績は，各人の販売業績によって決定される
・客観的な結果のみが重視される
・結果さえ残せば，営業活動の内容は問われない

知識ベースの評価（α=0.75）
・部内で共有可能な営業提案を考え出すことが評価される
・積極的に他者に営業情報を提供することが評価される

短期的報酬
・部内の評価は，短期的な報酬（給与・ボーナス・昇進）と結びついている

長期的報酬
・部内の評価は，長期的な報酬（長期的昇進，希望部署への異動）と結びついている

競争の単位
・個人単位の競争よりも，部門単位の競争が奨励されている

顧客志向（α=0.88）
・営業担当者が顧客ニーズを重視し，それに応える程度を絶えずチェックしている
・顧客満足に基づいて事業目標を設定している
・顧客ニーズをより理解した上で競争戦略を立てている
・いかに顧客価値を作り出すかという点を考えた上で事業戦略を立てている
・体系的かつ頻繁に顧客満足を測定している
・販売後のアフターサービスに最新の注意を払っている

注：αはクロンバックのα係数を意味している

革新の奨励（創造的に働くことが奨励されている程度），現状維持の打破（従来からのやり方に固執しない程度）という3次元で構成され，協調性は，情報共有（情報やアイデアがメンバー間で交換されている程度）とチーム感（メンバーが互いに関心を持ち，チーム・スピリットを感じる程度）という2次元で構成されている（詳しい尺度については注7を参照）。また，分析は，タスクの多様性（問題を解決するために多くの経験と広範囲な探索が必要となる程度）が低い部門と高い部門に分けて行った。

分析結果

　表6-5は重回帰分析の結果を要約したものであるが，次のような条件が揃

表6-5 内部競争の構成要素が革新性・協調性に与える影響（重回帰分析）

タスク多様性（低）

独立変数	革新性			協調性	
	新規性の許容 (n=93) β	革新の奨励 (n=92) β	現状維持の打破 (n=93) β	情報共有 (n=92) β	チーム感 (n=93) β
内部競争の構成要素					
行動ベースの評価	.18	.34 ***	.19	.28 **	.32 ***
知識ベースの評価	.14 ****	.25 ***	−.04	.21 **	.12
財務業績ベースの評価	−.40 *	−.09	−.12	−.02	.19 **
部門単位の競争の強さ	−.18	.06	−.05	.04	.16
長期的報酬とのリンク	.04	−.03	.00	.18 *	.11
短期的報酬とのリンク	.11	.03	.14	.01	−.12
顧客志向	.08	.24 **	.26 **	.22 **	.29 ***
タスク多様性	−.13	−.07	−.16	−.13	−.01
R^2	.31	.42	.14	.33	.30

注：p<.10 * p<.05 ** p<.01 *** p<.001 ****

タスク多様性（高）

独立変数	革新性			協調性	
	新規性の許容 (n=108) β	革新の奨励 (n=108) β	現状維持の打破 (n=108) β	情報共有 (n=109) β	チーム感 (n=109) β
内部競争の構成要素					
行動ベースの評価	.21 *	−.04	.11	.20 **	.10
知識ベースの評価	.19 **	.22 ***	.25 **	.27 ***	.31 ***
財務業績ベースの評価	−.15	−.02	−.20 **	.00	−.13
部門単位の競争の強さ	−.01	.01	−.02	−.08	.12
長期的報酬とのリンク	.25 **	.25 **	.21 *	.20 **	−.06
短期的報酬とのリンク	.01	.10	−.01	.02	.03
顧客志向	.09	.37 ***	.13	.32 ***	.22
タスク多様性	−.24 ***	.10	−.15	.05	.05 **
R^2	.28	.47	.23	.53	.25

注：p<.10 * p<.05 ** p<.01 *** p<.001 ****

出所：松尾（2002, p143）を修正

っているとき，部門の革新性と協調性が高まる傾向にあった。

　①顧客志向が強い。
　②知識ベースの評価，行動ベースの評価を重視している。
　③財務業績ベースの評価を強調しすぎない。

　これらの要因の影響は，職務特性の違いにかかわらず認められたものであり，2社の事例研究の結果と一致するものである。すなわち，顧客志向の考え方をベースにして，営業担当者の知識や行動を積極的に評価し，売上や利益といった財務業績を強調しすぎないような内部競争が存在するとき，部門内の革新性と協調性が促進されていた。つまり，単に売上・利益を上げるということだけではなく，いかにして売上・利益を上げたかについての競争が組織内にあるときに，知識が創造されるのである。

　なお，タスク多様性の高い部門では，業績評価の結果が短期的な報酬よりも長期的な報酬と結びついているときに，革新性・協調性が高まる傾向にあった。ここでいう短期的報酬とは「給与・ボーナス・昇進」を，長期的報酬とは「長期的な昇進，希望部署への異動」を意味している。

● ── **顧客主導のプロセス型内部競争の特徴**

　顧客志向を基盤に，行動ベース・知識ベースの評価を重視し，財務業績ベースの評価を強調しすぎない内部競争を「顧客主導のプロセス型内部競争」と呼ぶことにする。すなわち，このタイプの内部競争は，顧客に焦点を合わせながら，プロセスにこだわって互いに競い合う競争の形態である。顧客主導のプロセス型内部競争は，次に挙げる4つの特性を持つがゆえに，知識創出を可能にしていると考えられる。

　①内発的動機づけの高揚
　②利他的利己主義に基づく利得構造の創出
　③共通の判断規準の提供

④学習目標の促進

　第1に、顧客主導のプロセス型競争は、メンバーの内発的動機づけを高める効果を持つ。内発的に動機づけられている状態とは、活動自体の質のために行動している状態を指す（Kuruglanski, 1978）。人は、外的なプレッシャーによって動機づけられるときよりも、仕事そのものから得られる関心、楽しみ、満足、挑戦によって動機づけられていると感じるときに、最も創造的になるのである（Amabile, 1988）。

　営業担当者の業績が彼らの行動や知識によって評価されるとき、仕事に対する関心を高め、仕事のやりがいや挑戦性を高める効果を持つと思われる。また、部門内の顧客志向が強いほど、メンバーは自分の仕事を有意味であると感じるようになり、その結果、内発的動機づけが高まると考えられる。ハックマンとオルダーム（Hackman and Oldham, 1975）が指摘するように、仕事の有意味性が内発的動機づけを高めるのである。

　顧客主導のプロセス型競争の持つ第2の特徴は、「利他的利己主義」に基づく利得構造を作り出すことによって、知識・情報の共有を可能にしているという点にある。利他的利己主義に基づく利得構造とは「他人に協力することが、自分の利得になる」ような状況を意味する（山岸, 1991）。

　具体的にいえば、顧客志向が強まると、営業担当者の情報処理量が増え、他者から情報を入手する必要性が高まるため、情報や知識を交換する互恵的コミュニティが形成される。また、知識ベースの評価が重視されている場合には、積極的に自分の持つ知識・情報をオープンにすることが自分の得になる状況が存在する。そして、行動ベースの評価が、他者に協力しない「ただ乗り」的行為を防止する役目を果たしている。このように、利他的利己主義的な構造は、情報や知識を自分のみで抱えているよりも、他者に提供した方が自分の利益につながるような利得構造を作り出すことで、組織内の知識共有を促進していると思われる。

　顧客主導のプロセス型競争が持つ第3の特徴は、何のために知識を獲得するのかについての共通の判断規準が存在するという点である。まず、顧客志向は、

異なる価値観や信念を持つメンバーに対して「顧客の視点から考える」という共通の判断規準を提供することで、メンバーの視点を仕事自体に向けさせ、生み出される知識を方向づける役割を果たすだろう。そして、行動ベースの評価や知識ベースの評価は、「いかに行動すべきか」、「どのような知識を生み出すべきか」に関する役割モデルを明確にすることで、営業担当者が獲得すべき知識を方向づけ、役割あいまい性を低下させる。

顧客主導のプロセス型競争が持つ第4の特徴は、メンバーが学習目標を持つことを奨励するという点にある。なぜなら、このタイプの競争では、メンバーの業績が財務業績等のアウトプットよりも、彼らが生み出す知識や行動といったプロセスが積極的に評価されるからである。

以上見てきたように、顧客主導のプロセス型競争が存在する組織では、①内発的に動機づけられたメンバーが、②利他的利己主義に基づく互恵的なコミュニティ内において、③共通の判断規準を共有しつつ、④学習目標を持つことで、新しい知識を獲得し、共有しあっていると考えられる。

●── 理論的示唆

内部競争が両刃の剣としての性質を持つことは先行研究でも指摘されてきたが、上記の分析結果は、内部競争のデザイン次第で、競争が持つネガティブな作用を抑制できることを示している。つまり、内部競争を単にメンバー間の競争という側面からとらえるのではなく、業績評価の基準、競争の単位、報酬の性質といった構成要素を基に設計すべきである。これまで、内部競争を、競争の単位（個人間競争、集団間競争）で分類する研究は存在したが（例えば、Johnson et al., 1981）、要素を組み合わせて内部競争をデザインするという発想はなかった。この点が本章の分析における理論的貢献であると考えられる。

前述したように、従来の研究において、企業の顧客志向がイノベーションを阻害する可能性についても指摘されてきた。例えば、既存顧客の声を聞きすぎると新しい技術を事業化するときの障害になり、市場におけるリーダーとしての地位を失うこともある（Christensen and Bower, 1996; Leonard and Doyle, 1996）。また、企業が顧客の声を聞きすぎると現状を維持する傾向が強くなり、

新しい技術を取り入れることを阻害する傾向にある（Ulwick, 2002）。しかし，顧客志向とイノベーションの間に正の関係が見られたという報告があるものの（e.g., Gatignon and Xuereb, 1997;；Han et al., 1998；Lukas and Ferrell, 2000），なぜ顧客志向がイノベーションを促進するかについてはあいまいなままであった。

これに対して，本章の分析結果は，内部競争と顧客志向を組み合わせることによって，互いが持つ負の作用を抑制し合い，革新性を高めるとともに，協調性も促進できることを示した。革新性と協調性がともに高い状態は，新しい知識が獲得され，かつメンバー間で知識が共有されていることを示しており，組織レベルの学習が促進されていることを意味する。その意味で，顧客主導のプロセス型内部競争は，冒頭で指摘した「知識共有のジレンマ（知識共有を進めることで知識獲得が阻害される状況）」（Matsuo, 2004; Matsuo and Easterby-Smith, 2004）を解決する一つの方法である。

5. 小括

本章の目的は，学習を促進する組織特性を明らかにすることにあった。前半の分析では，顧客志向と内部競争が共存している組織において，学習を方向づける信念が形成されることが示された。後半の分析では，内部競争を構造的に捉えた上で，顧客主導のプロセス型内部競争が営業部門の学習を促進することが明らかになった。

興味深いのは，両刃の剣としての性質を持つ内部競争が，顧客志向と組み合わさることで，内部競争のネガティブな面が打ち消され，ポジティブな機能が強化されるという点である。「顧客志向と内部競争を連動させることが学習を促進する」という知見が，個人レベルの調査と，集団レベルの調査の双方から示された点は，分析結果の妥当性が高いことを示している。次章では，3～6章の分析結果を踏まえて，理論的・実践的なインプリケーションについて述べる。

注

(1) シュナイダーら（Parkington and Schneider, 1979；Schneider, 1980；Schneider and Bowen, 1985）は，サービス組織における境界連結活動を担う社員に対して，組織風土が大きな影響を与えると指摘している。

(2) 組織文化の定義は，メンバーが暗黙的に共有している価値や仮定といった潜在的な側面を強調する定義と，メンバーが知覚できる規範や慣習といった顕在的な側面を強調する定義に大別できるが（Ashforth, 1985; Keesing, 1974; Sathe, 1983），組織風土は後者の定義に近い概念である。

(3) ルソー（Rousseau, 1990）は，組織文化を「人為的構成物，行動パターン，行動規範，価値，基本的仮定」という5つのレベルからなる層状モデルを提示しているが，組織風土はこれらのうち，観察可能な「行動パターン」や「行動規範」に該当すると思われる。

(4) 因子分析の詳しい結果は以下の通りである。

営業所風土	第1因子 顧客主導の協調性	第2因子 革新性	第3因子 上司とのコミュニケーション	第4因子 内部競争
販売部門とサービス・事務部門は協力しあっている	.63	.38	.18	.10
職場内では協力しあっている	.56	.30	.39	−.04
顧客満足を高めることが重視されている	.64	.30	.03	.23
アフターサービスに力を入れている	.76	.13	.28	.22
苦情・クレームは迅速に解決されている	.45	.21	.27	.11
顧客ニーズを把握することが重視されている	.53	.24	−.04	.37
職場内では仕事上の情報を交換しあっている	.50	.13	.51	.18
上司は部下から出されるアイデアや意見を受け入れる	.29	.64	.51	−.01
新しいアイデアや仕事のやり方を出すように奨励されている	.28	.69	.24	.11
職場内には心地よい緊張感がある	.33	.55	.21	.39
新しい試みが実験的に実行される	.43	.59	.15	.30
面白いアイデアは多少の危険があっても実行される	.22	.72	.33	.12
上司に対して自由に意見を出すことができる	.10	.32	.64	.14
上司に対して気軽に相談できる	.15	.21	.89	.23
職場内で生じた問題は有効に解決されている	.31	.38	.48	.24
営業マン同士の競争は激しい	.13	.07	.18	.86
職場内では営業マン同士が刺激しあっている	.31	.22	.23	.37
固有値	7.65	1.20	.98	.69
累積寄与率	45.00	52.10	57.90	61.90

(5) 日経ビジネス2001.5.21号，日経産業新聞2002.6.26

(6) この他に，2種類のプレッシャー（仕事の挑戦性，仕事の負担）と，3種類のコンフリクト（タスクコンフリクト，プロセスコンフリクト，対人コンフリクト）を従属変数として検討されたが，紙面の関係上，割愛した。詳しくは松尾（2002）の第6章を参照のこと。

(7) タスク多様性，部門の革新性，部門の協調性に含まれる項目は以下の通りである。各項目は，7ポイントのリッカートスケールで測定された（全く違う　1 ←→ 7　全くその通り）。詳しくは松尾（2002）の第6〜8章を参照のこと。

タスク多様性
・問題が発生した時に適切に対処するためには，多くの経験と訓練が必要となる。
・様々な出来事が営業活動に影響を与える。
・問題の解決方法を見つけるためには，広範囲で徹底した探索が必要となる。
（Daft and Machintosh（1981）の尺度の一部を使用）

部門の革新性
　部門の革新性は，Scott and Bruce（1994）が開発した革新性風土の尺度によって測定した。革新性は，新規性の許容，革新の奨励，現状維持の打破という3つの次元から構成される（(b)は逆転項目）。

新規性の許容
・他人と違うやり方をすると，いろいろと問題になることが多い（b）
・ここでうまくやるためには，他人と同じやり方をするのが一番であ（b）
・ここでは，上層部からの命令に従えばよいとされている（b）
・問題が発生した場合には，同じ方法で対処することが求められる（b）
・あまり他人と違うことをやると，怒りをかうことがある（b）
・ここの管理職は，たいてい他人のアイデアを真似て仕事をしている（b）
・革新的であると認められた担当者は，公式的に表彰される
革新の奨励
・ここの管理職は，創造的に働く能力を尊重している
・ここでは，創造的に仕事をするように奨励されている
・ある問題に対して，いろいろな解決方法を試してみることができる
・ここの報酬制度は，イノベーション（革新）を奨励している
・この部門は，常に，変化に対して柔軟に対応しようとしている
・この部門は，変化に対して，オープンであり積極的に対応する
現状維持の打破
・ここでは，変化よりも現状維持に関心のある人が多い（b）
・部門内では，従来からの仕事のやり方に固執する傾向がある（b）
・ここの報酬制度は，波風を立てない人が得するようにできている（b）

部門の協調性
　部門の協調性は，コイズとディコティス（Koys and DeCotiis, 1991）の凝集性尺度，チャロスとプーン（Chalos and Poon, 2000）が開発した情報共有尺度によって測定した。

情報共有
・たとえ合意できなくとも，各自の情報やアイデアは考慮の対象となる
・メンバーは，お互いに各自の考えを述べ情報を直接交換する
・メンバーは，他人の情報やアイデアに注意深く耳を傾ける
・メンバーの持つ情報やアイデアは，部内の目標が達成されるかどうかに影響を与える
・メンバーは，お互いに協力して助け合っている
チーム感
・メンバーには，互いに共通点が多い
・メンバーは，お互いに対して個人的関心を持っている
・メンバー間には，「チーム・スピリット」が感じられる
・メンバーは，お互いにうまくやっている

第Ⅲ部
結　論

第7章 理論的・実践的な示唆

　水や肥料をやりすぎると，野菜が本来持っている成長力を奪ってしまうのと同様に，人材に情報や知識を与えすぎると，自ら学ぶ力を奪ってしまう恐れがある。本書の冒頭に，「何かを学ぶためには，自分で体験する以上に良い方法はない」というアインシュタインの言葉を掲げたが，問題となるのは，いかにすれば経験から多くのことを学べるか，という点にある。本書は，人材開発の70％以上を説明するにもかかわらず，曖昧にされてきた経験学習のメカニズムを明らかにすることを目的として，次の3点を検討した。

- ・学習を促す経験の長さと特性
- ・学習を方向づける信念の役割
- ・学習を支える組織特性

　以下では，これらの問いに対する発見事実を簡単に整理し，理論的な貢献について説明した上で，組織における経験学習に関する仮説的モデルを提示する。最後に，技術的にも精神的にも高度なレベルにあるプロフェッショナルを育成する方法について述べたい。

1. 本書の発見事実

　序章において，ITを活用した知識共有のためのシステムが，経験学習を阻害する危険性を持つことを指摘した。すなわち，社内のノウハウが蓄積するデータベースが整備されていると，問題を解決する際に，メンバーが他者の知識に依存し，自分の頭で考えなくなる危険性が存在するのである。「知識共有のジレンマ」（Matsuo, 2004；Matsuo and Easterby-Smith, 2004）と筆者が呼ぶ

この問題を解決するためには，組織メンバーに対して良質な経験を提供し，彼らの学習能力を高め，適切な組織特性を醸成しなければならない。

本書の発見事実を簡潔に述べるならば，次のようにまとめることができる。

①人がある領域において優れた知識・スキルを獲得するには約10年かかり，6〜10年目の中期の経験が熟達の鍵を握る。
②人は主に挑戦的な仕事から学ぶが，領域が異なると挑戦の仕方も異なる。
③人は，目標達成志向と顧客志向の信念のバランスを保つとき，経験から多くのことを学習する。
④人が学習目標を持つとき，目標達成志向と顧客志向の信念が連動する。
⑤顧客を重視し，メンバーが知識や行動を巡って競争している組織において，目標達成志向と顧客志向の信念が高まり，組織内の学習が促進される。

図7-1　本書の発見事実のまとめ

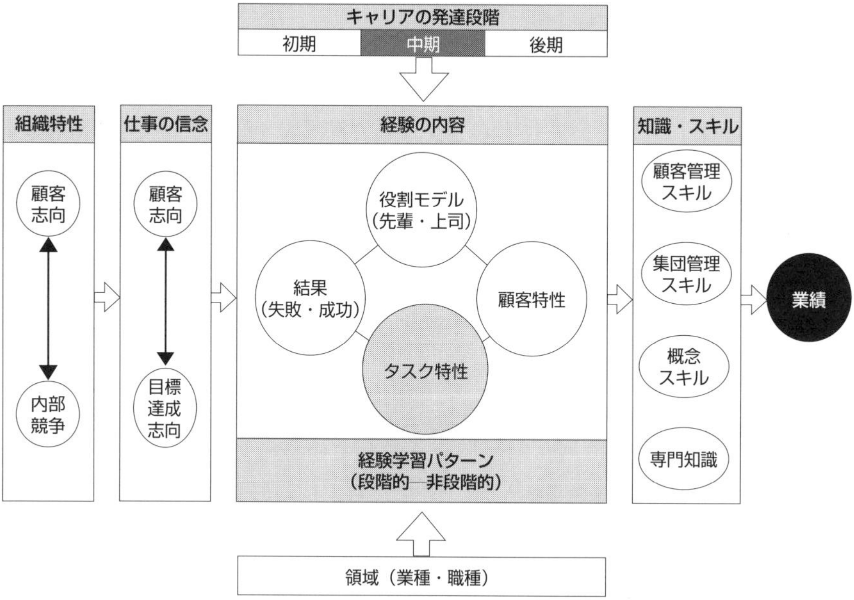

以上の発見事実をまとめると、図7-1のようになる。この図は、顧客志向と内部競争という組織特性が、顧客志向と目標達成志向の信念に影響を与え、これら2つの仕事信念が経験学習の効果を規定すること、また、経験学習のあり方はキャリアの発達段階や領域によって異なることを示している。

2. 理論的な貢献

次に、本書の発見事実がどのような理論的貢献をしているかについて、以下に挙げる7つの観点から考察する。

●── 10年ルールのメカニズム

本書の理論的貢献の一つは、10年ルール（Ericsson, 1996；Hayes, 1989；Simon and Chase, 1973）の背後にあるメカニズムの一部を解明したことにある。10年ルールは、国際的な業績を達成するまでに最低でも10年の準備期間が必要であることを示すものであったが、本書は、そのメカニズムを知識・スキル獲得の観点から説明している。10年の準備期間が必要となる理由は、アンダーソン（Anderson, 1983）のスキル獲得モデルが示すように、この期間にスキルが宣言的段階から手続的段階へと移行するためであると考えられる。つまり、最初の10年間の実務経験は、パフォーマンスの向上につながる有効なスキルを獲得し手続化するための準備期間として機能していると解釈できる。

また、本書は、単に10年間というだけでなく、10年の後半期（入社6～10年の期間）における経験が、その後の業績や知識・スキルの獲得において重要になることを提示したという点で、10年ルールをさらに深めたといえる。入社6～10年のキャリア中期は、ドレイファス（Dreyfus, 1983）の5段階モデルでいえば、一人前（competent）から上級者（proficient）の段階に当たる。この段階が重要になる理由は、経験学習の効果を左右する仕事の信念が形成されるためであると考えられる。

さらに、10年ルールが、ビジネス分野における熟達にも当てはまることを示したという点にも意味がある。なぜなら、これまでの研究は、チェス、テニス、

音楽，絵画といった分野における熟達者を主要な分析対象としており，企業における実証研究は少なかったからである。

なお，人が対人的経験よりもタスク特性から学ぶ傾向があるという発見事実が得られたが，これに関しては，対人的経験がタスク特性の中に組み込まれている可能性がある。つまり，ITコンサルタントや営業担当者は，モデルとなるような特定人物から全人格的に学ぶことは少ないとしても，仕事の中で接する他者から断片的な学習をしているかもしれない。

●── 経験学習プロセスの領域固有性

従来，熟達者の知識が領域固有であるという点が指摘されてきたが（Chi et al., 1982；Ericsson, 2001；Glaser and Chi, 1988），経験学習プロセスにおける領域固有性が検証されることは少なかった。本書の理論的貢献は，経験学習プロセスにも領域固有性が存在することを示したことにある。

IT分野におけるプロジェクト・マネジャーが徐々に難易度の高いタスクに従事する段階的な経験学習パターンをとるのに対し，コンサルタントは非段階的な経験学習パターンをとっていた。こうした経験学習パターンの違いは，特にキャリアの中期における経験の違いによるものであった。

経験学習プロセスが領域によって異なることは，各領域で必要とされる課題の性質と必要とされる知識・スキル特性の違いから説明することができる。すなわち，企業が抱える問題に対し解決策を提案するコンサルタントは，取り組む課題が明確に定義されていない「不良定義問題（ill-defined problem）」（Kahney, 1986）に対処することが多く，そうした問題を解決するために概念スキルを必要としている。概念スキルは難易度の高いタスクを独力で解決する経験を通して効果的に獲得されると思われることから，コンサルタントには非段階的学習が適していると解釈できる。

これに対し，プロジェクト・マネジャーは比較的明確に定義された目標に向かってプロジェクトを運営していくが，複数のメンバーを率いるための高度な集団管理スキルが要求される。このとき，集団規模によって集団を管理するスキルが異なるため，プロジェクト・マネジャーを育成する場合には「徐々に複

雑さを増す小世界（Burton et al., 1984）」を用意して段階的に学習を進める方が効果的であると考えられる。領域が異なると経験学習パターンも異なることは，「よく考えられた練習（Ericsson et al., 1993）」にも領域固有性があることを示している(1)。なお，各領域の知識・スキル特性と，経験学習パターンの間にある対応関係を明らかにすることで，領域を超えた熟達理論を構築できると思われる。

●── 仕事信念の領域普遍性

　自動車営業担当者，不動産営業担当者，ITコーディネータは，領域が異なっているにもかかわらず，目標達成志向と顧客志向の信念を有するという点で共通していた。これは従来から指摘されてきた熟達の領域固有性と反する発見であり，領域を超えて普遍的な熟達の特性が存在する可能性を示している（ただし，ここでいう領域とは業界や業種によって区別できる領域である）。

　信念に関して，領域を超えた共通性が見られたのは，今回の分析対象者が「顧客と接触する境界連結者」であったことと関係していると思われる。彼らは，組織と外部環境をつなぐ役割を担っているがゆえに，自己の目標を達成することと，他者である顧客を満足させることの双方を重視しなければならないのだろう。目標達成志向と顧客志向を，自己管理と他者管理に置き換えたならば，これらの信念は，ワグナーら（Wagner, 1985；Wagner and Sternberg, 1987）の暗黙知類型（自己管理，他者管理，タスク管理）とも対応している。

　この点に関し，クロパンザーノら（Cropanzano et al., 2005）は，人間の基本的な動機として，「セルフ・インタレスト（self-interest）」と，「他者への共感（empathy toward others）」を挙げている。メグリーノとコースガード（Meglino and Korsgaard, 2004）も，「セルフ・インタレスト」と「他者志向（other orientation）」の程度が態度や行動に影響を及ぼすと指摘している。以上の点から，自己管理と他者管理のバランスは，境界連結者の行動に限らず，人間の生活全般における態度や行動を決定する働きを持つかもしれない。

　仕事の信念が，領域を超えて「経験からの学習能力」として機能しているという発見は，熟達研究に新しい視点を与えるものであり，業種や職種を超えて

熟達をとらえることができる可能性を示している。

●── プロフェッショナリズムを反映した信念

本書において明らかになった仕事の信念は，理想のプロフェッショナル像を示したプロフェッショナリズムの特性（Hall, 1968; Miner, 1993)を反映したものであった。すなわち，プロフェッショナリズムにおける「知識の獲得」「自律性」「地位の確立」といった次元は目標達成の信念に関係し，「他者の援助」「公共サービス」は顧客志向の信念と関係している。

このことは，優れた営業担当者やITコーディネータが，高度な知識・スキルといった技術的側面のみによって特徴づけられるのではなく，顧客への奉仕といった精神的側面によっても支えられていることを示している。

本書で抽出された信念がプロフェッショナリズム研究で指摘されている特性と重なり合ったということは，分析の対象となった高業績者が，理想のプロフェッショナル像に近いことを示しているだけでなく，本書の発見事実の妥当性が高いことを示唆するものである。

このとき，企業に勤務する営業担当者に比べ，独立した経営者が多いITコーディネータは，学習目標を重視し，顧客志向と目標達成志向が結びついている傾向が見られたことから，職務の自律性や独立性といった特徴が，より統合された信念の形成を助けていると考えられる。

●── 顧客志向の学習促進機能

顧客志向は，個人レベルおよび組織レベルにおいて学習を促進することが明らかになった。

個人レベルの顧客志向　従来のマーケティング研究では，個人レベルの顧客志向（customer orientation）が，顧客満足，倫理的行動，組織へのコミットメント，職務満足等に及ぼす影響が検討されてきた（Donavan et al., 2004；Hoffman and Ingram, 1991, 1992；Howe et al., 1994；Pettijohn et al., 2002 他）。本書の貢献は，これまで着目されてこなかった学習面に焦点を当て，顧客志向が経験学習を促進する機能を持つことを明らかにした点にある。

顧客志向の信念が持つ学習促進機能は，次のように解釈することができる。まず，顧客志向の信念が高い個人は，そうでない人に比べ，「顧客が抱える問題の解決」という観点から仕事をするため，取り組む課題の難易度が高まり，仕事の遂行を通して知識・スキルを獲得する量が増えると考えられる。また，顧客の立場に立って物事を考えるとき，担当者が感じる仕事の有意味性や内発的動機づけが高まり，学習が促進されると思われる。

　なお，先行研究（Boud et al., 1993；Brutus et al., 2000；Mitchell et al., 1999成田・楠見，1999；Spreitzer et al., 1997）においては，経験から学習する能力として，①自信，②挑戦する姿勢，③学習機会を求める姿勢，④柔軟性が指摘されている。このうち，目標達成志向の信念は自信と挑戦心を高め，顧客志向の信念は，学習機会を求める姿勢や柔軟性を育むと考えられる。

　組織レベルの顧客志向　従来のマーケティング研究では，顧客志向が強い企業ほど高い業績をあげ，イノベーションを促進するという分析結果が報告されてきたが（e.g., Donavan et al., 2004；Gatignon and Xuereb, 1997；Han et al., 1998；Kennedy et al., 2003；Lukas and Ferrell, 2000），そのメカニズムは曖昧であった。本書の貢献は，組織特性としての顧客志向が，個人の顧客志向の信念を強めることを通して経験学習を促進していること，および，組織内の知識の獲得と共有を促すことを示した点にある。この結果は，顧客志向と内部競争を有機的に結び付けることが革新的な組織を作り上げる鍵となることを示唆している。

● ── **信念と学習効果**

　本書では，顧客志向の信念と目標達成志向の信念が学習を促すことが示されたが，これら2つの信念は，さらに細分化することができる。

　一口に顧客志向といっても，顧客の顕在的なニーズに対応するのか，潜在的なニーズに対応するかによって，その性質は異なる[2]。ハメルとプラハラード（Hamel and Prahalad, 1994）やクリステンセンら（Christensen and Bower, 1996; Christensen, 1997）は，既存顧客の顕在ニーズのみに注目するとイノベーションが阻害される危険があることを指摘している。

こうした指摘は，組織レベルの顧客志向について言及されているが，個人レベルにおいても同様の危険性が存在する。例えば，高嶋（2002）によれば，顧客の注文や要望をとりにいく御用聞き営業はコストアップにつながり利益を圧迫する要因になりやすいのに対し，顧客の潜在的なニーズを吸い上げることは，問題解決につながる製品・サービスを先行的に提案し，利益率を高めることにつながるという。このとき，潜在的なニーズに対応しようとする顧客志向を実行するためには，高度な知識・スキルが必要になる。

　一方，目標設定に関する先行研究が示すように，目標は，業績目標と学習目標に分類することができる（VandeWalle et al., 1999）。これまでの研究によると，新しい知識・スキルを獲得することを重視する学習目標を持つ人は，売上・利益といったアウトプットとしての業績を向上させようとする業績目標を持つ人に比べて，高い業績を上げ，フィードバック情報を得ようとする傾向がある（VandeWalle et al., 1999; VandeWalle and Cummings, 1997）。

　以上の点を踏まえると，顧客志向の信念は「顕在ニーズへ対応する志向性」と「潜在ニーズへ対応する志向性」に分けることができ，目標達成志向の信念は「学習目標を重視する志向性」と「業績目標を重視する志向性」に分けることができる。これら2つの次元をかけあわせると，仕事信念は図7-2に示すような4つのタイプに分類できる。

図7-2　仕事の信念と学習効果の関係

		顧客志向	
		顕在ニーズへの対応	潜在ニーズへの対応
目標達成志向	学習目標	経験からの学習効果（中）	経験からの学習効果（高）
	業績目標	経験からの学習効果（低）	経験からの学習効果（中）

上記の議論に基づけば，顕在ニーズに対応するよりも潜在ニーズに対応する方が，また，業績目標を持つよりも学習目標を持つ方が，特定の経験から多くの新しい知識・スキルを獲得できると考えられる。したがって，4つのタイプのうち，経験からの学習効果が最も高いと思われるのは，「潜在ニーズに対応し，学習目標を重視する」右上のセルである。次に，「潜在ニーズに対応し，業績目標を重視する信念」あるいは「顕在ニーズに対応し，学習目標を重視する信念」を持つ場合であり，最も学習効果が低いのは「顕在ニーズに対応し，業績目標を重視する」左下のセルであると考えられる。右上のセルは，よく考えて働く（working smart）スタイルを，左下のセルは，がむしゃらに働く（working hard）スタイルを意味しているといえよう（Seijts and Latham, 2005）。

　ここで注意すべきことは，図7-2に示した類型はあくまでも理念型に過ぎないという点である。人は業績目標を持つと同時に学習目標を持つ場合や，顕在ニーズに対応する中で潜在ニーズに気づくケースも多い。要は，業績目標と学習目標，顕在ニーズと潜在ニーズへの対応を組み合わせる際，そのウェイトの置き方によって学習効果が異なるのである。

　経験から学習する能力の特性は「自分の能力に対する自信（楽観性，自尊心）」「学習機会を追い求める姿勢（好奇心）」「挑戦する姿勢（リスクテイキング）」「柔軟性（批判にオープン，フィードバックの活用）」であった。個人が顧客の潜在ニーズに対応し，学習目標を重視する信念を持つ場合には，これらのうち，学習機会の追求，挑戦性，柔軟性が高まり，その結果，自信が生まれると考えられる。

● ── 学習を促す内部競争

　顧客に焦点を当てつつ，知識や行動の観点からメンバー同士が競い合うプロセス型内部競争が組織内に存在するとき，部門内の学習が促進されることが示された。そのメカニズムは以下のように解釈できる。

　まず，内部競争は，従来の研究が指摘しているように，設定される目標や目標へのコミットメントを高めることで個人のモチベーションを高める（Locke,

1968; Triplett, 1987; White et al., 1977)。この点に加え、プロセス型の内部競争は、知識や行動によって業績が評価されることから、メンバーの内発的動機づけを高め、学習志向の目標設定を促すと考えられる。内発的に動機づけられている状態とは、活動自体の質のために行動している状態を指す(Kuruglanski, 1978)。人は仕事そのものから得られる関心、楽しみ、満足、挑戦によって動機づけられていると感じるときに、最も創造的になるといわれている（Amabile, 1988）。

一方、組織の顧客志向は、メンバーが顧客志向の信念を持つことを助け、外部世界からのフィードバック情報を積極的に組織内に取り込むことを促し、集団内の硬直性を防止していると考えられる。また、顧客志向は、「顧客の視点から考える」という共通の意思決定規準をメンバーに提供することを通して、内部競争から生じるネガティブなコンフリクトを抑制し、創造的なコンフリクトを促す効果も持つ（Matsuo, 2006)[3]。

以上のことから、顧客主導のプロセス型内部競争は、学習する組織（learning organization）、あるいは「人材開発文化（developing culture）」（Davies and Easterby-Smith, 1984）の一形態であるといえよう。

3. 経験学習の仮説的モデル

これまでの理論的考察に基づいて、組織における経験学習プロセスに関する仮説的モデルを提示したい。図7-3に示すモデルのメッセージを一言でいうなら「経験学習の質は、所属する組織の特性と個人の信念によって決まる」という点にある。

組織における経験学習を説明する際には、「組織特性」「仕事の信念」「経験学習プロセス」の3つの要素を考慮しなければならない。これらのうち、仕事の信念と経験学習プロセスは個人レベルの要因である。組織特性は、個人の仕事信念の形成に影響し、仕事信念は経験学習の効果を左右する。このとき、組織が異なれば経験する職務の客観的特性も異なるため、組織特性は「外的経験」のあり方を規定するといえる。また、個人の仕事信念が異なれば、主観的な経

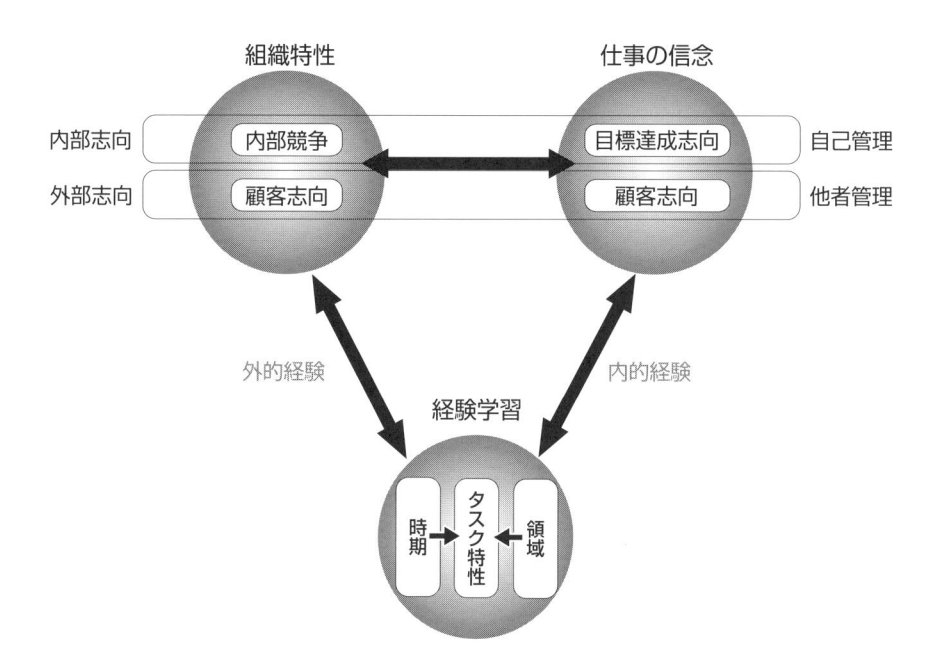

図7-3　組織における経験学習の仮説的モデル

組織特性：内部志向（内部競争）、外部志向（顧客志向）
仕事の信念：自己管理（目標達成志向）、他者管理（顧客志向）
外的経験／内的経験
経験学習：時期、タスク特性、領域

験のとらえ方も異なるため，仕事信念は「内的経験」を規定すると考えられる。

　この仮説的モデルが示唆しているのは次の点である。すなわち，個人が経験から効率的・効果的に学ぶためには，内部競争と顧客志向のバランスがとれた組織において，目標達成志向と顧客志向を両立させた信念を持つ必要がある[4]。組織の視点から見ると，自社の繁栄だけでなく顧客価値の増大を考え，メンバーが自己の利益だけでなく顧客に目を向けるとき，組織における経験学習の質が高まるといえる。

　この仮説モデルは，どの程度一般化できるだろうか。クロパンザーノら（Cropanzano et al., 2005）やメグリーノとコースガード（Meglino and Korsgaard, 2004）によれば，人間の基本的な動機には「セルフ・インタレスト（self-interest）」と「他者志向（other orientation）」があり，これらが態度や行動を決定するという。この考えをもとに，より広い視点から本モデルを解釈すると，組織の内部と外部，自己と他者のバランスをとるとき学習が促進さ

れる，といえる。

　自己と他者への関心のバランスを取ることは，ビジネスの世界に限らず，人生における学びとも深く関係している。聖書には「何事でも，自分にしてもらいたいことは，ほかの人にもそのようにしなさい」（マタイの福音書7章12節）という言葉があるが，この節は聖書の「黄金律（ゴールデン・ルール）」として知られ，キリスト教倫理の最高峰といわれている（増田，1973）[5]。この教えが示すように，自己と他者への関心を統合させるとき，人間として成長することができるのである。本来，プロフェッションという概念はキリスト教の奉仕の精神と強く結びついたものであるが，本書における仮説モデルもこの点を反映しているといえる。

　このとき，自社と社会，自己と他者のバランスをとるだけではなく，両者が連動することが重要となる。すなわち，他者の問題を解決することで，他者から信頼・感謝されたり，新しいことを学ぶことが自己にとっての（内的）報酬となるときに，より学習が促進されるのである。「与えること」と「受け取ること」が相互に関係し合うとき，自己と他者が統合されると考えられる[6]。

　本書の冒頭で紹介したように，人材育成を植物栽培に喩えるなら，組織特性は栽培地の気候や土壌といった「風土」，信念は植物の「根」，経験学習は「植物の成長」に当たるだろう。顧客を重視しつつメンバー同士が切磋琢磨する風土で働く個人は，自己の思いを実現すると同時に顧客に喜びを提供することを重視する根が発達し，さまざまな経験を養分として取り込むことで，優れた知識・スキルを獲得しながら成長していくのである。

　この仮説的モデルは，経験学習の代表的理論であるコルブのモデル（Kolb, 1984）が持つ欠点を補っているところに特徴がある。コルブのモデルは，個人の認知プロセスにのみ焦点を当て，社会的・文化的側面（Holman et al., 1997）や，高次のメタ学習プロセス（Vince, 1998）を軽視していると批判されてきた。これに対し，本書のモデルは，個人を取り巻く組織的環境や，信念といったメタ認知的な要因を取り込んでいる。

　なお，組織学習は「知識獲得→知識共有→知識の活用・制度化」の3段階から研究されているが（Crossan et al., 1999；Miner and Mezias, 1996；Nevis et al., 1995).本書のモデルは,「知識獲得」の段階に焦点を当て,知的資源が形成されていくプロセスを経験学習の観点から検討したものとして位置づけることができる。

4. いかにプロフェッショナルを育てるか

プロフェッショナルは,技術的な面だけでなく精神的にも優れていなければならないという意味で,熟達者の完成型である。本書が焦点を当てた営業,コンサルティング,プロジェクト・マネジメントに携わる熟達者は,プロフェッショナルとしての特性も備えていた。このことから,本書は,プロフェッショナルへの成長プロセスの一部を明らかにしたといえる。以下では,発見事実と理論的考察に基づき,いかにプロフェッショナルを育てるかについて述べたい[7]。

● 10年間で精度の高いスキルを獲得する

同じような活動をしても,経験が足りないと,なかなか成果に結びつかない。若手社員が抱く「自分はできている」という感覚ほどあてにならないものはない。これは,プロフェッショナルと若手では,知識・スキルの精度やレベルが違うからである。序章でも紹介したプロジェクト・マネジャーのコメントを見てみよう。

> 表面的な知識は,皆さんあると思うんですが,それを実際に適用して,まさに何事もなければ,スムーズに流れるんですけど。必ず何か起こる。そのときの対応の時間が,昔に比べると二倍,三倍かかっているというのが今の現状じゃないかと思います。

問題が発生したとき的確に対処できる精度の高い知識・スキルを身につけるためには,少なくとも10年にわたり質の高い経験を積まなくてはならない。逆に言えば,最初の10年間は,獲得した知識・スキルがなかなか業績に結びつかないこともある。なぜなら,この期間は,得た知識・スキルが各種の経験によって熟成され,身体に染み込む時期だからである。

プロフェッショナルを育てたいならば，入社してから10年間は，短期的な成果を追い求めるよりも，濃密な経験を積ませることに重きを置くべきである。そこで得られた知識・スキルは，それ以降の成長の土台となるからである。特に，6〜10年目の期間は，仕事の信念が形成され，知識・スキルが自分の身体にしみこんでいく大切な時期である。この時期に，経験学習を促す仕組みを作り上げることで，人材育成の効果を高めることができる。

　なお，本書の調査対象の中には転職者も含まれていたが，彼らは複数の経験をうまくリンクさせて最初の10年間の経験を質の高いものにしていた。本書でいう最初の10年とは，学校を卒業して社会に入ってからの10年間を意味している。

● ── 思いを込めた経験を積む

　では，質の高い経験，濃密な経験とは何だろうか。あるプロジェクト・マネジャーによれば「背伸びをしなければならない課題，つまり現在の能力より20〜30％くらいレベルの高い能力が必要とされるような挑戦的な課題」をこなす経験が成長を促すという。ただし，背伸びの度合いは領域によって異なる。序章で紹介したコンサルタントのコメントを再度見てみよう。

> 私は，これまでお客様とともに作り上げ，ゼロからの経験でスキルを習得してきました。しかし，今の人達は，ゼロから作った経験が少ない。つまり，「思いを込めた経験」が足りないと思います。

　ここでいう思いを込めた経験とは，それまで手がけたことがない挑戦的な課題に対し，顧客と思いを共有しつつ，自分の能力のすべてをぶつけて真剣に取り組んだ経験を指す。なまぬるい経験からは，表面的な知識しか得られない。信念に基づいた経験，あるいは信念を育てる濃密な経験を積み上げることを通してプロフェッショナルが生まれるのである。

● ── 経験の流れをデザインする

　人材を育成する際には，経験をデザインするという意識が必要である。しかし，多くの経験は偶然の産物であることが多い(Mitchell et al., 1999)。キャリ

アを積む個人やキャリアをサポートする管理職は、経験についての詳細な計画を立てるよりも、経験学習の「パターン」や「流れ」を意識すべきである。キャリア発達段階や活動領域を踏まえた上で、今の時期にどのような経験を積むべきかを認識しておくことによって、学習が促進されるだろう。

領域によって成長を促す経験パターンが異なるため、「良質な経験」の概念は領域によって異なる点に注意しなければならない。自分の領域において段階的な学習方法が適しているのか、それとも非段階的な学習方法が有効であるのかを見極めた上で、経験を積む必要がある。

その際、キャリアの発達段階に沿って、各領域におけるプロフェッショナルがどのような経験を通して知識・スキルを獲得したかを調べ「経験学習のモデルケース」を描写することも可能である。知識・スキルと経験の対応関係を時系列的に分析することで、職種毎の学習パターンや熟達プロセスが浮かび上がってくると予想される。こうして明らかにされた熟達プロセスは、各職種の人材が異動すべき時期、教育を受けるタイミング、評価のポイントを考える上で役立ち、最初の10年間のキャリア・デベロプメント計画を作成する基礎資料となるだろう。

ただし、上司から「経験をあてがわれる」だけでなく、自ら「質の高い経験を獲得する」姿勢が大切となる。良質な経験を獲得する能力も、熟達者の条件である[8]。特に、自ら顧客を開発しなければならない営業担当者やコンサルタントは、主体的に経験をマネジメントする能力が要求されるといえよう。

● ── バランスのとれた信念を育てる

偶然めぐりあう経験の中から学習の機会を見つけ出すためには、経験から学習する能力が重要になる。経験から学習する力を身につけるには、顧客志向と目標達成志向のバランスを取らねばならない。顧客満足を重視しすぎて自分の目標が達成できなかったり、自己の売上を重視するあまり顧客をないがしろにすると、熟達が阻害される。管理職は、部下の行動や業績結果だけでなく、彼らの信念に着目し、自己と他者、内と外のバランスがとれるように評価・育成

することが求められる。

　目標達成と顧客志向の両立を重視している会社のひとつにプルデンシャル生命保険がある。長期間にわたり高業績をあげている同社では，営業担当者として売上目標を達成する「セールスマンシップ」と，お客様の満足を高める「ライフプランナーシップ」を両立することが強調されている。顧客志向と目標達成志向のどちらが欠けても，営業担当者として信頼され，長期的に高業績を維持することは難しいという[9]。

　ただし，目標達成と顧客志向の信念を両立させる場合，その質が問われる。つまり，「自分のノルマを達成するために，顧客のいいなりになること」を避け「自身の能力を高めることを目標とし，顧客が気づかない問題を解決すること」を重視する信念を身につけるべきであろう。

● 顧客志向が学ぶ力を育てる

　顧客志向には，「顧客満足→リピート購買・紹介の促進→安定的な売上・利益の確保」というような業績アップ効果だけでなく，中長期的な学習を促進する隠れた機能がある。つまり，顧客志向の高い人は，そうでない人に比べて，顧客の問題解決を通して多くの知識・スキルを獲得し，一見同じような経験をしているように見えても，一つ一つの経験から深く，広く学んでいるのである。顧客志向の信念は，土からの栄養を吸い上げる植物の根のようなものである。

　顧客志向の信念は，顧客や環境の変化に合わせて学習することができる力の基盤となる。どの組織にも，過去には華々しい実績を上げたが今は鳴かず飛ばずという「昔のヒーロー」がいるものであるが，彼らの多くは陳腐化した知識・スキルにしがみついているだけで，顧客が抱える新しい問題を解決する新しい知識・スキルを獲得することを怠っているといえる。真の顧客志向は，イノベーションを生み出す源泉となる。

　このとき，顧客のいいなりになる「御用聞き型の顧客志向」は，学ぶ力を弱めてしまう。顧客の潜在的ニーズを先取りし，解決策を提案する「探索型の顧客志向」が自ら学ぶ力を高めるのである。ただし，気をつけなければならないことは，顧客志向の信念は，後になって業績に効いてくるという点にある。分

析結果が示すように，顧客志向の信念が業績に結びつくには長い時間がかかり，顧客管理スキルは奥が深く，有効に働くまでには多くの経験を積まなければならない。この時間差を我慢して，辛抱強く顧客志向を持ち続けるように個人を応援することが，人材を育成する鍵となる。

● 内と外を連動させる

　プロフェッショナルの特徴は，顧客志向の信念と目標達成志向の信念が強く結びついているという点にある。顧客志向と目標達成志向の連動は，営業やコンサルティングに限ったことではない。例えば，小説家の山本周五郎氏は，小説を書く際の信念について次のように述べている。

> 私のばあい特に，小説は読者のために書くものと信じているので，諸氏からいただく投書ほど力づけられるものはないのである（山本，1962）。

> 現在，生活している最大多数の人たちに訴えて，ともに共感をよびたい，というテーマが見つかったからこそ，小説を書くわけでございます。（中略）私は，自分がどうしても書きたいというテーマ，これだけは書かずにおられない，というテーマがない限りは，ぜったいに筆をとったことがありません。それが小説だと思うんです（山本，1961）。

　山本氏は，直木賞をはじめとする文学賞を辞退していることで有名だが，上記のコメントは，氏の信念のなかで「目標達成と顧客志向」がみごとに融合していることを示している。

　目標達成志向と顧客志向を連動させる鍵は，どのような目標を持つかに深く関わっている。売上・利益のアップというような業績目標だけでなく，知識・スキルを向上させることを目指す学習目標を持つとき，目標達成と顧客志向の信念は連動する。なぜなら，顧客が抱える問題を解決することが，現在自分が持っていない知識・スキルを新たに獲得することにつながるからである。

　また，顧客から信頼され，感謝される仕事をすることを目標に掲げるとき，「与えることと」が「受け取ること」につながり，目標達成志向と顧客志向が

連動するようになる。つまり，社会における他者のために働きたいと考えるようになるとき，「内」と「外」がつながり，プロフェッショナルに近づくことができるのである。

● ── **信念を共有する**

　組織において「知識共有」「知識移転」に取り組む企業が増えているが，その際，具体的な経験とともに仕事の信念を共有すべきである。例えば，企業内の実践コミュニティにおいて，熟達者が持つ仕事上の信念を具体的な経験ストーリーとともに伝えることで，「思いを込めた経験」を若手・中堅社員と分かち合うことができる。

　筆者が取材したIT企業においてもコミュニティやスタディ・グループが自主的に立ち上がり，優れたプロジェクト・マネジャーやコンサルタントの経験や信念を若手に直接伝える試みが行われていた。あるプロジェクト・マネジャーは次のように語っている。

　　情報化されたナレッジ，Webだとか，ナレッジ・マネジメント・システムがありますが，本当にナレッジが伝わるかというと難しい。人間が直に伝えないとナレッジや思いは伝わらない。経験者が直に，その内容やプロセスやバックにある思いを伝えるということをやらないと，なかなか伝わらない。

　このコメントにあるように，紙や電子媒体よりも，情報量の多いフェイス・トゥ・フェイスのコミュニケーションによって，熟達者の経験や信念を伝えることが有効である。その際，具体的な知識・スキルを教えすぎないことも重要かもしれない。冒頭で指摘した「知識共有のジレンマ」状況に陥らないためにも，自分の頭で考えて行動することが基本となるからである。これは，スポーツや学問の世界でも同じである。例えば，アテネ・オリンピックの金メダリストである室伏広治選手を育てた室伏重信氏は，選手育成について次のように述べている。

　　選手が指導者を乗り越え，より上の器量を持つように育てなければなりません。

だから，考えさせる。指導者が全部お膳立てするのが一番良くない。自分から動こうとせず，ロボットになっちゃう。現状よりも良くするには，次はどうすればいいか，絶えず考えること。私の息子にできるアドバイスもそれしかないと思うんです[10]。

このコメントから，室伏重信氏が「自身の能力をアップさせるために何をすべきか常に考える」という学習を重視した目標達成志向の信念を持っていることがわかる。また，重信氏は，具体的な知識・スキルを教えることよりも，競技力を高める上で大切な信念を広治選手に伝えている。ノーベル賞受賞者たちも，研究室の指導教員から，各領域における知識やスキルよりも，考え方，研究を評価する基準，研究課題や問いの立て方，自信を学んでいたが（Zuckerman, 1977），これも知識・スキルよりも信念を伝えることの重要性を示唆している。経験から学ぶ「根」である信念を共有することで，小手先の知識共有を越えて，より根本的な学習機能を組織の中に取り込むことができるのである。

●―― 内部競争によって知識を共有する

しかし，筆者は，知識の共有や移転を否定しているわけではない。組織内外のベスト・プラクティス（先進事例）を共有することは，イノベーションを生み出す上でも不可欠である。なぜなら，組織におけるイノベーションのほとんどは，発明（invention）よりも借用（borrowing）に基づいているからである（March and Simon, 1958）。

本書で強調したいことは，組織体制が未整備のまま知識共有を進めると単なる模倣が横行し，人材育成やイノベーションが阻害される「後ろ向きの知識共有」に陥ってしまうということである。こうした状態を回避するためには，メンバーが学習目標を持ち，他者の知識に基づいて新しい知識を創出するように動機づけなければならない。

その一つの方法が，顧客主導のプロセス型内部競争を強めることである。組織全体に顧客志向が行き渡っていると，メンバーは，顧客が抱える潜在的な問

題を解決するために，多くの情報が必要になる。そのため，他のメンバーが持っている知識・スキルを貪欲に入手し，自分の顧客に合わせてカスタマイズするようになる。このとき，組織内に行動や知識の質を巡るプロセス型の競争が存在すると，いかにオリジナルの知識を生み出したかが決め手になるため，単なる模倣が回避できる。

顧客主導のプロセス型競争が存在する組織では，自身の持つ知識を積極的に公開したり，他者の持つ知識に工夫を加えて新しい知識を生み出すことのインセンティブが存在する。例えば，リクルートやオリックスといった企業では，顧客の視点に立って革新的なアイデアを出すことが評価される競争が存在するがゆえに，企業内で積極的に知識がやり取りされ，かつ自己増殖的に知識が生み出されている[11]。顧客主導のプロセス型競争は，顧客志向の信念や目標達成の信念の形成を助けるという意味で，知識の獲得と共有を促進する組織的基盤としても機能する。

●── 顧客志向の仕組みを整備する

ここで注意しなければならないことは，単なる掛け声や精神論だけでは，真の顧客志向組織を作り上げることはできないという点にある。繰り返すが，既存顧客のいいなりになる御用聞き型の顧客志向は，変革や新しい試みが妨げられたり，会社全体の利益を損なう恐れがある（Christensen and Bower, 1996；Hamel and Prahalad, 1994；高嶋, 2002）。

顧客志向を組織に浸透させためには，全社的な視点に立って，個人の顧客志向活動をサポートする仕組みを作る必要がある。具体的にいえば，①ターゲット顧客の明確化と，顧客価値を高めるための基本戦略，②定期的に顧客・競合状況を把握できる情報収集・解釈のしくみ，③顧客価値を高めることを支援する業務プロセス，④社員を動機づける評価・教育制度を整備しなければならない。

また，顧客志向の信念に基づいて行動している高業績者（役割モデル）が身近に存在することも重要である。「あのように活動すれば高い業績が得られる」「あの人のようになりたい」と思わせる人材が組織内に多数いれば，顧客志向の信念に基づいて行動することを動機づけることができる。

● 公式的教育で刺激を与える

　公式的な教育は，経験学習を側面からサポートする役割を果たす。まず，キャリアの初期段階において，業務の基礎知識を研修やマニュアルを用いて教育することは，熟達化の準備状況を整えるという意味で重要である。例えば，コンサルタントの世界では，コンサルティング手法を「メソドロジー」として形式知化することで知識・スキルを蓄積することが多い。これによって，経験の浅い新人コンサルタントでも，そこそこの仕事ができるようになる。

　しかし，一流のコンサルタントになるためには，難易度の高い仕事をこなすことで，既存のメソドロジーを自分なりに改良したり，新しいメソドロジーを作り出すことが要求される。伝統芸能における「守・破・離」のように，師匠の形を模倣しながら（守），自分なりの工夫を加えて（破），形を離れて独自の方法を生み出す（離）ことが求められるのである（生田，1987）。キャリアの初期段階における公式的教育は，「守」の段階において重要な役割を果たす。

　また，キャリアの中期以降における各種研修やMBA教育は，個人が過去に獲得した知識，スキル，経験を内省し，整理・体系化する上で有益であろう。自分の狭い領域に陥りがちな実務家にとって，研修やビジネススクールは，視野を広げ，新たな経験学習の方向性を見つける「気づきの場」としても機能する。

　しかし，これまでの研究が示すように，熟達者が持つ中核的な知識・スキルの源泉は，あくまでも実務経験である。公式的教育は，経験を通して新しい知識・スキルを獲得する際の「刺激剤」となるように設計すべきである。

● バウンダリーレス・キャリアの時代に対応する

　労働市場が流動化するにともない，企業や業種をまたがってキャリアを構築するバウンダリーレス・キャリア（boundaryless career）の時代に入りつつある（Arthur et al., 2005）。こうした環境で活動する経営者は，質の高い経験を積んだ人材や経験からの学習能力が高い人材を採用すると同時に，彼らに質の高い経験を積む機会を提供し続けることで離職を防止しなければならない。

　そのためには，まず，経験学習のしくみを理解し，人材が持っている「知

識・スキル,信念,経験」を見極める組織能力が必要になってくるだろう。なぜなら,採用面接において他の組織における経験,そこで得た知識・スキル,仕事をする姿勢を評価しなければならないからである。

そうしたノウハウを蓄積するために,社員が持つ知識・スキル,信念,経験に関する「経験学習カルテ」のようなものを作ることもできる。このカルテの中から典型的なケース,理想的なケースを選べば,前述した「経験学習のモデルケース」となる。この情報を,キャリア・デベロプメント計画,目標管理制度,評価制度に組み込むことで,組織メンバーが常に「経験の質」を意識して活動できるようになると思われる。その際,経験の質を判断したり,経験から学習する能力を測定するツールを開発することも可能であろう。

しかし,最も重要なことは,組織において質の高い経験を積む機会を提供することにある。そのためには,上述したように,顧客志向を中心とした体制によって,組織内の学習を促進する仕組みを作り上げなければならない。

●―― いくつになっても学ぶことができる

ITコーディネータの調査結果は,適切な信念を持っていれば,中高年になっても学び続けることができるということを示唆している。なぜなら,平均年齢50歳を超える彼らは,営業担当者,税理士,技術者,コンサルタント,企業経営者といった多様なバックグラウンドを持ち,それまでの経験を基にITコーディネータとしてのノウハウを獲得していたからである(ITコーディネータは最近設置された資格である)。

本書は,最初の10年間において質の高い経験を積むことがプロフェッショナルになるために重要であることを示したが,これは人間の成長が10年で打ち止めになることを意味しているわけではない。金井・古野(2001)の調査によれば,人はいつになっても一皮むけることができる。本書で提示した10年という期間は,熟達のための最低準備期間であり,入社6~10年目の中間期は,個人の能力が飛躍的に伸びる第1のステージである。適切な信念を持ちながら質の高い経験を積むとき,人はいくつになっても成長することができる。その意味で,各企業において,10年目以降の時期に,社員がどのような経験から学んで

いるかを調査することによって，中高年の人材育成を考える上で貴重なデータを得ることができるだろう。

5. 今後の研究課題

　最後に，本書における今後の研究課題について述べたい。第1に，本書が調査対象としたのは，不動産，自動車，情報技術といった業種，および営業担当者，コンサルタント，プロジェクト・マネジャー，ITコーディネーターという職種であった。他の領域に研究対象を拡張することで，本書の知見を深めるとともに，新しい発見につながると考えられる。例えば，段階的学習と非段階的学習という経験学習パターン以外にも，経験学習パターンが存在すると思われる。

　第2に，熟達の領域固有性を検討する上で，領域の境界をどこに設けるかという問題がある。本書の分析対象である自動車の営業担当者，不動産の営業担当者，ITコンサルタント，プロジェクト・マネジャー，ITコーディネータは，業種・職種という面では異なる領域で活動しているが，カスタマー・コンタクト・エンプロイーという点では同じ領域に属する。今後は，領域の境界についての議論を深めた上で，分析を進める必要がある。

　第3に，バウンダリーレス・キャリア化が進んでいる現在，複数の領域を経験した熟達者を分析し，理論化することも興味深い研究テーマである。知識・スキルの特性と経験学習の関係性を検討することで，領域普遍的な熟達モデルを提示することも可能になるだろう。

　第4に，本書では，経験が他者から与えられたものか，それとも自分で獲得したものかについては区別していない。優れた人材は，自分で課題を見つけたり，積極的に仕事を獲得している可能性がある[8]。特に，コンサルタントや営業担当者は，「自ら顧客を開拓する」ことが求められるため，能動的に経験を探索する力が重要になる[12]。「能動的に経験を獲得している傾向性」を測定するスケールを開発することで，新たな観点から熟達メカニズムを明らかにすることができるかもしれない[12]。

第5に，本書におけるキャリア発達段階は，エリクソン（Ericsson, 1996）の10年ルールとドレイファス（Dreyfus, 1983）の研究に基づいてはいるが，より実証的な根拠に基づいて発達段階を設定する必要がある。分析では，入社6〜10年のキャリア中期における経験が熟達において重要な役割を果たすことが示されたが，そのメカニズムを解明する上でも，キャリア発達段階の検討は不可欠である。

　第6に，本研究は，回顧的データや自己報告データに基いているため，データにバイアスがかかっている可能性がある。第三者による評価データや，観察データとあわせて分析を進めることにより，より測定の信頼性・妥当性が高まると思われる。

　第7に，本書の分析では，主な学習の源泉は仕事の特性であり，対人的経験の比重は低かったが，人は仕事に従事するなかで，多くの他者と相互作用しているはずである。今後は，データ収集や測定方法を工夫して，経験学習における他者の役割について検討すべきであろう。

　第8に，仕事の信念が，経験の中でどのように形成されるのかについて分析する必要がある。本書では，信念が経験学習に及ぼす影響のみを分析したが，今後は，経験が信念の形成に与える影響についても明らかにしなければならない。

　最後に，熟達を研究する際には，個人が学習する時代背景を考慮する必要がある。例えば，高度成長期，バブル期，現在では，人が経験できる内容も異なる。その意味で，社会情勢や経済状況を含めた外部環境が経験学習に及ぼす影響についても検討する必要があるだろう。

注

（1）経験学習プロセスの領域固有性は，従事するタスクが個人単位の作業かそれとも集団単位の作業なのかという違いからも説明が可能である。

（2）この点は，日本商業学会関西部会において，大阪市立大学商学部の小林哲先生および神戸大学大学院経営学研究科博士後期課程に在籍する工藤秀雄氏にご指摘いただいた。

（3）Matsuo（2006）は，6章で用いた調査データを再分析し，営業部門の顧客志向が仕事上のアイデアに関するタスク・コンフリクトを促進し，役割や資源の配分に関するプロセス・コンフリクトを抑制することで，部門の革新性を高めていることを報告している。つまり，組織の顧客志向は，メンバーの認知的資源を知識の獲得に向けさせる働きをしていると解釈できる。
（4）内部競争と顧客志向以外にも仕事の信念や経験学習を規定する組織特性が存在すると思われる。
（5）この聖句は『聖書：新改訳』（日本聖書刊行会，2002年）から引用した。黄金律に関する説明は，『新聖書注解：新約1』（増田他編，いのちのことば社，1973）を参考にした。また，内容の解釈に関しては，小樽キリスト福音館の佐藤直樹牧師にアドバイスをいただいた。
（6）この点に関しては，金子郁容氏の『ボランティア：もうひとつの情報社会』（岩波書店，1992）から示唆を受けた。
（7）実践へのアドバイスに関しては，リクルート社の高橋勝浩氏に貴重なアドバイスをいただいた。
（8）この点は，日本心理学会第69回大会・ワークショップにおいて，東京大学東京大学大学院教育学研究科の岡田猛先生にご指摘いただいた。
（9）プルデンシャル生命保険のエグゼクティブ・ライフプランナーである高塚伸志氏に対するインタビュー，および「プルデンシャル生命保険：生涯顧客満足への使命感（DO IT! 2002 Vol.63）」に基づく。
（10）日経ビジネス（2004.8.9-16号）
（11）松尾（2002）および週刊ダイヤモンド（2003.7.12号）
（12）この点は，常磐大学・NTTアドバンステクノロジ（株）の伊東昌子先生にご指摘いただいた。

付録A プロジェクト・マネジャーとコンサルタントの知識・スキル（関連箇所＝4章）

4章の「IT技術者の経験学習」では，プロジェクト・マネジャーおよびコンサルタントの知識・スキルを類型化したが（表4-1），以下は，彼らの知識・スキルを記述したものである。コンサルタントおよびプロジェクト・マネジャーの知識・スキルは，「顧客管理スキル」，「集団管理スキル」，「概念スキル」，「職務関連の知識」に大別されるが，ここでは，インタビュー・データを基に，主要な知識・スキルの一部を紹介する。なお，ここで紹介する内容は，「平成14年度経済産業省委託調査：我が国ITサービス市場に関するスキル動向等調査報告書」（ITスキル標準調査研究委員会，2004）から転載したものである。

顧客管理スキル

コンサルタントとプロジェクト・マネジャーはともに，「顧客ニーズの把握」や「顧客とのコミュニケーション」を重視していた。しかし，微妙な違いも見られた。すなわち，プロジェクト・マネジャーは，「顧客のプライオリティを明確化する」「できないことを明確に伝える」といった，顧客の要求水準や期待を明確にする**「期待調整型の顧客スキル」**を重視していたのに対し，コンサルタントは，「説得・交渉」や「関係づくり」といった，顧客により深く入り込む**「発見・説得型の顧客管理スキル」**を重視していた。あるプロジェクト・マネジャーは次のようにコメントしている。

> 一言で言うと，コミュニケーション・スキルだと思うんですよ。我々にとって，まず何が一番大事なのかというと，**お客様のご要望を外すと話しにならないんです**。お客様の予算を知らないでやっていたら馬鹿ですし，何を作りたいかっていうところの，ポイントを外していたらダメですし。先ほど言いましたプライオリティ。とことん性能追求型でいくのか，それとも絶対なる信頼性でいくのか，という点を明らかにすることが大事です。

次のプロジェクト・マネジャーも，顧客のニーズを把握し，プライオリティを明確にすることの重要性を指摘している。

> （失敗するプロジェクトの原因は）大規模ということに限らず，出発点における，**お客様との間の整理**ですよね。契約を含めて，要件範囲，役割といった点があいまいな場

合があります。プロジェクト・マネジャーなり，プロジェクト・リーダーが，最終的にどんなものを作るのかということのイメージをちゃんと持っているかどうか。持っていない場合，失敗しますね。当社も，結構失敗しているプロジェクトもあるんです。仕様がなかなか決まらないということがあって，お客様にレビューをお願いして。それでも，なかなか決まらない。うやむやになって，ずるずるといってしまい大問題になったことがあるんです。(中略) お客様と話してみると，当社が出してる検討資料なり，仕様書の観点がズレていたりするんですよね。だから，相手にしてくれない，ということがあるんですよ。お客様とよく話してみると本当はそういう問題だったりもする。

しかし，顧客のニーズを把握し，プライオリティを明確にすることは容易なことではない。次のプロジェクト・マネジャーは，顧客の求めているものを様々な角度から検証することで，顧客のニーズを把握している。

お客さんが色々言ってくるが，何を求めているかを正確につかむ。外すととんでもない方向にいってしまう。そうなると門前払いになる。「なんとなくこんなもんだ」と思ってアプローチするとうまくいかないんです。いかにお客さんが求めているものを正確に把握するか。言ってることを言葉どおりにやってもしようがないわけで，言っている事**柄をいろんな角度から検証**して，「確かにここを求めている」というのを押さえて対応する必要があるんです。

一方，コンサルタントは，プロジェクト・マネジャーに比べ，一歩踏み込んだ形で顧客とコミュニケーションすることが求められている。なぜなら，顧客が自社の問題を意識できていないケースが多いからである。顧客が曖昧な形で抱えている問題点を明確に整理することは，コンサルタントとして重要な仕事でなる。あるコンサルタントは次のようにコメントしている。

コンサルタントとしての役割みたいなものに，いくつかあるんですけど。大きいのは，その相手の立場に代わって，社内で発言してあげる，もう一つはまとめてあげるということだと思うんですよね。よく誤解を受けるのが「自分たちが考えられなかったことを，何か出してくれる」ということ。「そうではないです」と，最初に申し上げるんです。ビジネスをしているのは，お客様自身ですから，ビジネスをしてない人たちに適うわけないですよね。違う観点で見るとか，まとめるという行為が我々の仕事だと思ってます。**「社内で，あなたに代わって発言します」**というのが，一つのキーですね。

顧客の問題点を整理するためには，その前提として，現状を把握しなければならない。次のコンサルタントは，顧客企業の実態をつかむために，独自のやり方を工夫している。

　　話していって，相手が「しまった！内部的なことまで言うんじゃなかった」というようなことまで，できるだけ聞かなきゃいけないんですよね。業務分析，現状把握というのが，そういうことだと思うんです。私がやるときは，必ず二ラウンドやるんです。必ず，同じ部門を二ラウンドやります。まず監督者階層，係長くらいのレベルですね。係長というのは，業務を自分でやりながら，ある程度監督的なことをやってるわけです。その人たちにまず，お話を聞きます。資材の人とか，生産管理の人とかに聞くんですね。その次に，管理者階層，課長とか，部長とかに同じことを聞くんですね。そしたら，答えはおのずと違うんです。(中略) 別々の時間に，全然隔離して聞きますから。どれが真実かってわかりますね。そこをつかまないと，フィードバックしても，ベースが真実でないと全く意味がないんです。

　顧客の現状を把握した後に重要になるのは，「顧客との交渉スキル」「顧客を説得するスキル」である。次のコンサルタントは，最も重要な能力として「説得力」を挙げている。

　　やはり，**納得感のある説得**ができるということが非常に重要なこと。そのためには，いくら押し倒しても，ロジカルに抗議するというのはダメなんです。相手が「やはり，ここくらいは我慢しなくちゃな」っていう納得感がある説得ができる，不安が残らない説得ができる能力が，コンサルタントには一番要求されると思いますね。そうじゃないと，作った仕組みを使わないんですよ。

集団管理スキル

　集団管理に関するスキルは，圧倒的にプロジェクト・マネジャーにおいて重視されていた。集団管理スキルは，大きく三つに区分することができる。一つは，「プロジェクトの目的を明確」にし，「事前にリスク管理を行う」といったプランニング段階のものである。二つ目は，「サブリーダーを動かし」，時に「やって見せながら」「メンバーを方向づける」**実行・方向づけ**段階に関係する。三つ目のスキルは，「チームメンバーから情報を収集しながら」「スケジュールを管理し」「優先事項を明確にしつつ決断する」**モニタリング**段階のものである。この三つのスキルは，いわゆる「プラン（Plan）→ドゥ（Do）→シー・チェック（See/Check）」のサイクルに対応していることがわかる。すなわち，集団を管理するには，事前の目標設定をし，方向づけを行い，メンバーの動

きをモニターしながらスケジュールを修正しなければならないのである。
　あるプロジェクト・マネジャーは，さまざまなリスクを考えてスケジュールを管理し，事前に対策を考えておかねばならないと述べている。

　どういうマネージをしていこうかという計画を立てるというのは非常に重要ですよね。その時点で，いろんなリスクを考えて，それに対する**スケジュールでのバッファとか，要員計画でのバッファ**とか，後は設計面での考慮とか，そういったところを埋め込むんですよね。それをどこに埋め込むか，「どこがこのプロジェクトのポイントなんだ」っていうことを見極めるのが大事だと思います。例えば，一個前に行ったプロジェクトというのが，非常に規模がでかくなってきて，進捗も遅れてきて，品質も後ろの方で悪いだろうと。すごく長い期間，開発するからです。そうすると，必ず後ろの方で，いろんな対応をしなきゃいけない。なるべく上流のほうは人を抑えて，後ろの方に要員計画を積んどいてあげるんです。

　プロジェクトの**全体スケジュール**を把握した上で，重要ポイントを事前に見極めることの必要性は，別のプロジェクト・マネジャーも指摘している。

　まず，マイルストーンを明確にして，作業間の関連をちゃんと作って，どこがクリティカルパス（筆者注：プロジェクト全体を通して最も長い活動の経路）だということを押さえ，全体スケジュールを書きます。例えば，問題のプロジェクトに行って，「スケジュールを見せてくれ」と言ったら，絵などないガンチャートというか，棒グラフみたいな絵だけ書いているプロジェクトもあって。「ここの作業とここの作業は，どんな関連があって，何がクリティカルパスなのか」ということを全部話し合って，最悪私が全部書いて，これでいこうと。まず，そういう**大きなところはちゃんと作った上で**，それをブレイクダウンするということなんですよ。全体をまず，きっちりと。だいたい，まずいプロジェクトはそういうのがないんですよ。

　プロジェクトが大規模になるほど，少数（4，5人）のサブリーダーを通して**間接的にプロジェクトをマネジメント**せざるをえなくなる。二人のプロジェクト・マネジャーのコメントを見てみよう。

　自分で見れるというのは，四，五人くらいですから，**キーマンをちゃんとつかまえる**。見分けて，「技術的な面だったらこの人，マネジメントの面だったら，この人」というように，ある程度，四，五人に絞って。直接コントロールしたり，指示を与える人を絞

ってやりました。その配下は，その人に見てもらうという形で。

その人のスキルと性格というのをちゃんと見極める。こいつは，誰かがいなかったらダメなやつとか，あんまりきつく言ったら反抗的になるとか。何かがあったときに，プロジェクトが忙しくなって残業が増えて，コンビニ食が多くなって，いらいらし始めて，そういう状況になって，人間がどういう風に出てくるか。全然変わらないやつもいるし，切れるやつもいる。全員を見るわけじゃなくて，四，五人ですよ。大きなプロジェクトであっても。キーマンは四，五人。この人間があまり変な風にならなければ，他のヤツも見れる。ずっと監視してるわけじゃなくて，こいつらがまともな方向に動き出せば，こっちから目を遠ざけて，こっち側の人間を見ていったらいい。これがうまく作用しなければプロジェクトはぼろぼろになります。

しかし，プロジェクト・マネジャーは，サブリーダーに仕事を任せるだけでなく，つねに**プロジェクト内の状態を把握**していなければならない。問題が生じたときには，問題の性質を吟味した上で，自らが動いて速やかに解決する必要がある。次のコメントを見てみよう。

サブグループのなかで閉じていてすむような問題と，全体に行き渡る問題というのを見極める。グループに閉じた問題がそのグループのリーダーとその範囲内で解決能力があって，おさまりそうな問題かどうかを判断する。おさまりそうならいいが，グループ間にまたがるような，アーキテクチャーにかかわるような問題については，基本的には解決できないだろうということで，自分が入る。自分が入って，関わるメンバーの主だったメンバーを集めて，「問題の所在」とか，「どういう対策を打つか」ということや，「誰がいつまでに」ということを徹底する。

プロジェクト内に問題が生じているかどうかを見極めるためには，**普段からの情報収集**が鍵となる。次のマネジャーは，サブリーダーが上げてくる情報の正確度を把握し，多面的な情報収集を行っている。

その人の入れてくる情報の正確度というのを，最初から持っているんですよ。つまり，こういう分野で言ってくるなら，その人は正しいけど，こういう分野で言ってくると，「自分が辛いだけで言っているな」というのを，個人別に大体マッピングしてあるんですよ。それと，一方だとダメなので，対面情報をどう取るかということ。対面情報の取り方は二つあって，一つは，SE組織でやっていますと，そのプログラムの開発部署とか，

社内の工場とか，仕事の仕方を横の立場で見ている人たちがいるわけですよ。そこから，どう見えるかというのを日ごろから聞いておいて，自分が思っていることの精度を上げていくんですね。もう一つは，なかなか最近は難しくなってきているのですが，若い人の情報がまっすぐ上がってくるルートを作っておくんです。

トラブルが生じる危険のある場面において，プロジェクトリーダーは，**自ら手本を見せる**ことでサブリーダーを教育しつつ，プロジェクトを進めなければならない。あるプロジェクト・マネジャーは次のようにコメントしている。

揉めそうなときだけですよ。自分で「こうやりますということで。こういう風にしたい」ということをやって，どういうスタイルでやるか彼が見るわけです。あるところまで，それをやりまして，**あるところから切り替えて，全部やってもらうんですよ**。私は，横にいるんですけど，見てるんです。それでやり方についてのディスカッションみたいな形で「これは合ってると思うけど，これは外してると思う」とか，「考え方はいいけど，アプローチの仕方がまずいから，誤解を招く」とか。

概念スキル

コンサルタントは，プロジェクト・マネジャーに比べ，概念スキルを重視する傾向にあった。概念スキルの中心である「問題発見の能力」「問題分析能力」は，「一般的な思考能力」と問題を分析するための「理論・手法」，および両者を結びつける「応用力」によって支えられている。ここでいう問題発見能力とは，「問題をはっきりさせる」「変化が何かをあぶりだす」「本質を理解する」等の能力を意味しているが，この能力は，論理的に考える力と，問題を分析するための理論や手法の知識，そして，理論・手法を現実に応用する力から構成されている。

コンサルティング業務の本質について，あるコンサルタントは，次のように述べている。

問題さえはっきりすれば解決できるんです。

このコメントは，コンサルティングという業務の本質が，問題の発見にあることを示している。これに対し，プロジェクト・マネジャーは，顧客から提示された**問題をより明確**にするためのスキルが要求されているようである。設計会社に勤務した経験のあるプロジェクト・マネジャーは，顧客が希望していることを一枚の絵で描くようにしているという。

付録A

　お客さんがあるシステムをつくりたいというのを，1週間くらいで教えてもらったやつを，**一枚の絵で描いた**。絵を描くというのは前にいた設計会社で学んだことなんですけど，その絵で全部が見えてしまった。このシステムはこうあるべきだと。それが答えではないですよ。ただ「私が一週間で話を聞いたものだとこういう絵になります」と。その絵がウケて，それがベースにシステムがつくられた。

　問題を分析していくには，**論理的思考能力**も欠かせない。次のコンサルタントは，顧客の考えを整理する際に，論理的に考えることが重要であると指摘している。

　ある会社とトラブルがあったので，出て行ったことがありました。私が呼ばれまして，会長と何べんも会いまして。でも，言ってることがよくわからない。言いたいことを，全部文章でお書きになるんですよ。その文章でお書きになった要素を抽出してきて「結局，会長が言っておられたことは，こういうことですよね？」と論理展開したわけです。昔の方って文章を書かれるじゃないですか。やはり，あそこまで原点に戻って，自分で理解して，おっしゃったことを構造体として，箱を書いて，それをパワーポイント，OHPで整理して，要求をブレイクダウンして，システムに追い込んで。こういうクセを徹底的に教えられましたね。お客様との会話の中で，**言っていることを整理する**。自分が理解できていればいいんですよ。理解できていないときには，きちんと申し上げるということが鉄則であって。おかしいことを，おかしい，間違っていることを間違っていると言わない人が非常に増えてるんですよ。

　あるコンサルタントは，企業の問題点を分析する**メソドロジー**（手法・方法論）の一種である「真因訴求法」について次のように説明している。

　基本的なやり口はそのメソドロジーの中に規定はされていますが，入り口はKJ法なんですよね。まず，表面上の問題をとにかくウワーと出していただく。極力定量的に三行で書いたポストイットカードを大量に集めてですね，それをKJ法だから島作りをやっていって，全体の構図が俯瞰できるような形に整備をしていって，問題の構造ができて，因果関係とか，どれが親だとか子だとかできますよね。「どうもこの辺がヘソっぽいですね」というところから，それに対して「これはなぜ起きているのか」ということを逆にバァーと展開して，これ以上行くと政治の問題になってしまうという手前のところで，どれが真因かということを決める。**これが真因だというところをざっと整理**して，「これだけ三つを解決できたら，そもそもの目的であるこれは解決しますね」ということで合意をとって，今度はこの真因から「逆にこのために何をしないといけない」という課

題を展開し，ここからトップランでバーといく。そういうやり方です。

　この他，コンサルティング業務に必要な「各種分析スキル」としては，「マーケティング・リサーチ」「財務分析」「ドキュメンテーション・スキル」「企業の定量分析」といった分析方法が挙げられていた。

職務関連の知識
　職務関連の知識は，職務で使われる**技術的知識**と，現場における**業務知識**の二つに分かれる。プロジェクト・マネジャーが最も強調していたのは，コンピューターに関する「技術的知識」であった。例えば，「コンピューターの基本」「プログラミングのスキル」「ハードウェアの知識」「データベースの知識」「システム全体の知識」といった知識である。また，これらに関係する知識として「モノづくりのプロセスの理解」が指摘された。ただし，インタビューの中では，「技術的知識は重要であるが，**あくまでも前提条件**であり，優れたプロジェクト・マネジャーの決定要因とはならない」というコメントが多く見られた。

　技術的知識とマネジメント・スキルの重要性の割合について質問したところ，あるプロジェクト・マネジャーは次のように答えている。

　　私はやはり幹部社員になるときから，半々くらいかと思っている。私は３７歳のときに（管理職に）なったから，そのとき，**エンジニアリングが五割で，五割がマネジメント**。部長になったら少し上がって，事業部長になったら，七，八割がマネジメントで二割くらいがエンジニアリング。ただその二割のエンジニアリングというのは，エンジニアリングの割合が少なくなればなるほどエッセンスは貯まっているんじゃないかと思う。

　また，業務知識に関しては，業務知識そのものよりも，**業務を理解する力**が重要であるという意見があった。次のコメントを見てみよう。

　　例えば，生産管理にしても販売管理にしても，お客さんのほうが業務やその理解のしかたにしても詳しい。自分で業務の仕事をしているのだから詳しいし，理解が及ばないのは当然だと思っている。我々が業務知識をつけたにしても，違うお客さんを相手にシステムを作るのだから，同じ業界でも相手が違うから，いくら業務知識を知っていても，我々の言っているようにやってくれることはまずない。業務知識は必要がないとは言わないが，**それよりも理解力**だと思う。基本的にお客さんの言っていることが理解できて，聞いているなかで，お客さんのやりたいことを理解して，矛盾を見つけたり，それを整

理して，システム化することのほうがよっぽど大事だと思う。

同様に，次のプロジェクト・マネジャーは，クライアントから業務の話を聞き，**業務のポイントや問題の所在**をつかめばよい，としている。

> 自分でポイントを探すわけではなくて，いわゆるヒントは教えてもらえる。「具体的にここがポイントなんだよ」と。何でこういうものができるのかわかればいいんだと。ただ「それは１０年かけて覚えるんだ」と言われたときに，それはそれでサラッと聞き流しておいて，ココがポイントだと思って，あとは自然に仕事の中で色んなヒントが出てきて，なるほどと思うことが出てきたりとか。(中略) **全て覚える必要はなくて，あるポイントだけ覚えて**，認められると後は普通の会話ができる。そこまでもっていけば，どこかのプログラムが作れるけど「業務がわからないヤツ」と思われずに，「ある程度この業務なら会話ができるぞ」というところまで持っていけばいいわけです。

特定領域において業務改善を中心にコンサルティングを行う**業務コンサルタントの場合**には，会社の仕組みや現場に関する業務知識が重要となる。製造業を得意とする業務コンサルタントは，次のように述べている。

> 我々が行くでしょ，ネクタイしていって，スーツ着ていって，呼びつけて，ヒアリングしますよね。「こいつは，何もわかってない」と，「大学で勉強してきただけだ」と，こういうものがものすごいあるんですね。そういうときに，実際現場でやってるようなテーマに触れて話をすると，「確かにこの人は現場でやったことがある」ということは，やはり先方にわかるんですよ。我々，経営戦略を立てたりとかいうコンサルタントではなく，基本的に業務系の改革をするコンサルですから。実際に作業がどうやって行われているかということを知っているか知らないかということは，相手がどれだけ，胸襟を開くかということに，すごく影響を与えるんですね。そういう意味では，（業務知識は）非常に役に立ってます。

付録B　プロジェクト・マネジャーとコンサルタントの経験学習（関連箇所＝4章）

4章の「IT技術者の経験学習」では，プロジェクト・マネジャーおよびコンサルタントの経験を類型化したが（表4-2），以下は，彼らの経験を記述したものである。以下では，プロジェクト・マネジャー，およびコンサルタントの主要な経験学習を，初期（～5年目）・中期（6～12年目）・後期（13年目～）という3つの発達段階毎に，インタビュー内容の一部を紹介する。

なお，ここで紹介する内容は，「平成14年度経済産業省委託調査：我が国ITサービス市場に関するスキル動向等調査報告書」（ITスキル標準調査研究委員会，2004）から転載したものである。

プロジェクト・マネジャーの経験学習

プロジェクト・マネジャーは，初期段階（入社から5年目まで）に，「SEとして，プロジェクトの部分的な仕事を担当」したり，「プロジェクトのサブリーダーとして，5～6名のメンバーを指揮するという経験」を通して，ITに関する基本的な技術や知識を身につけていた。初期段階における仕事について，あるプロジェクト・マネジャーは次のように述べている。

> このときは，プログラムの担当者でしたから，お客様が厳しいと感じることはなかったですね。直接交渉することもなかったですしね。**システムの仕組みも，この時期に勉強したり，調べたりしました。**

このマネジャーは，プログラム担当という完結性の低い，限定的された仕事の中で，システムの仕組みに関する能力を磨いていたことがわかる。別のプロジェクト・マネジャーのコメントを見てみよう。

> 入社1年目から5年目で見ますと，最初に入ったところが信用金庫の共同センター。金融機関ですね。仕事としては，アプリケーション，OSだとか，ミドルだとか，システムSEという仕事を5年くらいやってました。**システムの基本となるのは，この時期に身につけたんですね。**生でOSだとか，ネットワークだとか，自分自身で実体験が積める環境にありました。3人から5人のグループの一員ですから，大きなグループではないですね。

中期（6年目から12年目）になると，多くのプロジェクト・マネジャーは，小・中規模のプロジェクト（数十名のメンバー）のリーダーとして，「顧客とのコミュニケーション」スキルを獲得し，「ものづくりの全体像」を理解する傾向にある。次のコメントを見てみよう。

　　中堅期というのはですね，当初ＳＥが30～40人程度いて，技師としてまず参画いたしました。お客様の要求仕様，性能に重視を置く，信頼性に重視を置く，運用性に重視を置く，金融機関さんは，皆どれも大事だとおっしゃるので，その中でも高いなりの順番をどうつけるかっていうのがあります。（中略）ランクが上がってきたときに，**課長相当のマネジメントが出てきまして，プロジェクト全般を見てどうかという仕事です**。プロジェクト全体で，ああである，こうである，工程的に何が遅れている，何がトラブルが起きていて，回収が遅れていて，問題になっているか。お客様の思いと我々の思いがマッチしているか。そういったことを，途中からやり始めました。

　このマネジャーのタスクは，徐々に，部分的な仕事からプロジェクト全般をマネジメントする仕事へとシフトしていることがわかる。それにしたがい，責任の度合いや必要なスキル・レベルも上がることになる。次のマネジャーも，プロジェクト全般を管理する仕事を経験することで，ものづくりの視野を広げ，顧客とのコミュニケーション能力を高めたと述べている。

　　7，8年目に，100名の大きさのプロジェクトを経験しました。海外で20名，国内で80名というオーダーです。その前は，OS全体の，あるコンポーネントのリーダーでしたので十数名ですね。（中略）**見なきゃならない技術領域がかなり広くなりますから，視野の広さが必要になります**。トラブルも，お客様から出てきたトラブルと，自分がプロジェクトを進めていく問題と，あと，例えば人が辞めたくなったとか，プロダクト品質の問題，お金の問題もありますね。あまりITのスキルと関係ないんですけど。（中略）なぜそれが問題となったかという背景をよく知るということで，問題となっているということは何者かが期待していることに対してその通りになっていない，ということだと思うんですよ。「もともと期待されていることは何だったんだろう」と，「それが乖離していることは何ですか」と。表面的な問題ではなく，本質的な問題を把握することが，問題で困っていることに対して嬉しい解決になるんじゃないかな，と思うんです。

　このマネジャーは，規模の大きいプロジェクトを経験することで，プロジェクト全体

を眺める能力や，顧客の期待と現状のギャップを埋めるための問題把握，といったより高度なノウハウを身につけたことがわかる．

　後期（13年目以降）において，プロジェクト・マネジャーは，大規模プロジェクト（100名以上のメンバー），あるいは品質基準等が厳しい顧客とのプロジェクトをこなし，，サブリーダーを活用した間接的なマネジメントや顧客と折衝するスキルを学んでいる．つまり，集団内部の管理と顧客の管理に関して，よりレベルの高いノウハウを学習しているのである．次のプロジェクト・マネジャーのコメントを見てみよう．

> マルチベンダーのプロジェクトなんですが，非常に厳しいお客さんで，ここはシステムの能力の限界ギリギリまで使おうとする．だから，システムとして余裕がない．運用上何かあると大きな問題に発展してしまいます．だけどお客さんはそんなものは許さない．こういうパターンのお客さんだから，品質だとか，作業品質だとかそういうものが厳しいんです．（中略）**120人，150人になると隅々まで目は届かない．そうすると，間接的にやらざるをえない．**間接的にやるには，サブリーダーをどこまで信頼するか，サブリーダーがどこまで信頼できないかをおさえておかないと．それぞれのサブリーダーの特性をよく見ておかないとうまくいかないし，動かし方も違う．ガンと言えばやる人とおだてないと動かない人もいるし，難しいです．まず末端までいくことはないけど，サブリーダー，その下にいるくらい，先二段階くらいまで，いかに浸透させるかがむずかしいし，それをやらないとうまくいきません．

　一連のインタビューの中で，30〜40人の中規模プロジェクトと100人以上の大規模プロジェクトでは，管理の仕方が異なるというコメントが多く見られた．上記のマネジャーは，品質に厳しい大規模プロジェクトを経験することで，サブリーダーを通した間接的な管理のスキルを習得している．一方，失敗の経験から大規模プロジェクトの運営に必要なスキルを身につけたマネジャーもいる．あるプロジェクト・マネジャーは次のように過去の経験を語っている．

> 私が一番悩んだのは，ちょうど40歳ごろのことなんですけど．一つのプロジェクトで大赤字を出しました．プロジェクトを管理することと，アーキテクチャーどうのこうのということは全く違うなあと思いました．プロジェクトはどっちかというと軍隊ですよね．極端なことを申し上げますと，軍隊というのは，100人殺すかわりに1000人を救うだとか，ここの拠点を取るんだとか，そういう生死与奪権が将校に与えられていると思うんですよね．プロジェクト・マネジメントというのは，まさにこれだと思うんです．ここを躊躇したら全員死んでしまう，というんですか．お客様との間のやり取りもですね，

お客様の言い分だけを聞いたら，味方を殺してしまうことになりますよね。そこをどうやるのかがプロジェクト・マネジメントだと思います。で，そこの思いっきりというんですか，これはアーキテクチャだとか理路整然とした世界ではない。一種の戦争とはいいませんけども，そういう強い意志であったり，全体を組織として統率するというんですか，それは今までの話とは違うなあと。これで猛烈に苦労してですね。2年半かかったんですけど。ボロボロになってフラフラになって，正直あのとき，窓が開いていたら窓から飛び降りたかもしれないくらい精神的にも追い詰められましたし，つらかったというのもあってですね。そういう指示する指揮系統のヘッドに立つということは，いろんな人の思惑があるんですが，下にいる人に対しても相当厳しい気持ちを持っていないといけないと，つくづく思いましたね。

このマネジャーは，大赤字となった大規模プロジェクトを経験したことで，「優先順位を明確にした上で，決断する力」が必要となることを学習している。必ずしも全てのプロジェクト・マネジャーが失敗の経験をしているわけではないが，運営が難しい大規模プロジェクトを経験することで，各マネジャーは，プロジェクト・マネジメントについての中核的なノウハウや知識を習得していると考えられる。

コンサルタントの経験学習パターン

次に，コンサルタントの経験学習プロセスを検討する。プロジェクト・マネジャーと同様に，キャリアの段階を初期・中期・後期という三つのステップに分けた上で，経験の特性と獲得されたノウハウを検討した。

コンサルタントは，初期段階において，プロジェクト・マネジャーと同様に，SEとしての部分的な仕事に従事するケースが多かった。サブリーダーとしてプロジェクトの一部を担当するという意味ではプロジェクト・マネジャーと同じキャリアを踏んでいる。これに対し，プロジェクト・マネジャーと異なる特徴は，「CAD，CAMのマーケティング・リサーチ」「大量データ解析」「海外の大学との共同研究」「外資系の会計事務所でのシステム監査業務」「販売物流システムの提案」といった専門的な業務を単独で遂行した経験を持つコンサルタントが多かったという点である。こうした経験は，コンサルタントに必要な専門能力や仕事の全体像を把握する力を養うのに役立っているようである。

ITを使った業務提案をする業務コンサルタントの場合，SEの経験が重要になる。あるコンサルタントは次のように述べている。

コンサルタントというと一人一人が自分のスタイルをだすので，私の今のコンサルティ

ングの仕事はSEの経験がなければありえない。おとしどころは，経営改革というよりは「戦略的情報システムをこういうふうに導入しなさい」というほうだから。

業務改革を専門とするあるコンサルタントも次のようにコメントしている。

人が作ったプログラムのメンテナンスをずっとやっていたんですけども。100本くらいやったんで。そこで，プログラムの構造の世界，改めて，**業務に関する知識みたいなものを身につけられた**という感じはありましたね。（入社して）半年くらい，一年以内の世界の話です。ユーザーの開発中のプロジェクトに入って，それの最後の部分をずっとやっていたという感じです。

一方，初期段階から専門的な業務に従事するコンサルタントも多い。業務コンサルタントを経て，現在，経営コンサルタントをしている人のコメントを見てみよう。

フィールドのエンジニアでなく，ディシジョン・サポート・システムという特殊なシステムエンジニアをしていました。DSSという，MIT（注：マサチューセッツ工科大学）から理論を導入して，アプリケーションを作って，クライアントの先へ行って，ディシジョン・サポート・システムのソフトウェアをどう導入するかというサポートを当社の中でやっておりました。15年間，私がお手伝いしたクライアントは，ほとんどは経営企画部か，経理部の方であって，コンピュータ部門の人とは，あまりお会いしていない。これは，コンサルをする上で大変役立っている。もう一つは，何でもやるわけではなくて，DSSという理論を，入社してからすぐ共同研究してこしらえたものですから，**一つの理論と実践を持ってると自信がわくわけですね**。それは私にとって，大変良かったと。

次のコンサルタントは，大学院在学中に公認会計士の資格を取得し，外資系の会計事務所で監査を行った経験から「会社のしくみ」を理解したという。

5年，公認会計士として大手企業の監査をしました。監査は売上から費用まで全体が見えますから。全体を見て，色々な企業を回ったという経験が5年あります。その経験をベースに，「**会社とは何なのか**」ということが分かって，「何でこういうやり方なのか」ということが疑問も含めてわかるわけですね。

中期では，多くのコンサルタントが，小・中規模のプロジェクト・リーダーとして，未知の課題を自分の力で乗り切るという経験を持っていた。彼らは，こうした経験を通

して，経営の全体像を把握し，各種の分析スキルを習得している。ただし，この時期にすべての人がコンサルティング業務に就いていたわけではない。小売分野の業務改革を専門とするコンサルタントは次のようにコメントしている。

> その当時は，小売，流通関係というのは，お客様自身とまさに一緒にやれるという環境の中でやりましたね。技術的な世界はそうなんですけど。お客様によって，技術だけやってという場合もあれば，アプリケーション開発を一緒にという場合もあります。アプリケーション的には，百貨店さんなんかで，「友の会」というようなシステムをやりましたね。あれをリアルな仕組みで立ち上げたときに，リアルオンラインで立ち上げたときに，**まさに一からやったという感じ**でしたね。

現在の職につく前に小さなソフトハウスに勤務していたコンサルタントは，次のような経験をしている。

> 顧客の要求は厳しかったというか，とにかく皆何もやったことがなかったですから。今までメインフレームでやってたものを，今だったらネットワークでいろんなことをやるというのは，当たり前ですけど，その当時，**誰もそんなことをやったことがないので。**UNIXの芯があって，それをLANでつないで，それでプログラムの作り方もどうやって作るのか全然わからないわけですから。本の上ではわかっていても，実際にやるというのは難しいですから。それは，皆手探りです。そういう形で，机上でいろいろこういう風にすればいいとかいうことを実践でちゃんとやれたというのですね。ここのところは，技術的には自信がついたということと，それからプロジェクトをまとめるということと，お客様と話をするということが身につきました。

後期において，コンサルタントは，プロジェクト・マネジャーと同様に，大規模プロジェクト等の困難な仕事を経験する傾向にあった。こうした経験を通して彼らは，顧客と深くコミュニケートする能力，論理的思考能力，分析能力を習得している。あるコンサルタントは次のようにコメントしている。

> SEの数だと当社よりも多いかもしれないという**大手情報サービスの人材開発のコンサル**ティングを行いました。基本的にはコンピテンシー・モデリングですね。（中略）組織だとか，そういったものをどうやって設計するのか，具体化するのか，それをどう定着化させるんだと，そういうところの新たな経験ですね。広い範囲の動きにしようとするとトップの思い入れとか巻き込みとか，前面に出ていって色々やらないといけない。役

員層を含むステークホルダー・マネジメントだとかです。それからより目に見えない世界になっていくから，制度組織とかなると，**論理的思考力というのが非常に大事になります**。初級レベル期の説得力をはるかに超えた，ビジネスマンとして筋の通った，腹に落ちる話です。どういうふうなプロセスにすればそういう論理的思考力が発揮された思考過程とか成果物になるんだというのが描けたりしたかなと思います。

　このコンサルタントは，大規模なコンサルティング業務を経たことで，顧客に深く入り込み，役員層を巻き込んだ説得スキルを習得している。次のコンサルタントは，失敗の経験を通して，コンサルティング提案のあり方について学習している。

　情報システム基盤を作るのにコンサルが必要だというんで，何人かまとめて入ったんですよね。私一人で入ったんではなくてチームで入ったんですけどね。ところが，**政治的なことが，いろいろごたごたあって**，何か，当社が入るということはトップの方で決まってしまってて。（中略）現場がやはり納得してなかったんですよ。で，当社の方法論というよりも，自分たちが「今まで○○社から学んできたほうのがいい」というのがあったらしくて，あれこれとケチをつけるというか。「そういうやり方ではおかしい」とか。やはり，コンサルというのは信じてもらわないと困るので。（中略）それから先のとりまとめを，こういうようにしようかな，と思ったときに「あなた外れてください。人を変えないと，お客様が納得しないから」ということで私が抜けて，違う若い人を入れて，向こうのやり方に，「はいはい，そのとおりにいたします」という形にしちゃったんです。こっちのやり方というのを一切出さないで。お客様に合わせて，カスタマイズして進めますという形にして。これは私にとっては非常に勉強になった。

　こうした経験は，コンサルタントとしての姿勢を考え直すきっかけとなったようである。同じコンサルタントのコメントを見てみよう。

　だから，コンサルティングをするというときにも，**一貫して，「こういうのをやる」というのを貫き通さないといけないと思いました**。お客様が「違う人を連れて来い」と言ったからといって「はいはい」とやってると，やってることの一貫性が全然なくなるし。そうすると，当社は何を考えているのかと，結局は言われてしまうというところですよね。（中略）それから，我々，生産技術をコンサルするグループとしては，個人がどうのこうのって仕切っていくやり方よりも，むしろ生産技術のツールみたいなものを作って，そのツールをベースにして，お客様に提供していく。そういうやり方のほうが，バラつきがなく，品質のいいものができる。ツールを作る方法論みたいなものを固めて，

それをベースにして提供する。「それプラス,コンサルですよ」という形に変えたんですね。それで失敗が大分なくなりましたね。

上述した二つの事例は,上級のコンサルタントにとって,顧客企業内の関係者をとりまとめて合意を作っていくスキルが重要になることを示している。

付録C　ITコーディネータの知識・スキル（関連箇所＝5章）

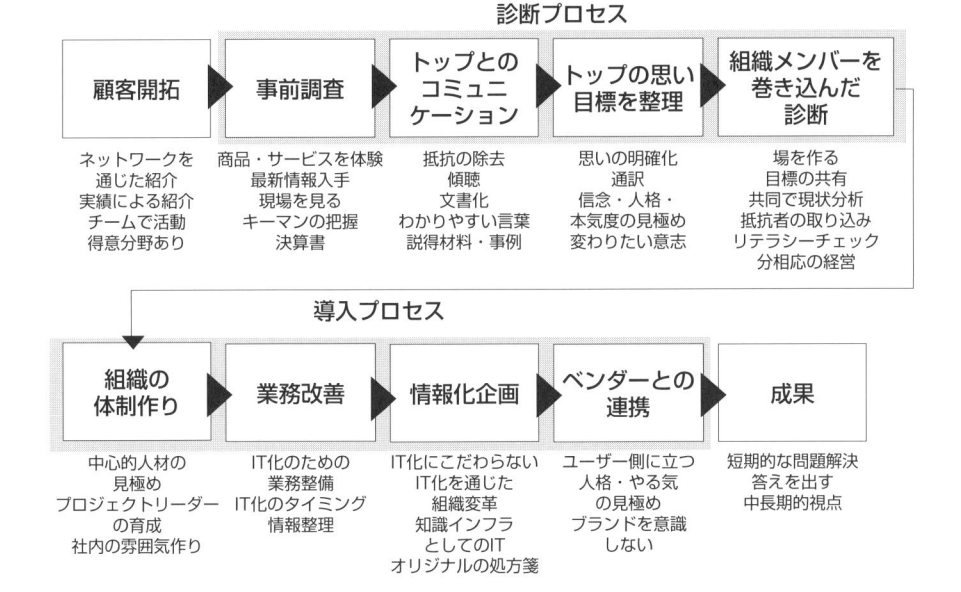

　5章では，ITコーディネータの信念について分析し，彼らが顧客志向の信念と目標達成志向の信念を持つことが明らかになった。ITコーディネータの信念をより深く知るためには，彼らが職務を遂行する上でどのような知識・スキルを持っているかを理解する必要がある。以下では，業績プロセスに沿ってITコーディネートの知識・スキルを紹介する。なお，ここで紹介する内容は，「平成14年度経済産業省委託調査　地域高度IT人材の動向調査報告書」（産業能率大学，2004）から転載したものである。

ITコーディネータの知識・スキルの概要

　図C-1は，ITコーディネータ（以下，ITC）に対するインタビュー・データを，業務プロセスに沿って分析した結果である。このモデルは，データ分析を通して浮かび上がってきたものである。ITCの活動内容は，大きく，次の二つのプロセスに分けることができる。

　診断プロセスには，「事前調査」「トップとのコミュニケーション」「トップの思い・

図C-1　ITコーディネータの知識・スキル

診断プロセス

顧客開拓	事前調査	トップとのコミュニケーション	トップの思い・目標を整理	組織メンバーを巻き込んだ診断
ネットワークを通じた紹介 実績による紹介 チームで活動 得意分野あり	商品・サービスを体験 最新情報入手 現場を見る キーマンの把握 決算書	抵抗の除去 傾聴 文書化 わかりやすい言葉 説得材料・事例	思いの明確化 通訳 信念・人格 本気度の見極め 変わりたい意志	場を作る 目標の共有 共同で現状分析 抵抗者の取り込み リテラシーチェック 分相応の経営

導入プロセス

組織の体制作り	業務改善	情報化企画	ベンダーとの連携	成果
中心的人材の見極め プロジェクトリーダーの育成 社内の雰囲気作り	IT化のための業務整備 IT化のタイミング 情報整理	IT化にこだわらない IT化を通じた組織変革 知識インフラとしてのIT オリジナルの処方箋	ユーザー側に立つ 人格・やる気の見極め ブランドを意識しない	短期的な問題解決 答えを出す 中長期的視点

目標を整理」「組織メンバーを巻き込んだ診断」といった活動が含まれる。導入プロセスは，「組織の体制づくり」「業務改善」「情報化企画」「ベンダーとの連携」から成っている。なお，診断プロセスの前段階として「顧客開拓」活動があり，実施・導入プロセスの結果として「成果」が現れる。ただし，診断プロセスと導入プロセスに含まれる活動の順序は，ITCによって，またプロジェクト毎に若干異なっていた。以下では，図C-1に沿ってITCの知識・スキルを紹介する。

顧客開拓
「ネットワークを通しての紹介・依頼」

　ほとんどのITCは，既存クライアントからの紹介・依頼によって顧客を開拓していた。ただし，紹介をもらうには，実績や評判が必要である。その際，ITCが構築した独自のネットワークが重要な役割を果たしていた。あるITCは次のようにコメントしている。

　　うちがかかわったのが四百社くらいありまして。徳島，香川，高知，和歌山のあたりで動いてます。全部，お客さんを自立化するんです。それで全部自分でできるようになって，うちはいらなくなりますよね？うちはお金が入らなくなるんです。だけど，お客さんは喜んでくれて。不思議とそういう仕組みにしちゃった。ただ，過去にやったところから紹介してくるんですよ。

　地域の企業人を集めて研究会を立ち上げる方法をとっているITCは次のように語っている。

　　「中小企業がIT化するのに，何も東京，世界に売るなんていう話でなくて，ローカル・トゥ・ローカルで使えるんだから，電話と同じように，携帯とかインターネットとかが使えるようになったら，いいんじゃないの？」というように**こっちで仕掛けるわけです**。仕掛けると，「面白い」と皆が乗ってきてくれて，僕らの活動費は産業省さんから若干出てますから，それを使って，いろんな会合をやって。通常だったら研究で終わりなんですけど「じゃあ，やってみようと」皆さんが自分のお金で動き始めるわけです。月々2万円ずつ，ウェブサイトを構築してチラシ作って「僕がケーブルテレビ呼んでくるから」と言って，コーディネートしていってスタートしようというような活動がすごく多いんですね。

ITCとして活動する際に重要なことはパートナー探しと，チームとして活動することである。あるITCは「相互補完関係を組める相手はたくさんいる」と指摘する。特に，経営系と情報系でチームを組むことが有効であり，どれくらいたくさんの仲間がつくれるかが鍵となる。次のコメントを見てみよう。

> ITコーディネータでも，パーフェクトに一人でできる人はいない。だから**やっぱり情報系の人とペアでいくのが一番いいと思う**。お互いに自分の強みを活かせますからね。

ただし，地域におけるネットワークを構築することは容易ではない。単に地域のコミュニティに入り込むだけでなく，そのコミュニティにおける活動の質が重要となる。あるITCは，「30代は青年会議所の仲間と遊びまくったので，そのころの仲間が社長になっており，今ではツーカーで話せる」状態にあるという。その中で，強力なネットワークを作るには，①常に新しいことをやって情報発信し，魅力的なコンセプトを出す，②討論のコーディネートを行い，その中から新しいアイデアを出す，③的確な判断力で，的確な人材に仕事を振る，④仕事を振ったらフォローする，といった活動が要求される。こうした活動を通してはじめて有効な地域ネットワークが構築されるのである。

さらに，分野にこだわらないITCもいれば，特定領域を中心に案件をこなすITCもいた。あるITCは，次のようにコメントしている。

> 食品はたまたまです。事業団にいたときもそうだし，会計システムのお客さんも食品会社の方が多かった。支援でも食品が多いんです。偶然だと思います。特に製造の方から入ってますので，横展開というのがきくんですね。食品でも，途中までは工程が一緒ですから。だから新しいものが出てきても大体対応できる。確かに，**自分が全く知らない業種はやりたくない**。ある程度わかっているということは必要です。

事前調査
「現場を把握する」

長年コンサルティング活動に携わっているITCは，「案件が成功するかどうかの80％が，戦略策定前の事前調査によって決まる」と述べている。このITCは，まずインターネット等で最新情報を入手し，決算書をベースに現場を見ることを重視する。その際，社員にはヒアリングせずに自分の目だけで調べ，面接の時に相手の話したことを現場データ

によって検証するという。次のコメントを見てみよう。

　　会計士の方とは決算書の見方がかなり違いますので，調査はシビアにやります。**国税がやる以上にシビアにやりますから**。大げさにやらずに，さりげなく在庫商品をちらっと見て，メモを3つくらい取って，現場に行って，「本当にあるの？」って見るし，「ほこりかぶってないの？」って見てくるし。思いきりほこりかぶってそうなやつと，思いきり動いていそうなやつをメモしてくるんですね。国税のやり方です。現場なんて機械の下しか見ません。モノができてる上なんて絶対に見ませんよ。常にデジカメを持っていって写しますから。現場で社員にインタビューはしません。自分の目を信じてやります。言葉は聞いても信用できないから。

　イメージを持つためにも現場を見る，というITCは多い。現場調査の順序としては，経営者との面接前に実施するITCと，面接後に実施するITCがおり，各自のスタイルによって異なるようである。また，現場調査に割く時間についてもさまざまである。次のITCは，初期調査に時間をかけて，社員とコミュニケーションすることを重視している。

　　私は，コミュニケーションが結構うまく，人が話したがってくれる。言いたいことを言わせる。「真剣に聞いてくれてる」と相手は思っている。いくらでも話してくれる。話しているうちに相手が，ふと気付くことがある。私としても，本音の情報が得られる。彼らと友達になるために，現場に入っていくでしょ？インタビューしながら，**現場で仕事を見ながら友達になる**ことによって，後からいろいろ言ってくる。そんな関係になっているから，上から来たことを落とせる。その辺のことは分かってるから，社長も私の言う事は聞いてくれるんです。私が行けば無駄にならないから。

　あるITCは，事前調査の際に，キーマンを見つけることを重視している。

　　デシジョン・プロセスのない企業というのがあります。それは例えば商店街の小さな会社さんであったり，地域の小さな下請企業さんであったり，そういう会社がいっぱいあります。で，そこはね，デシジョン・プロセスはないけど，**キーマンがいるんです**。社長がキーマンとは限りません。奥さんがキーマンであったり，息子さんがキーマンであったり，おじいちゃんがキーマンのときもあると。それはもう一点集中型なんですね。そのキーマンをいかに見つけて，いかに理解して頂くかという事なんですよね。

次のITCは，財務諸表や業務プロセスを見る前に「現場のやる気」に注目するという。

> 私の場合は，現場のやる気を見てます。組織力というのは，四つのパラメーターの積で決まると思う。「組織力＝個人の能力×個人のやる気×人数×方向の一致度」，この四つで決まる。個人の能力とやる気の積で，一人の人間が出してこれるアウトプットとなる。個人のアウトプットは，「能力×やる気」で決まる。どんなに能力があっても，やる気がゼロだったら，アウトプットはゼロ。しかも，能力は，こんなに激しく動かない。だけど，やる気は，ものすごく激しく動く。だから，「やる気」を維持できるかどうか，**皆が目を輝かせてやってるかどうか**，というのを見ます。一番の土台の部分。それをやらないで，業務のプロセスを見てもだめだし，ましてや，数字なんかを見てもダメ。

トップとのコミュニケーション
「トップと話さないと始まらない」

中小企業の場合には，「トップに会えないとやらない」「社長に会わないと始まらない」という意見が多く見られた。ITを導入する際には，経営戦略から検討する必要があるが，最初から経営戦略の話をさせてくれる経営者は少ないという。社長の抵抗感を取り去り，経営戦略の話しができる状態にすることが重要となる。次に挙げるITCのコメントを見てみよう。

> やっぱり腹を割らない間は，じっと見てるんですよね。「ベンダーと同じ事を言ってるな」とか「この程度の知識かな」と思われると，もうここで終わりですから。「どうもご苦労様でした」ということで。そこの入り口の入りこみ方が，非常に難しいですよね。商売するというのは，生活がかかってますので，非常にシビアな方が多いんですよ。そこをいかにして，**信頼関係を15分くらいで築けるか**という意気込みで行かないと。忙しくて，なかなか30分，40分とはできないので。いきなり情報化企画で行くのではなくて，「実は，IT化をしないと，こういうことになりますよ」という部分と，「世の中はこういう風になってますよ，政府はこういうことをやってますよ」という説得材料を四～五個用意しておいて，相手の顔色を見ながら，こっちかな？と出していきます。全部ダメだったときもありますけど。まず，説得力は大事だと思います。

また，次のITCは，社長の人柄を見極めることが大事であると述べている。

人となりで見てるとわかるんですよ。二人でお茶を飲みに行ったときに，最後は伝票を持ちますよね。250円くらいのコーヒーを飲んでも500円ですよ。その伝票を会社回しにする人がいるんですよね。これは，非常に人格を疑いますよ。そういう人は，絶対にダメですよね。それをやったら，次は専務に行くか，常務に行くかして，その人とはあまりコミュニケーションをしない。というのは，自分のものじゃないという頭が出てるんですよ。たった一杯のコーヒーを，別に財布がなかったら別ですけど，あるんだから「○○さんは，よく来てくれるから，ご馳走」としてくれるのが，気持ちでしょ？汚い町工場でも，汚い油手で，お茶を入れてくれて，見てたら中で一番いい湯飲み茶碗に入れてくれてる，そっちの方がありがたい。そういう人の方が，インセンティブしやすい。「社長，おいしいお茶いれてくれましたね」と。今度行くときは，必ず菓子折りを持っていくんですよ。「この前のお茶に，このお菓子が合うと思って」と言うと，コミュニケーションが取れるわけです。

次のITCも，経営者と最初に面談したときに，成功するかどうかの見極めがつくという。

いやほとんど「経営戦略からやってくれ」っていう社長はいないです。最初は。「生産管理システムも含んで10年もやっててなんとかしないといけないんで来て下さいよ」と，「ちょっと話聞いてよ」と。そっから始まりますんでね。私がこういう進め方をしましょうというと**大概抵抗を示します**ね。「経営戦略，え，そんなもの俺がやってんだからいいんだ」っていう。説得出来ない場合もありますね。そりゃうまくいかない。はっきり言ってうまくいった確率は非常に低いですね。条件は「社長とITCの二人三脚」って言ってるんですけど，それが出来ないと成功しないと思いますね。**今はもう最初っから分かりますね**。社長とお会いした時，「あ，こりゃ駄目だ」と。「こりゃ苦労するな」っていうのが。今おっしゃったように答えがないんですよ，実は。はい。こうすれば説得出来るっていうのはない。誠心誠意，誠心誠意やるだけですけど。

このとき大事なことは「経営の話ができるか」という点であり，ITの技術的知識は必要ないという。また，難しい言葉を使う必要もなく，状況にあった言葉を使うことが大事であるというコメントもあった。次のITCは，以前口下手であったが，大手コンピューターメーカーに勤務している時に研修で学んだことを実行し，コミュニケーション能

力を高めた，と語っている。

　私は，コミュニケーション研修をするときに，いつも話すことがあります。「私は，内気だから，そういうのには向いてません」という方がいますよね。だけど，それはウソです。なぜならば，私がそのいい見本だから。私は，今，喋る商売をやってますけど，昔はこんなことは全然できなかった。たぶん成熟度レベルゼロでした。本当は，内気で，一人でこもっているのが一番好きで。人前に出ると，「あの，あの・・・」と言うような人間でした。これは，**全て後天的に身につけたものです**。○○社の時代に訓練しました。

トップの思い・目標を整理
「答えは経営者の中にある」

　経営者とコミュニケーションする際に重要なことは，経営者の思いや目標を整理することである。まず，前提条件として，経営者が「本気になっているか」「問題点に気づいているか」がポイントになる。多くのITCは，「社長の『思い』が経営の原点，戦略の原点である」ことを指摘している。つまり，社長が何をやりたいのかを整理し，思いの実現を手助けするのがITCの仕事である。次に挙げるITCのコメントを見てみよう。

　経営の見方というより，社長が何を考えているか，どうしたいのかなんですよね。これが正解だという経営はないですよね。正解だと決めるのは，社長が決めるんですよね。ですから，その社長の思いが，経営の原点だと思っています。その中には，たぶんいろんな要素が入っているんですよ。社長は，経営だ，どうのこうのというのは考えてないですね。どう儲けたり，どういう風にして，自分のノウハウを活かしたり。技術系の社長だったら「自分が開発した技術を，何とかして世に広めたい」と。ここには儲けが入ってないんですよ。そこで，社長に「これを収益の構造にしましょう」と提言するわけです。これは社長の思いが前提ですよね。どちらかというと「社長が何をやりたいのか」，そこにあると思います。

　次のITCは，社長の思いを「通訳」し，現場の社員に伝えることを重視している。

　ITコーディネーターのプロセスは，経営戦略からやろうと思ったら，まず社長と握れな

くちゃいけない。簡単に言うけど，社長となんか握れない。社長の気持ち，しんどさをわかってあげて，相談相手になる。唯一，会社で孤独な人間は，社長。なぜなら，社長だけ上から降ってこないから。他の人は皆，「社長が変なことを言ったから，変な風になった」と言い訳がきくけど，社長だけはそうはいかない。社長の話をよく聞いてあげて，それに対して，彼の孤独を癒してあげられるようなことができないとダメ。現場に行って，「社長の言ってることは，変なことのように聞こえるかもしれないけど，こういうことで，結局，回り回って皆さんの得になることなんだ」と**通訳して伝えてあげる**。社長と握った我々が，直接下に持っていかないとダメ。それで下を説得していくと，社長の信頼も増します。

これらのコメントに見られるように，「答えは経営者の中にある」といえる。ITCの役割は，あくまでもコーチであり，経営者の考えを整理し，問題点を明確にすることにある。次のITCも，社長の思いを「整理」することの重要性を指摘している。

だからコンサルっていうのは教えるだけじゃなくて，手を出すと。だから実をいうと提案書なんかほとんど私が書いてます。書けないですよ，中小企業には書けない。経営戦略企画書も全部ほとんど書きます。だから**社長のいう事をわーっと聞いて整理してあげる**。私はコンサルっていわない。社長にいつも「私は整理屋です」と。「会社を整理はしませんけど，社長の思いを整理するのが私の仕事です」って。私は整理屋だと思ってます。

社長の思いを整理する際に欠かせないのが「変わりたい」という経営者の意思である。あるITCは次のように述べている。

やっぱり一言でいうと，成功体験から逃れられない社長ですね。「これから自分も変わっていかなくちゃいけない」っていう思いがない社長は変われないですね。社長が変わらないと企業も絶対変わらないですね。要は新しい事を勉強する意欲がない方っていうのはいる訳ですよね。たまたま非常に調子良くて，「バブル期だったらそんなやり方でもビジネスになったけど，もう今は駄目じゃないですか？」って言うんだけどなかなかそこが理解いただけないと思います。**大事なことは，変わりたいという意志があって，外部の人間の力も借りたいという意志があるということですね。**

変わりたいという意志は危機感の表れでもある。次のITCは，個人資産を持つ経営者

は危機感が薄いと指摘する。

　何故経営者は動かないのか？口では「経営が苦しい，知恵が欲しい」と言ってるが，何故動かないのか？分析したら，答えが出まして。会社倒産しても，個人の資産を隠している人は，いっぱい要求をするけど，やれといわれたときはやらない。困ってないから。「会社つぶれてもいいや，資産があるから」ということ。**個人資産のあるやつは，絶対だめ**。それはよくわかります。

組織メンバーを巻き込んだ診断
「トップと現場の思いをつなぐ」

　経営者の「思い」を明確にした後には，経営陣，管理職，現場スタッフを含めた組織メンバーを巻き込んだ診断に移る。組織の現状分析を行う「場」を作り，目標や問題点を共有することが重要となる。現状分析のための「場」づくりとして，あるITCは，合宿形式のミーティングを実施している。

　私は14日しかかけません。寝かせませんけどね。大体，一泊二日の合宿で，あるテーマについての答えを「今日一日でやろうね」と言います。「**答えが出るまで帰さないよ**」と。そのための一泊二日ですよ。「早く終わったら，ドンちゃん騒ぎしようね」と。明日の分まではやりません。一つ一つ区切ってるから。この課題は今日答えを出す。「長年，議論してきたけど，答えが出ないんですよ」とおっしゃって。何故出ないかというと，自分のところの力量がここなのに，こんなところの答えを出そうとして望むから答えが出ない。「ここを出すんだったら，今出せるじゃないですか」と。「力量以上のことに答えを出そうとすることに，無理はありませんか？」。実力以上の答えを求めようとするから，おかしいんであって。「いったん，ここで全部答えを出してしまって，これを土台にして，もっと上にあがっていこうね」ということなんです。

　しかし，上記の例のように時間がとれる案件ばかりではない。次のITCは，経営者との分析作業と，現場社員との分析作業を分けて実施している。

　そんなに時間はたくさん取れないんで，精々2時間か3時間社長とお話したり，あるいは幹部の方と一緒にお話しました。○○楽器で面白かったのは，その店は教室もあって，集れるのが夕方の7時なんですよ。でもやりましたね。主任以上の方を集めて，**SWOT**

> 分析なんかを現場の方とやったんですよ。で，それを受けて，その後は社長と幹部の方と私で経営戦略，CRMの戦略までもって来たんですけどね。現場の人と「こうやっていこうよね」っていう分析は毎日じゃなくて，月に2回くらい，7時から9時ぐらいまで。人数は，20人いる社員の半分くらいでしたかね。

このように，経営者と社員の意識をすりあわせることは，その後の導入フェーズをスムーズに進めるためにも欠かせないプロセスである。特に，組織メンバーが問題点や目標を共有化することの重要性は多くのITCが指摘している。ITCのコメントを見てみよう。

> まず最初に社長とお話がつけば「まず社内のプロジェクトを立ち上げて下さい」というお話をしますね。で，誰が社長をサポートするのかと，そういう体制をしっかり整えます。でまあ，経営戦略は社長と経営幹部の方が一緒になってSWOT分析をやります。これも大事な事です。ほとんど社長一人で旗振って来てますんで**結構ギャップがあるんですよね**。そういう話し合いというか作業の中で社長とみなさんがベクトル合わせをするという，そのお手伝いをするのも非常に大事な事だと思います。社長とだけやったケースはあるんですが，これは後で困りますね。やっぱり，だんだんプロセスが進んで現場に降りていく時に全然動かない。

経営者と現場の思いにギャップがあることは多くのITCが指摘している。コメントを見てみよう。

> 問題を共有化，組織の皆に見せてあげる。わかってるようでわかってない。**社長，専務が思っていること，現場の取締役が思っていること，皆ずれてる**。自分のことしか考えてない。工場としてはこうだとか。個人の考え方もありますね。経営戦略を立てるときに，当たり前のことだと思っているのが，ずれてますから。「これはこうなんだよ」と言う感じで，全部洗い出してあげる。頭ごなしに，押さえつけると，「また社長が何か言ってる」というようにそっぽを向いてしまうので，内部をまとめるのは，一緒に何かを作っていくみたいな雰囲気が大事です。場，手法を使って，ちゃんと目に見せてあげること。こっちが言うのではなくて，向こうが言うように誘導していく。

次のITCは，明確で魅力的な目標を共有することが大事であると指摘する。

目標をきっちり決める。完全に共有して「今の現状からここに行くには，どうしたらいいのか？」というステップを冷静に考えて，それを着実に踏んでいく。プロジェクトを成功させるためには，それしかない。**目標は共有されて初めて意義がある**。共有されるためには，二つ条件がある。一つは，目標が明確なこと。そうでなければ，認識が違ってしまう。そのためには，具体的でなければいけない。できれば，イメージで表されるような。よく今期の経営目標とかで，売り上げ１０％アップとかあるでしょ。あれは，数字だから明確だと言いますよね。だけど，あれはダメなんです。あれは，共有できないから。それは，次の条件に関るんですけど。二つ目は，魅力的であること。そこに，皆が行きたいと思わなければ，共通の目標にならない。

たとえ同じ場を共有しなくとも，現場の社員の情報を収集することは重要である。次のコメントを見てみよう。

私が○○社にいたときに，すごく信頼されていました。というのは，上から降りてきて下から抵抗がありそうなプロジェクトについては，私が説得に行くんですよ。私は，工場の人たちと仲良くなるために，全工場を回って，**二週間ぐらい一緒に働いている**。泊り込んで二週間ずっと働いていた。しんどさもわかっている。「ここがたまらないんですよね。△△さんは，○○社の人だから，うちの上の人とかとも話すんですよね。言ってくださいよ，これ。」と言われて，「わかりました。言っておきます。」というような感じで。上からトップラインで降りたときに，私が行って彼らを説得すれば聞いてくれる。私が味方だと思っているから。自分たちと同じ苦しみを分かち合った，わかってくれている人間だと思っているから。

これらのコメントにあるように，ボトムアップ方式は社員のモチベーションを高める効果がある。ただし，診断に十分なお金や時間をかけられるケースは限られている。あるITCは，ツールを使って，「経営者のヒアリング二時間」「従業員ヒアリング四時間」を実施（２日間）し，診断書を出すという方法をとっている。また，次に挙げるITCは，簡便的な自己診断ツールを開発し，効果的に活用している。

初日に「こんなツールがあるからやったらどう？」っていう説明に行って1，2時間会話させて頂いて，それで「やってみよう」って話になったら，その企業で経営陣全部集めてもらうわけですね。で，「半日時間ください」，と。まぁ大体四時間。4時間のディス

カッションをやる事によって，その企業の経営課題，特にその中で何が大事かって事を選んでもらう。それからもうひとつは企業自身がどういうレベルなのか，いわゆる成熟度を見極めてもらうツールがあります。これは全て自己診断なんですよ。だから先方の**企業の経営陣の人達がこのツール使いながらお互いに会話する**。これによって，意識のずれであるとか，一体どういう理由でずれているのかっていう事を会話の中から見出して頂きます。それで，ディスカッションやった後に最終的に「うちの会社どうしよう」って事を皆さんで合意して頂くという，合意形成の為のツールっていう位置づけなんですよ。

この企業診断ツールは，コンサルタントのレベルアップのためにイギリス政府が作成したものを日本向けに作り直したものだという。

組織の体制づくり
「中心となる人材の育成」

企業の現状分析を終えた後は，導入に向けての組織体制をつくりあげる必要がある。なぜなら，ITシステムを導入した後，その運用は社員が行わねばならないからである。組織体制づくりにおいて鍵となるのは，中心となってシステムを運用できる人材を見極め，育成することにある。二人のITCのコメントを見てみよう。

企業はゴーイング・コンサーンなので，どなたかが真ん中に立っていつか企業を動かしていかなくてはいけない。そのとき，誰が**カルロス・ゴーンさんをやっていくか**，というのをチェックしておかないと。私が行くのも企業さんにとっては費用ですから，べったり行けないですよね。せいぜい月2回くらいしか。それ以上言われると向こうに「うーん分かるんだけどなんか助成金ない？」とか言われちゃう。だから難しいですね。本当に下のレベルまでっていうのは。ですから社長には分かってもらって，**社長があるいはそのスタッフが推進していけるように持って行く事が大事**だと思いますね。

新しいITシステムを導入することは，業務や組織を変革することを意味する。その際，環境を見極めて，推進体制を作り上げなければならない。あるITCは，つぎのようにコメントしている。

> 私は中小企業に入ったときは，まず環境を見ますね。それさえできれば大したことない。改善やるんだったらQCサークル。QCサークルと名前を使わなくても，かっこよくやれるという話をして。「こいつが入ってきたけど別にERPとか難しいシステムを押し付けようとしてるんじゃないな」という環境ができれば，予行演習をやります。メンバーを選択してプロジェクトチームを作るんですけど。そのとき「職場で一番うるさくやられてるやつとか，粘っこい人を出してください」とお願いします。そういう選択をして，作り上げていくので，かなり成功はしてるんですけどね。リテラシーの高い人を走らせておいて，低い人を引っ張りあげてくる。**フロントラインナー方式ですよね**。いい人を走らせておいて，それについていくということです。

同様に，次のITCもITを動かす「人」の教育の重要性を指摘している。

> 本当にお手伝いできてるとこというのは，例えば表向きのITが入るときに裏側の組織とかそれを**動かす人たちを教育して**，その気にさせないと進まないんです。ベンダーが一番できないのはそこだと思うんです。ベンダーでずっとやられている人達とかはそこに入っていけないんです。

業務改善
「IT化のお膳立て」

　ITCに，情報システム導入の話しが持ち込まれる場合，業務のあり方に問題があるケースがほとんどであるという。あるITCは，ITコーディネートの標準プロセスである「経営戦略の策定」と「情報化企画」の間に，「業務改革企画」の段階が必要であると主張している。その他にも，IT化の前に業務改善が必要となるケースが多いという意見が出された。次のコメントを見てみよう。

> ITを導入する前に，このまま導入させていいかどうかという判断をします。**業務，経営が，管理が機能していないのに，IT化させては，いいものはできない**。私の場合は，お断りするか，向こうが乗ってくるか，どちらかですね。こちらの言うことを聞くんだったら，お手伝いしましょうと。そうじゃなかったら，お断りします。IT化できる準備状態にある会社はほとんどないんです。ある会社なんて見たことないですから。

別のITCも，次のように語っている。

やっぱりほとんど中小企業って「IT以前の問題」と違いますかね。

次のITCは，ITシステム導入のステップとして「人間系のしくみ」が重要であると指摘する。

社長にまず意識を変えてもらうというのは最初のステップだけど，次は変えた意識に見合うような仕組みを御提案しなきゃいかん訳であって，その仕組みってのは情報系の仕組みじゃないんですよ。**人間系の仕組みをまず提案しないと駄目**なんですね，先に。仕事をどういうふうにやるかっていう。ベルトコンベアーで作ってやってたのをセル生産に変えるなんてのは，もうこれ人間系の仕組みの変更でしょ。典型的なもんですよね。まあ一時期BPRっていう言葉が流行ったじゃないですか。ビジネス・プロセス・リエンジニアリング。ようするにあのコンセプトですよ。

IT化はタイミングが重要であるため，業務改革がある程度進んでからIT化に取り組むというITCもいる。

最初からやりたいというのもありますが，「IT化させてはいけない」とこちらがにらんだときは三ヵ年くらい考えます。「半年や一年くらい入って，整備して，これが安定して，ある程度の成績も良くなってきて，コンピュータをもう一回買いたいと思って，呼んでくれたら，来ますよ」と伝えるんです。寝かしたほうがいいんです。大体1，2年すると電話がかかってきます。呼ばれなかったら，あまり喜ばれなかったんだなぁと思ってるし。急いでIT化をさせるよりは，**ちゃんと儲かる仕組みを作ることが大事**。「本当はこれにコンピュータがあったら，もっと経費が安くなって，儲かるんですよ」というのを教えますよ。だけど，業務がついてきてないのに，コンピュータだけ買っても，たぶん効果はある程度は出るけども，そこまでに力をつけた方がいい。

情報化企画
「IT化にこだわらない」

情報化企画とは，情報システムを具体的に企画・設計することを意味している。この

段階において，各ITCに共通しているのは「IT化にこだわらない」という姿勢である。ベンダー企業がシステム導入を前提として活動しているのに対して，ITCの多くは「ITは単なる道具に過ぎない」と捉えている。次のコメントを見てみよう。

> ITはあくまで道具なんですね。ともするとIT入れたら良くなるという勘違いされがちな所を「**ITなんていうものは電卓みたいなものです**」という風にいかに理解してもらうかということなんですね。あくまで道具ですと。むしろ「お客さんは情報という流れを整理してますか」と。ITがインフォメーション・テクノロジーというのは誰でも分かる事なんですね。インフォメーション・テクノロジーがPCテクノロジーとか，コンピューター・テクノロジーとか，そういう風に勘違いされがちなんです。特に中小企業は，そういう情報の流れがはっきりしてないものですから，混沌としてますから。お客さんの中にある長い間の伝統の中で培ってきた情報の整理の仕方を，ITを入れることによって殺さないように，もしくはそれ以上にスピードアップできるように持っていくということですね。

次のITCは，ITを使う必要がない場合もある，と指摘する。

> 僕自身はね，「ITは使わなくてもいいんちゃうか」という考えがあるんですね。要するに「全てをITにする必要はないですよ」というベースがあるんです。もっとやり方を変えたらいいとかね。戦略の段階で一回判断すればいいんですね。今まで見えてこなかった問題がここで見えてきます。それを具体的な情報化にするには企画書を作ります。ここでするかどうか判断します。コーディネータというのは情報化と同時に，経営改革というかね，**業務的にどうするかを考えないと情報化っていうのはうまくいかない**。

同様のコメントを見てみよう。

> もともと「ITありき」で入りません。結局，「経営戦略ありき」でしか，物事進みませんので。

> ITコーディネーターは，ITを入れなくても，お客さんの解決になるんだったら，あえて**ITを入れなくていいという提案を平気でできる人間でないとダメ**だと思います。私自身もそうしてます。それでずいぶん損をしてますが。後から，グループウェアの導入とか

で，金を取ろうと考えていたのに，その手前のところで解決してしまったとか。「ここまでいかないと，儲からない」としてやってしまうと，ITベンダーになってしまいますから。

プロジェクト全体に占めるITの位置づけについて，あるITCは，「ITは情報インフラにすぎない」と指摘している。

情報インフラ，知識インフラという部分がITなんですよ。ITってここだけ。プロセスだと思っている人がいるが大きな間違い。**ITは学習成長インフラの中の情報共有インフラでしかない**。どんなに素晴らしいシステムを作ったとしても，そこにそれを動かす人間の能力とかやる気とか伴ってないとダメだし。それから，プロセスはITだけで動いているわけじゃないですから。だから，そのほかのルール，そもそも人間がどういう動線で動くのかとか，というようなことまで考えていないとダメ。そこをわきまえないと。ここを分かっていない人が非常に多い。だから，ITに投資していいのは，プロジェクト全体に対する25％以下じゃないといけない。

次のITCは，IT化をテコにして，社員の意識，仕事の流れ，組織を変えることが重要であると述べている。

社長とよくお話してですね，変わろうとしても変われないところはいっぱいある訳ですよね。じゃあIT化をツールにしちゃおうよと。**IT化を通してみんなに考え方を変えてもらおうよ**，と。これはすごく大きいと思いますね。要は今までのビジネス・パターンっていうのはITを活用することによりがらりと変わってですね，そうすると人間も変わるしかなくなっちゃう。場合によっちゃ「もうパソコン使わないんだったらお前もういらないよ」ぐらいの事をやっていかないと変われないんですよね。本当に変われないですよ。

ベンダーとの連携
「ベンダーの商売ペースに乗らない」

ITCが持つベンダー企業のイメージは必ずしも良くない。しかし，ベンダー企業とクライアント企業を結びつける役目を担っているITCは，ベンダー企業の担当者と協力す

る必要がある。各ITCは，あくまでもクライアント企業側に立ち，ベンダー企業の担当者を見極めた上で，連携していた。以下のコメントを見てみよう。

> 一番のポイントは，ベンダーさんの商売ペースに乗せないということ。ベンダーさんも，よく付き合ってるからわかる。IT側の商売のペースを知ってるから。いろんなケースがあります。OSでも，一言，言ったら半値になったとか。86万円のOSが，月額43万円になったとか。もちろん，ベンダーさんを困らせることはしない。例えば，契約をして，無理やりそれを破棄してどうこうということはやらないです。そうではなくて，どちらでも選択できるのだったら，**ユーザーさんの立場で考える**。でも，ベンダーさんには嫌われてます。ある企業さんに言われました。「先生が来ると，仕事がやりにくい」とあるベンダーさんが言ってます，と。私，役に立ってるんですね。やはり嫌われるでしょうね。仕様をつめていくときに，ややこしいことを言いますから。簡単にいくはずのものが余計なことを言われてね。

次のITCは，ベンダー担当者の人格を見極めることを重視している。

> ITベンダーさんとかに会うときは，この人がこの会社にどれだけ情熱を持っているかをチェックするだけですね。それが読めないと。「あなたがこの会社と心中するつもりで来てるんだったら，私は絶対あなたを推薦しますよ」と。**情熱があるかないかを**，まず最初にやります。ＳＩ（注：システム・インテグレータ）さんとか，ベンダーさんを見るとき，やはりお金儲けに来てる人というのは，軽いですよね。

あるITCは，ベンダーのブランドにこだわらないことが重要であると指摘する。

> ブランドを意識しないこと。僕は全然意識しない。メーカーさんはほとんど相手にしない。皆は怒っているらしい。「あいつはいい加減なヤツだ」と。機械なんかどこのでもいいよと言ってる。機械は何もできないと言ってる。だから，よく社長に言いますよ。「**機械は一番最後でいいよ**。一番安く，サポートの機械をやればいい。安く済ませるんだったら，HPとか，通販のサーバーを買ってきて，構築する能力があればいいんだから，そのベンダーを紹介します」と。だから，地元のメーカーさんの支店長さん方から睨まれてます。ブランドを無視できるようになったら，ブランドを超えたことになる。

ベンダーと中立の関係を築く仕組みを作り上げているITCのコメントを見てみよう。

地方で生き残るために，うちはソフトもハードもできるだけ売らない，その代わりノウハウを売るようにしよう，と決めたんです。ここ五年くらいで切り替えて，IBMさん，NECさん，富士通さん，うちは全部だまってて仕事が来るようにしたんです。そういったところから依頼が来るように。ソフトハウス，勘定奉行とかそういったところからも仕事が来るように。全部人間関係をうまくつけて。中立です。うちの仕事というのは，まさにコーディネーター的な仕事なんですよ。**モノを売ると絶対に競合になるんですよ**。NECさん売ったら，富士通さんダメですよね？ソフトも同じで，勘定奉行売ったら，ヤヨイはダメですよね。それを全部，顧客の視点に合わせて話をするんです。そういう仕組みを作っておくと，人数三人しかいない専門職の会社でも，営業もせず，依頼を受けて，お客様の立場でモノを言えますよね。

成果
「短期的解決と中長期的視点」

ITシステムを導入する場合，クライアント企業が懸念するのは，導入の成果である。この点に関して，ITCは「短期的な問題解決」を重視すると同時に，改革の成果はすぐには表れないとする「中長期的な視点」を持つ傾向にあった。冒頭の事例で紹介したITCは，すぐに取り組める改革によって短期的な成果を上げた後に，投資額の大きい案件へと段階的に進めるやり方を取っている。

短期的に解決していわゆる短期的に解決するということは経営者が望むことです。経営者が何を望むかというと「利益を上げたい，もうけたい」んですよ。コンサルの人が儲けさせてくれるのに何年もかかるより，**まず中小企業は余裕がないんですよ**。大企業なら大がかりな部分が必要かもしれないけど。中小企業はまず，経営者はまず，「利益を上げたい，キャッシュフローをよくしたい」というようなことが一番強いです。直接は言いませんよ。自分の経験から分かるんですよ。自分も経営者ですから。それならやっぱりそれを何とか集中しようと。これが良かったから今もお契約してやってますから。

次のコメントにあるように，中小企業は，自分たちの問題を解決してくれる策を求めている。

中堅，中小企業は，答えが欲しいので，情報化企画でどれくらいのものを買って，開発をしてお金をかければいいか，というお金の問題になってきます。

　中小企業は短期的成果を求めているが，実際には，成果が出るまでに時間のかかる案件も少なくない。次のコメントを見てみよう。

　３フェイズ・プランってよくいいますね。１年目，３年目，５年目とか，１年目，２年目，３年目とか。私は１年目，２年目，３年目を使います。５年目だと分かりませんよね，正直言って。だから「３年後には社長どういう会社にしたいんですかと」聞いて，それを実現する思いを持つ事が一番大事じゃないかと思いますね。**成果が出るまでは早くても三年かかる**と思いますね。ただそういうプロジェクトを進める中で，社員の方の意識も変わって来ますよね。

　クライアント企業の変革成果が出にくいことに加えて，ITCの活動自体，すぐに収入が増える仕事とはいえない。税理士事務所を営むITCは，次のようにコメントしている。

　税理士はすぐ儲けたいんですよ。**ITコーディネータはすぐ儲かるもんではないんですね**。だから，目的が違うんです。だから税理士は自分が危機感を持っていて，早く儲かるもんはないかと探している。社会福祉とかいろいろあって合うものを自分で探すんだけどなかなかそれを会得するのに時間がかかって，会得してもそれを使うのにまたハードルが高いというので，あきらめて愚痴を言うのが多い。

　あるITCは，目先の利益よりも，会社の経営者とともに悩む姿勢が求められると述べている。

　もともとベンダーの人間は，サラリーマンという意識を捨てないから，相手が経営者だったら「ああ，そうか」という観念でしょ。それが，「私は一般のサラリーマンですけど，社長の痛みが分かります」という人間になってくると，ちょっと違ってくる。社長が実際にこの会社を何とかしたいと悩みつつ，一生懸命運営してらっしゃる。大きい会社のサラリーマンだったとしても，「一緒にこの会社を大きくするために悩みましょう」いうスタンスがないとダメだと思うんです。

中小企業の典型的な問題点
「売れない在庫と無駄な製造」

中小企業が抱えている典型的な問題点として指摘されたのが「売れない在庫」と「無駄な製造」である。売れない在庫は流通業においてよく見られる問題であり，無駄な製造は製造業における問題である。ITCのコメントを見てみよう。

　製造は製造で，流通は流通でそうなんですけど流通の**最大の問題は売れないモノの在庫がいっぱいあるということ**です。どこの中小企業の工場も在庫がいっぱいじゃないですか。売れないのばっかり。これは一緒なんです。流通業では，売り場のはずが「置き場」なんです。言っている意味が分かりますか？売れるのがないんです。売れないのばっかり店にある。工場も在庫をどう管理するかが問題です。基本的には，お客が見えてないというところがあるんじゃないですかね。たいてい中小企業の問題って分かってるんですけど，その対策とかが単発なんです。打ち上げ花火みたいなもんです。

次のITCも，製造業の経営者は「売り」を考えていないと指摘している。

　技術系の社長だったら，「自分が開発した技術を，何とかして世に広めたい」と考えている。ここには儲けが入ってないんですよ。社長が，「こんな特許を取ったけど，どうやって売ったらいいんだ」と言ったときに，**売り上げがどうのこうのなんて，考えてないんですよね**。世の中に広めたいんですよ。で，社長に，「それを開発するのに，どのくらいのコストがかかって，これを売っていくのに，自分のところで本当にモノを作っていいのか？」「作るリスクがある，品質管理はどうするのか？」というような話をしていく。「社長が持っている特許を，どこかの大手が買ってくれて，ロイヤリティでつないだ方が，もっと世の中に広まるでしょ？」と。

また，中小企業では「人材不足」という共通した問題が存在する。あるITCは次のように語っている。

　中小企業の場合に一番障害だなと思ったのは，企画的な要素ですよね。これをやれる人材が社内にいないんですよ。肩代わりできる専門家はいるけれども，中小企業はその人たちに対して金が払えないんですよ。中堅クラス以上であれば，例えば製造ライン組み

換えるっていったような場合，生産技術担当みたいな人たちがいて「こういう方向がいいよ」っていう結論が出れば，彼等勉強してでも自分達でやれるんですね。だけどもうちょっと規模が小さくなってくると，そういう**専任の人がいない**んです。頭ではわかっても手がつけられない訳ですよ。もう毎日の仕事に追われちゃって。だから中小企業の支援では私が一番大変だと思ったのはここですね。だから，「こうしたらいいよ」っていうアドバイスしても，そこから先はもう全然分からなくなっちゃう。だから，そこまで突っ込んでやるとなると，今度はそこの企業べったり入らなきゃいけない。べったり入って向こうが金払えるかっていうと払えない訳ですよ。だから中小企業の支援で一番問題なのはそこだと私は思ってるんですよね。

まとめ：ITコーディネータの視点

ここで，これまで見てきたITCのノウハウをまとめてみたい。図C-2は，ITCがどのような視点で企業を見ているかを示したものである。ITCは，まず「経営者の思い」と「現場の思い」をつなぎ，目標や問題意識を共有させることを重視していた。このとき，経営者が明確にすべきことは「戦略」であり，現場サイドで重要となるのが「業務プロセス」「中心となる人材の育成」「現場のモラール（士気）」である。これらの要因を考慮することで，情報システムの導入が可能になる。その際，情報システムは，中小企業において典型的に見られる「売れない在庫」，「無駄な製造」という問題を解決するものでなければならない。さらに，情報システムの導入にあたっては，人材不足という点を考慮しながら，短期的な成果を上げつつ，中長期的な視点で物事を進めることが重要になる。

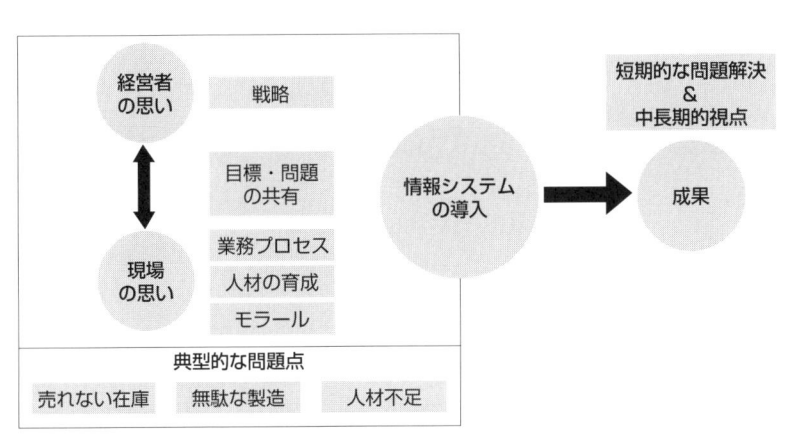

図C-2　ITコーディネータ視点

参考文献

Abelson, R.P. (1979) Differences between Belief and Knowledge Systems. *Cognitive Science*, 3: 355-366.

Abelson, R.P. (1986) Beliefs are Like Possessions. *Journal for the Theory of Social Behaviour*, 16（3）:223-250.

秋山知子（2002）「知識を仕事に埋め込め：業務システムで「現場知」を還流させる」『日経情報ストラテジー』2002年8月号：44-53.

Amabile, T.M. (1988) A Model of Creativity and Innovation in Organizations. In B.M. Staw and L.L. Cummings (Eds), *Research in Organizational Behavior*, 10：123-167. Greenwich, CT: JAI Press.

Amabile, T.M., Conti, R., Coon, H., Lazenby, J., and Herron, M. (1996) Assessing the Work Environment for Creativity. *Academy of Management Journal*, 39 (5): 1154-1184.

Anderson, J.C. and Narus, J.A. (1995) Capturing the Value of Supplementary Services. *Harvard Business Review*, January-February, 75-83.

Anderson, J.R. (1982) Acquisition of Cognitive Skill. *Psychological Review*, 89：369-406.

Anderson, J.R. (1983) *The Architecture of Cognition*. Cambridge, MA：Harvard University Press.

Anglin, K.A. (1990) *Cognitive Sales Scripts and Sales Performance*. Doctoral Dissertation (University of Nebraska).

Argyris, C. and Schon, D.A. (1978). *Organizational Learning: A Theory of Action Perspective*. Reading, Massachusetts: Addison-Wesley.

Arthur, M., Khapova, S., and Wilderom, C. (2005) Career Success in a Boundaryless Career World. *Journal of Organizational Behavior*, 26（2）：177-202.

Ashford, S. (1986) Feedback-Seeking in Individual Adaptation: A Resource Perspective. *Academy of Management Journal*, 29（3）：465-487.

Ashforth, B.E. (1985) Climate Formation: Issues and Extensions. *Academy of Management Review*, 10(4):837-847.

Atuahene-Gima, K.(1996) Market Orientation and Innovation. *Journal of Business Research*, 35: 93-103.

Babin, B. and Boles, J.S. (1998) Employee Behavior in a Service Environment：A Model and Test of Potential Differences between Men and Women. *Journal of Marketing*, 62(April):77-91.

Bandura, A.（1977） *Social Learning Theory*. NJ: Prentice Hall.（原野広太郎監訳『社会的学習理論』金子書房，1979年）

Barney, J. B.（1991）Firm Resources and Sustained Competitive Advantage. *Journal of Management*, 17: 99-120.

Barney, J. B.（2001）Is the Resource-based "View" a Useful Perspective for Strategic Management Research? Yes. *Academy of Management Review*, 26（1）: 41-56.

Beard, C. and Wilson, J.P.（2002）*The Power of Experiential Learning: A Handbook for Trainers and Educators*. London: Kogan Page.

Berman, E.M.（1999）Professionalism among Public and Nonprofit Managers: A Comparison. *American Review of Public Administration*, 29（2）:149-166.

Blau, G.（1999）Early-Career Job Factors Influencing the Professional Commitment of Medical Technologists. *Academy of Management Journal*, 42（6）:687-695.

株式会社ブロックス（2002）「プルデンシャル生命保険：生涯顧客満足への使命感」DO IT! Vol.63.

Bloom, B.S. （Ed.）（1985）*Developing Talent in Young People*. NY：Ballantine.

Boles, J.S., Babin, B.J., Brashear, T.G., and Brooks, C.（2001）An Examination of The Relationships between Retail Work Environments, Salesperson Selling Orientation-Customer Orientation and Job Performance. *Journal of Marketing Theory and Practice*, Summer: 1-13.

Boud, D., Cohen, R., and Walker, D.（1993）Introduction: Understanding Learning from Experience. In: D. Boud, R. Cohen, D. Walker（Eds.）*Using Experience for Learning*. The Society for Research into Higher Education & Open University Press.

Bowen, D.E. and Ostroff, C.（2004）Understanding HRM-Rirm Performance Linkages: The Role of the "Strength" of the HRM System. *Academy of Management Review*, 29（2）: 203-221.

Bower, G.H., Black, J.R., and Turner, T.J.（1979）Script in Memory for Text. *Cognitive Psychology*, 11: 177-220.

Brown, J.S., Collins, A. and Duguid, P.（1989）Situated Cognition and the Culture of Learning. *Educational Researcher*, 18（1）: 32-42.（杉本卓訳「状況に埋め込まれた認知と，学習の文化」安西祐一郎他（編）『認知科学ハンドブック』共立出版，1992年）

Brown, S.P., W.L. Cron and, Slocum, J.W.（1998）Effects of Trait Competitiveness and Perceived Intraorganizational Competition on Salesperson Goal Setting and Performance. *Journal of Marketing*, 62（October）: 88-98.

Brown, T.J., Mowen, J.C., Donavan, D.T., and Licata, J.W.（2002）The Customer

Orientation of Service Workers: Personality Trait Effects on Self- and Supervisor Performance Ratings. *Journal of Marketing Research*, 39 (February): 110-119.

Brutus, S., Ruderman, M. N., Ohlott, P.J., and McCauley, C.D. (2000) Developing from Job Experiences: The Role of Organization-Based Self-Esteem. *Human Resource Development Quarterly*, 11 (4): 367-380.

Burton, R.R., Brown, J.S., and Fischer, G. (1984) Skiing as a Model of Instruction. Rogoff, B. and Lave, J. (Eds.) *Everyday Cognition: Its Development in Social Context*. Harvard University Press.

Busch, P.S. and Houston, M.J. (1985) *Marketing: Strategic Foundations*. Irwin.

Cabrera, A., and Cabrera, E.F. (2002) Knowledge-Sharing Dilemmas. *Organization Studies*, 23 (5) 687-710.

Cameron, J.A., Alvarez, J.M., Ruble, D.N., and Fuligni, A. (2001) Children's Lay Theories about Ingroups and Outgroups: Reconceptualizing Research on Prejudice. *Personality and Social Psychology Review*, 5 (2): 118-128.

Campbell, D.J. (1982) Determinants of Choice of Goal Difficulty Level: A Review of Situational and Personality Influences. *Journal of Occupational Psychology*, 55: 79-95.

Campbell, D.J. and Furrer, D.M. (1995) Goal Setting and Competition as Determinants of Task Performance. *Journal of Organizational Behavior*, 16: 377-389.

Car, M. and Jessup, D.L. (1997) Gender Differences in First-Grade Mathematics Strategy Use: Social and Metacognitive Influences. *Journal of Educational Psychology*, 89 (2): 318-328.

Chalos, P. and Poon, M.C.C. (2000) Participation and Performance in Capital Budgeting Teams. *Behavioral Research in Accounting*, 12: 199-229.

Chi, M.T.H., Glaser, R., and Rees, E. (1982) Expertise in Problem Solving. In R. Sternberg (Ed.) *Advances in the Psychology of Human Intelligence*, 1: 17-76. Hillsdale, NJ: Lawrence Erlbaum Associates.

Christensen, C.M. (1997) *The Innovator's Dilemma: When New Technology Cause Great Firm to Fail*. Harvard Business School Press.

Christensen, C.M. and Bower, J.L. (1996) Customer Power, Strategic Investment, and the Failure of Leading Firms. *Strategic Management Journal*, 17: 197-218.

Churchill, G.A., Ford, N.M., Hartley, S.W., and Walker, O.C. (1985) The Determinants of Salesperson Performance: A Meta Analysis. *Journal of Marketing Research*, 22 (May): 103-118.

Churchill, G.A., Ford, N.M., and Walker, O.C. (1976) Organizational Climate and Job

Satisfaction in the Salesforce. *Journal of Marketing Research*, 13: 323-332.

Collins, A., Brown, J.S., and Newman, S.E. (1989) Cognitive Apprenticeship: Teaching the Craft of Reading, Writing and Mathematics. In L.B. Resnick (Ed). *Knowing, Learning, and Instruction: Essays in Honor of Robert Glaser*. Hillsdale, NJ: Erlbaum.

Conway, S. (1995) Informal Boundary-Spanning Communication in the Innovation Process: An Empirical Study. *Technology Analysis and Strategic Management*, 7 (3): 327-342.

Cook, S.D.N. and Brown, J.S. (1999) Bridging Epistemologies: The Generative Dance between Organizational Knowledge and Organizational Knowing. *Organization Science*, 10 (4): 381-400.

Cron, W.L. (1984) Industrial Salesperson Development: A Career Stages Perspective. *Journal of Marketing*, 48 (Fall): 41-52.

Cron, W.L. and Slocum, J.W. (1986) The Influence of Career Stages on Salespeople's Job Attitudes, Work Perceptions, and Performance. *Journal of Marketing*, 23 (May): 119-129.

Cron, W.L., Dubinsky, A.J., and Michaels, R.E.(1988)The Influence of Career Stages on Components of Salesperson Motivation. *Journal of Marketing*, 52(January): 78-92.

Cropanzano, R., Goldman, B., and Folger, R. (2005) Self-interest: Defining and Understanding a Human Motive. *Journal of Organizational Behavior*, 26 (8): 985-991.

Crossan, M.M., Lane, H.W. and White, R.E. (1999) An Organizational Learning Framework: From Intuition to Institution. *Academy of Management Review*, 24 (3): 522-537.

Daft, R.L. and Macintosh, N.B. (1981) A Tentative Explanation into the Amount and Equivocality of Information Processing in Organizational Work Units. *Administrative Science Quarterly*, 26: 207-224.

Davies, J. and Easterby-Smith, M. (1984) Learning and Developing from Managerial Work Experiences. *Journal of Management Studies*, 21 (2): 169-183.

Decarolis, D.M. and Deeds, D.L. (1999) The Impact of Stocks and Flows of Organizational Knowledge on Firm Performance: An Empirical Investigation of the Biotechnology Industry. *Strategic Management Journal*, 20: 953-968.

Denison, D.R. (1996) What is the Difference between Organizational Culture and Organizational Climate? A Native's Point of View on a Decade of Paradigm Wars. *Academy of Management Review*, 21 (3): 619-654.

Desphande, R., Farley, J.U., and Webster, F.E. (1989) Organizational Culture and

Marketing: Defining the Research Agenda. *Journal of Marketing*, 53 (January):3-15.

Desphande, R., Farley, J.U., and Webster, F.E. (1993) Corporate Culture Customer Orientation, and Innovativeness in Japanese Firms: A Quadrad Analysis. *Journal of Marketing*, 57 (1):23-37.

Deutsch, M. (1949) An Experimental Study of the Effects of Co-operation and Competition upon Group Process. *Human Relations*, 2: 199-232.

Dewey, J. (1938) *Experience and Education*. Kappa Delta Pi. (市村尚久訳『経験と教育』講談社, 2004年)

Dixon, N.M. (1999) *The Organizational Learning Cycle: How We Can Learn Collectively*. (2nd Edition) Vermont: Gower.

Dollinger, M.J. (1984) Environmental Boundary Spanning and Information Processing Effects on Organizational Performance. *Academy of Management Journal*, 27 (2):351-368.

Donavan, D.T., Brown, T.J., and Mowen, J.C. (2004) Internal Benefits of Service-Worker Customer Orientation: Job Satisfaction, Commitment, and Organizational Citizenship Behaviors. *Journal of Marketing*, 68 (January):128-146.

Dougherty, D. (1992) Interpretive Barriers to Successful Product Innovation in Large Firms. *Organization Science*, 3 (2):179-202.

Dreyfus, H.L. and Dreyfus, S.E. (1987) *Mind Over Machine: The Power of Human Intuition and Expertise in the Era of the Computer*. NY: Free Press. (楠田直子訳『純粋人工知能批判』アスキー, 1987年)

Dreyfus, S.E. (1983) How Expert Managers Tend to Let the Gut Lead the Brain. *Management Review*, September: 56-61.

Drucker, P.F. (1952) Management and the Professional Employee. *Harvard Business Review*, 30 (3):84-90.

Dubinsky, A.J., Howell, R.D., Ingram, T.N., and Bellenger, D.N. (1986) Salesforce Socialization. *Journal of Marketing*, 50: 192-207.

Dyer, J.H., and Nobeoka, K. (2000) Creating and Managing a High-Performance Knowledge-Sharing Network: the Toyota Case. *Strategic Management Journal*, 21: 345-367.

Earley, P.C., Lee, C., and Hanson, L.A. (1990) Joint Moderating Effects of Job Experience and Task Component Complexity: Relations among Goal Setting, Task Strategies, and Performance. *Journal of Organizational Behavior*, 11 (3):3-15.

Easterby-Smith, M., Snell, R., and Gherardi, S. (1998) Organizational Learning:

Diverging Communities of Practice? *Management Learning*, 29 (3):259-271.

Eichenbaum, H. and Bodkin, J.A. (2000) Belief and Knowledge as Distinct Forms of Memory. In: D.L. Schacter and E. Scarry (Eds.) , *Memory, Brain, and Belief.* Harvard University Press.

Eisenhardt, K.M. and Santos, F.M. (2002) Knowledge-Based View: A New Theory of Strategy?. In: A. Pettigrew, T. H. Thomas and R. Whittington (Eds.) , *Handbook of Strategy and Management.* London: Sage.

Elliot, A.J. and McGregor, H.A. (2001) A2×2 Achievement Goal Framework. *Journal of Personality and Social Psychology*, 80 (3):501-519.

Ericsson, K.A. (1996) The Acquisition of Expert Performance: An Introduction to Some of the Issues. In K.A. Ericsson (Ed.) , *The Road to Excellence.* Mahwah, NJ: LEA.

Ericsson, K.A. (2001) Expertise. In R.A. Wilson and F.C. Keil (Eds.) *The MIT Encyclopedia of the Cognitive Sciences.* Cambridge, MA: The MIT Press.

Ericsson, K.A., Krampe, R., and Tesch-Romer, C. (1993) The Role of Deliberate Practice in the Acquisition of Expert Performance. *Psychological Review*, 100 (3): 363-406.

Ericsson, K.A. and Lehmann, A.C. (1996) Expert and Exceptional Performance: Evidence of Maximal Adaptation to Task Constraints. *Annual Review of Psychology*, 47: 273-305.

Fennell, M.L. and Alexander, J.A. (1987) Organizational Boundary Spanning in Institutionalized Environments. *Academy of Management Journal*, 30 (3):456-476.

Field, R.H.G. and Abelson, A.M. (1982) Climate: A Reconceptualization and Proposed Model. *Human Relations*, 35 (3) : 181-201.

Fishbein, M. and Ajzen, I. (1975) Belief, Attitude, Intention and *Behavior: An Introduction to Theory and Research.* Reading, MA : Addison-Wesley.

Fitts, P.M. (1964) Perceptual-motor Skill Learning. In A.W. Melton (Ed.) *Categories of Human Learning.* NY: Academic Press.

Flavell, J.H. (1978) Metacognitive Development. In J.M. Scandura and C.J. Brainerd (Eds.) *Structural Process Theories of Complex Human Behavior.* Ayphen and Rijin, The Netherlands: Sijtoff & Noordhoff.

Flavell, J.H. and Wellman, H.M. (1977) Metamemory. In R.V. Kail and J.W. Hagen (Eds.) *Perspectives on the Development of Memory and Cognition.* Hillsdale, NJ: Lawrence Erlbaum Associates.

Forehand, G.A. and Gilmer, B.V.H.(1964) Environmental Variation in Studies of Organizational Climate. *Psychological Bulletin*, 62: 361-382.

福島真人（2001）『暗黙知の解剖：認知と社会のインターフェイス』金子書房.

福島さやか（2005）「3タイプに分かれる新たな人材モデル」『Works』69: 33-34.

Furnham, A.F.（1988）*Lay Theories: Everyday Understanding of Problems in the Social Sciences*. Pergamon Press.（細江達郎監訳・田名場忍・田名場美雪訳『しろうと理論：日常性の社会心理学』北大路書房，1992年）

Gatignon H. and Xuereb J.（1997）Strategic Orientation of the Firm and New Product Performance. *Journal of Marketing Research*, 34: 77-90.

Ginsburg, H.P.（1989）The Role of the Personal in Intellectual Development. The Quarterly Newsletter of the Laboratory of Comparative *Human Cognition*, 11（1）: 8-15.

Glaser, R. and Chi, M.T.H.（1988）Overview. In M.T.H. Chi, R.Glaser, and M.J. Farr（Eds.），*The Nature of Expertise*. Hillsdale, NJ: Lawrence Erlbaum Associates.

Gupta, A.K. and Govindarajan, V.（2000）Knowledge Flows within Multinational Corporation. *Strategic Management Journal*, 21: 473-496.

Hackman, J.R. and Oldham, G.R.（1975）Development of the Job Diagnostic Survey. *Journal of Applied Psychology*, 60: 159-170.

Hall, R.H.（1968）Professionalization and Bureucratisation. *American Sociological Review*, 33: 92-104.

Hall, D.T. and Associates（Eds.）（1996）*The Career is Dead - Long Live the Career: A Relational Approach to Careers*. San Francisco: Jossey-Bass.

Hamel, G. and Prahalad, C.K.（1994）*Competing for the Future*. Boston: Harvard Business School Press.（一條和生訳『コア・コンピタンス経営：大競争時代を勝ち抜く戦略』日本経済新聞社，1995年）

Han, J.K., Kim, N. and Srivastava, R.K.（1998）Market Orientation and Organizational Performance: Is Innovation a Missing Link? *Journal of Marketing*, 62（October）: 30-45.

春木豊（2002）「学習」古畑和孝・岡隆（編）『社会心理学小辞典（増補版）』有斐閣.

Hartline, M.D. and Ferrell, O.C.（1996）The Management of Customer-contact Service Employees: An Empirical Investigation. *Journal of Marketing*, 60（October）: 52-70.

Hartline, M.D., Maxham, J.G., and McKee, D.O.（2000）Corridors of Influence in the Dissemination of Customer-oriented Strategy to Customer Contact Service Employees. *Journal of Marketing*, 64（April）: 35-50.

波多野誼余夫（1996）「概観：獲得研究の現在」波多野誼余夫（編）『認知心理学5：学習と発達』東京大学出版会.

波多野誼余夫・稲垣佳世子（1983）「文化と認知」坂元昂（編）『現代基礎心理学第7巻：思考・知能・言語』東京大学出版会.

波多野誼余夫・三宅なほみ（1996）「社会的認知:社会についての思考と社会における思考」市川伸一（編）『認知心理学4：思考』東京大学出版会.

Hayes, J.R. (1989) *The Complete Problem Solver (2nd ed)*. Hillsdale: Lawrence Erlbaum Associates.

Hirschfeld, L.A. and Gelman, S.A. (Eds.) (1994) *Mapping the Mind: Domain Specificity in Cognition and Culture*. NY: Cambridge University Press.

Hoffman, K.D. and Ingram, T.N. (1991) Creating Customer-Oriented Employees: The Case in Home Health Care. *Journal of Health Care Marketing*, 2 (June):24-32.

Hoffman, K.D. and Ingram, T.N. (1992) Service Provider Job Satisfaction and Customer-Oriented Performance. *Journal of Services Marketing*, 6（2）:68-78.

Hofstede, G., Neuijen, B, Ohayv, D.D., and Sanders, G. (1990). Measuring Organizational Cultures: A Qualitative and Quantitative Study across Twenty Cases. *Administrative Science Quarterly*, 35: 286-316.

Holman, D., Pavlica, K., and Thorpe, R. (1997) Rethinking Kolb's Theory of Experiential Learning in Management Education. *Management Learning*, 28（2）:135-148.

本田由紀（2002）「電気通信企業の日米比較」小池和男・猪木武徳（編）『ホワイトカラーの人材形成：日米英独の比較』東洋経済新報社.

Hong, Y., Levy, S.R., and Chiu, C. (2001) The Contribution of the Lay Theories Approach to the Study of Groups. *Personality and Social Psychology Review*, 5（2）:98-106.

細井謙一（1992）「人的販売研究における認知的アプローチ」『六甲台論集』第39巻第2号：142-152.

細井謙一（1995）「営業の認知理論——パーソナル・セリング研究における認知的アプローチ」石井淳蔵・嶋口充輝（編）『営業の本質：伝統と革新の相克』有斐閣.

Howe, V.K., Hoffman, D., and Hardigree, D.W. (1994) The Relationship Between Ethical and Customer-Oriented Service Provider Behaviors. *Journal of Business Ethics*, 13（7）:497-506.

Huber, G. (1991) Organizational Learning: The Contributing Processes and Literatures. *Organization Science*, 2（1）:88-115.

Hunter, J.E. and Hunter, R.F. (1984) Validity and Utility of Alternative Predictors of Job Performance. *Psychological Bulletin*, 96: 72-98.

生田久美子（1987）『「わざ」から知る』東京大学出版会.

石村善助（1969）『現代のプロフェッション』至誠堂.

ITスキル標準調査研究委員会（2004）「平成14年度経済産業省委託調査 我が国ITサービス市場に関するスキル動向等調査報告書」平田謙次（編），(財)日本情報処理開発協会，情報処理技術者試験センター．

James, L., Hartman, E., Stebbins, M., and Jones, A. (1977) Relationships between Psychological Climate and a VIE Model for Work Motivation. *Personnel Psychology*, 30: 229-254.

Jemison, D.B. (1984) The Importance of Boundary Spanning Roles in Strategic Decision-Making. *Journal of Management Studies*, 21（2）：131-152.

Jewell, L.N. and Reitz, H.J. (1981) *Group Effectiveness in Organizations*. Scott, Foresman and Company.

Johnson, D.W. and Johnson, R. (1999) *Learning Together and Alone: Cooperative, Competitive, and Individualistic Learning*（5th ed.）. Boston: Allyn & Bacon.

Johnson, D.W., G. Maruyama, R. Johnson, D. Nelson and Skon, L. (1981) Effects of Cooperative, Competitive, and Individualistic Goal Structures on Achievement: A Meta-Analysis. *Psychological Bulletin*, 89（1）：47-62.

加護野忠男（1993）「組織文化の測定とタイポロジー」加護野忠男・角田隆太郎・山田幸三・(財)関西生産性本部（編）『リストラクチャリングと組織文化』白桃書房.

Kahney, H. (1986) *Problem Solving: A Cognitive Approach*. Open University.（長町三生監修・認知科学研究会訳『問題解決』〈認知心理学講座３〉海文堂，1989年）

亀田達也（1997）『合議の知を求めて：グループの意思決定』（認知科学モノグラフ３）共立出版.

金井壽宏（2002）『仕事で「一皮むける」』 光文社.

金井壽宏・古野庸一（2001）「「一皮むける経験」とリーダーシップ開発：知的競争力の源泉としてのミドルの育成」『一橋ビジネスレビュー』（SUM.）：48-67.

金子郁容（1992）『ボランティア：もうひとつの情報社会』岩波書店.

Kanfer, R. and Ackerman, P.L. (1989) Motivation and Cognitive Abilities: An Integrative/Aptitude-Treatment Interaction Approach to Skill Acquisition. *Journal of Applied Psychology*, 74（4）：657-690.

笠井恵美（2005a）「欠かすことのできないプロ意識の醸成」『Works』Apr.-May：19-21.

笠井恵美（2005b）「「予期せぬ経験」と組織が果たす役割」『Works』Apr.-May：24-29.

Katz, R.L.(1955) Skills of an Effective Administrator. Harvard Business Review, Jan-Feb: 33-42.

川上智子(2005)『顧客志向の新製品開発：マーケティングと技術のインタフェイス』有斐閣.

Kayes, D.C.(2002) Experiential Learning and Its Critics: Preserving the Role of Experience in Management Learning and Education. *Academy of Management Learning and Education*, 1（2）:137-149.

Keesing, RM.(1974) Theories of Culture. In: Siegel BJ, Beals AR, Tylers SA (Eds.) *Annual Review of Anthropology*, 3: 73-97. Palo Alto, CA; Annual Reviews.

Kelley, H. and Thibaut, J.(1969) Group Problem Solving. In G. Lindzey and E. Aronson (Eds), *The Handbook of Social Psychology*. Addison-Wesley, Reading, MA.

Kennedy, K.N., Goolsby, J.R., and Arnould, E.J.(2003) Implementing a Customer Orientation: Extension of Theory and Application. Journal of Marketing, 67: 67-81.

Kerr, S., Glinow, M.A.V., and Schriesheim, J.(1977) Issues in the Study of "Professionals" in Organizations: The Case of Scientists and Engineers. *Organizational Behavior and Human Performance*, 18: 329-345.

King, A.W. and Ranft, A.L(2001) Capturing Knowledge and Knowing Through Improvisation: What Managers can Learn from the Thoracic Surgery Board Certification Process. *Journal of Management*, 27（3）:255-277.

Kohn, A.(1992) No Contest: The Case Against Competition. Boston: Houghton-Mifflin.

小池和男(1999)『仕事の経済学・第2版』東洋経済新報社.

小池和男・猪木武徳(2002)『ホワイトカラーの人材形成：日米英独の比較』東洋経済新報社.

小池和男・中馬宏之・太田聰一(2001)『もの造りの技能：自動車産業の職場で』東洋経済新報社.

Kolb, A.Y. and Kolb, D.A.(2005a) Learning Styles and Learning Spaces: Enhancing Experiential Learning in Higer Education. *Academy of Management Learning and Education*, 4（2）:193-212.

Kolb, A.Y. and Kolb, D.A.(2005b) *The Kolb Learning Style Inventory- Verson 3.1 2005 Technical Specifications*.

Kolb, D.A.(1984) *Experiential Learning: Experience as the Source of Learning and Development*. New Jersey: Prentice-Hall.

Kotler, P.(1997) Marketing *Management: Analysis, Planning and Control*, 9th ed. NJ: Prentice-Hall.

Kotter, J.P. and Heskett, J.L. (1992) *Corporate Culture and Performance.* NY:Free Press.

Koys, D. J. and DeCotiis, T.A. (1991) Inductive Measures of Psychological Climate. *Human Relations,* 44 (3):265-285.

Krumoltz, J.D. (1996) A Learning Theory of Career Counseling. In M.L. Savickas and W.B. Walsh (Eds.) *Handbook of Career Counseling Theory and Practice.* Palo Alto, CA: Davies-Black Publishing.

Kubr, M. (2002) *Management Consulting: A Guide to the Profession* (4th edition). In M. Kubr (Ed.) Geneva: International Labour Office.

Kuruglanski, A.W. (1978) Endogenous Attribution and Intrinsic Motivation. In M.R. Lepper and D. Greene (Eds.) *The Hidden Costs of Reward.* Hillsdale, NJ：Lawrence Erlbaum Associates.

楠見孝（1999）「中間管理職のスキル，知識とその学習」『日本労働雑誌』No474：39-49.

楠見孝（2001）「中間管理職における経験からの学習能力を支える態度の構造」日本労働研究機構『ホワイトカラーの管理技能を探る(その2)』資料シリーズNo.110：15-28.

楠見孝（2003）「暗黙知：経験による知恵とは何か」小口孝司・楠見孝・今井芳昭（編）『エミネント・ホワイト』北大路書房.

楠木建（2006）「次元の見えない差別化：脱コモディティ化の戦略を考える」『一橋ビジネスレビュー』(SPR.)：6-24.

Lave, J. and Wenger, E. (1991) *Situated Learning: Legitimate Peripheral Participation.* Cambridge: Cambridge University Press.

Lawton, L. and Parasuraman, A. (1980) The Impact of the Marketing Concept on New Product Planning. *Journal of Marketing,* 44: 19-25.

Leigh, T.W. and McGraw, P.F. (1989) Mapping the Procedural Knowledge of Industrial Sales Personnel: A Script-theoretic Investigation. *Journal of Marketing,* 53 (Jan):16-34.

Leonard, D. (1995) *Wellsprings of Knowledge: Building and Sustaining the Sources of Innovation.* Boston: Harvard Business School Press.

Leonard, D. and Doyle, J.L. (1996) Commercializing Technology: Imaginative Understanding of User Needs In R.S. Rosenbloom and W.J. Spencer (Eds.), *Engines of Innovation.* Boston, MA：Harvard Business School Press.

Leonard, D. and Swap, W. (2005) *Deep Smarts.* Boston, MA: Harvard Business School Press.（池村千秋訳『「経験知」を伝える技術：ディープスマートの本質』ランダムハウス講談社, 2005年）

Leong, S.M., Busch, P.S., and John, D.R. (1989) Knowledge Bases and Salesperson

Effectiveness: A Script-theoretic Analysis. *Journal of Marketing Research*, 26（May）：164-178.

Lewin, K. (1951) Field Theory in Social Sciences. NY: Harper & Row.

Levitt, B. and March, J.G. (1988) Organizational Learning. *Annual Review of Sociology*, 14: 319-340.

Locke, E.A. (1968) Toward a Theory of Task Motivation and Incentives. *Organizational Behavior and Human Performance*, 3: 157-189.

Locke, E.A. and Latham, G.P. (2002) Building a Practically Useful Theory of Goal Setting and Task Motivation: A 35-Year Odyssey. *American Psychologist*, 57: 705-717.

Lui, S.S., Ngo, H., and Tsang, A.W. (2003) Socialized to be a Professional: A Study of the Professionalism of Accountants in Hong Kong. *International Journal of Human Resource Management*, 14（7）：1192-1205.

Lukas, B.A. and Ferrell, O.C. (2000) The Effect of Market Orientation on Product Innovation. *Journal of the Academy of Marketing Science*, 28（2）：239-247.

Macintosh, G., Anglin, K.A., Szymanski, D.M., and Gentry, J.W. (1992) Relationship Development in Selling: A Cognitive Analysis. *Journal of Personal Selling and Sales Management*, 12（4）：23-34.

Majchrzak,A., Neece, O.E. and Cooper, L.P (2001) Knowledge Reuse for Innovation-The Missing Focus in Knowledge Management: Results of A Case Analysis at the Jet Propulsion Laboratory. *Academy of Management Proceedings*（OCIS）.

March, J. and Simon, H. (1958) *Organizations*. New York: John Wiley and Sons. （土屋守章訳『オーガニゼーションズ』ダイヤモンド社, 1977）

Marton, F. and Booth, S. (1997) *Learning and Awareness*. NJ: LEA.

丸野俊一（1989）「メタ認知研究の展望」『九州大学教育学部紀要（教育心理学部門）』第34巻第1号：1-25.

丸野俊一（1998）「心理学の過去，現在，未来」丸野俊一（編）『心理学のなかの論争1：認知心理学における論争』ナカニシヤ出版.

増田誉雄（1973）「マタイの福音書」増田誉雄・村瀬俊夫・山口昇（編）『新聖書注解：新約1』いのちのことば社.

松本雄一（2003）『組織と技能：技能伝承の組織論』白桃書房.

Matsuo, M. (1999) *Knowledge Acquisition in Sales Organizations: Empirical Research of Japanese Firms*. A Dissetation Submitted to the Tokyo Institute of Technology for the Degree of Doctor of Philosophy in the Graduate School of Decision Science and Technology.（UMI）

参考文献

松尾睦（2002）『内部競争のマネジメント：営業組織のイノベーション』白桃書房.

Matsuo, M.（2004）*Knowledge Creation and Organizational Learning: The Role of Internal Competition in Japanese Firms*. A Dissertation Submitted to the University of Lancaster for the Degree of Doctor of Philosophy in the Department of Management Learning.

Matsuo, M.（2004）The Experiential Learning Process of Japanese IT Professionals. *Proceedings of the Fifth European Conference on Organizational Knowledge, Learning and Capabilities, Innsbruck.*

Matsuo, M.（2005）*The Role of Internal Competition in Knowledge Creation.* Peter Lang.

松尾睦（2005）「IT技術者の熟達化と経験学習」『小樽商科大学ビジネス創造センターDiscussion Paper Series』No.102.

Matsuo, M.（2006）Customer Orientation, Conflict, and Innovativeness in Japanese Sales Departments. *Journal of Business Research*, 59：242-250.

Matsuo, M. and Easterby-Smith, M.（2004）Knowledge Sharing Dilemma: Knowledge and Knowing in Japanese Firms. *A Paper Presented at the Academy of Management Annual Meeting, New Orleans.*

松尾睦・細井謙一・吉野有助・楠見孝（1999）「営業の手続的知識と業績 ―経験年数の媒介効果と知識獲得プロセス―」『流通研究』第2巻第1号：43-58.

Matsuo, M. and Kusumi, T.（1998）The Effect of Organizational Climate and Experience on Task-specific Belief: A Cognitive Study of Salespeople. *A Paper Presented at the Workshop at Academy of Management Annual Meeting, San Diego.*

Matsuo, M. and Kusumi, T.（2002）Salesperson's Procedural Knowledge, Experience and Performance: An Empirical Study in Japan. *European Journal of Marketing*, 36（7）：840-854.

松尾睦・楠見孝・吉野有助（2000）「チーム営業を支えるリーダーの知識：広告会社における定性分析」『マーケティング・ジャーナル』第19巻4号：20-38.

松尾睦・吉野有助（1996）「販売員の手続的知識と組織営業の可能性」『季刊・マーケティング・ジャーナル』第61巻：39-49.

McCall, M.W.（1988）Developing Executives Through Work Experience. *Human Resource Planning*, 11（1）：1-12.

McCall, M.W.（1998）*High Flyers: Developing the Next Generation of Leaders.* Boston, MA: Harvard Business School Press.（金井壽宏監訳『ハイ・フライヤー：次世代リーダーの育成法』プレジデント社，2002）

McCall, M.W. and Hollenbeck, G.P.（2002）*Developing Global Executives: The Lessons of*

International Experience. Boston, MA: Harvard Business School Press.

McCall, M.W., Lombardo, M.M., and Morrison, A.M. (1988) *The Lessons of Experience: How Successful Executives Develop on the Job.* NY: The Free Press.

McCauley, C.D., Ruderman, M.N., Ohlott, P.J., and Morrow, J.E. (1994) Assessing the Developmental Components of Managerial Jobs. *Journal of Applied Psychology,* 79 (4): 544-560.

McDaniel, M.A. (1985) *The Evaluation of a Causal Model of Job Performance: The Relation between General Mental Ability and Job Experience in the Determination of Job Performance.* Doctoral Dissertation, Department of Psychology, George Washington University. (Schmidt, Hunter, and Outerbridge (1985) からの引用)

McDaniel, M.A., Schmidt, F.L., and Hunter, J.E. (1988) Job Experience Correlates of Job Performance. *Journal of Applied Psychology,* 73 (2): 327-330.

Meglino, B.M. and Korsgaard, M.A. (2004) Considering Rational Self-Interest as a Disposition: Organizational Implications of Other Orientation. *Journal of Applied Psychology,* 89 (6): 946-959.

Michales, R.E. and Day, R.L. (1985) Measuring customer orientation of salespeople: A replication with industrial buyers. *Journal of Marketing Research,* 22: 443-446.

南知惠子 (2005)『リレーションシップ・マーケティング：企業間における関係管理と資源移転』千倉書房.

Miner, A.S. and Mezias, S.J. (1996) Ugly Duckling No More: Pasts and Futures of Organizational Learning Research. *Organization Science,* 7 (1): 88-99.

Miner, J.B. (1993) *Role Motivation Theories.* New York: Routledge.

Miner, J.B., Crane, D.P., and Vandenberg, R.J. (1994) Congruence and Fit in Professional Role Motivation Theory. *Organization Science,* 5 (1): 86-97.

Mitchell, K.E., Levin, AL S., and Krumboltz, J.D. (1999) Planned Happenstance: Constructing Unexpected Career Opportunities. *Journal of Counseling and Development,* 77: 115-124.

Moon, J.A. (2004) *A Handbook of Reflective and Experiential Learning: Theory and Practice.* London: RoutledgeFalmer.

守島基博 (2002)「ホワイトカラーの人材育成とマネジメント能力」『一橋ビジネスレビュー』(SUM.): 34-45.

Morris, P.E. (1990) Metacognition. In M.W. Eysenck (Ed.) *The Blackwell Dictionary of Cognitive Psychology.* Oxford: Blackwell Publishers.

Morrison, R.F. and Brantner, T.M. (1992) What Enhances or Inhibits Learning a New

Job?: A Basic Career Issue. *Journal of Applied Psychology*, 77（6）: 926-940.

Morrison, R.F. and Hoch, R.R.（1986）Career Building: Learning from Cumulative Work Experience. In D.T. Hall and Associates（Eds.）, *Career Development in Organizations*（pp.236-273）. San Francisco: Jossey-Bass.

永田照喜治（2003）「食は土にあり：永田農法の原点」NTT出版.

成田裕美・楠見孝（1999）「ホワイトカラー管理職における経験からの学習能力を支える態度の構造」『産業・組織心理学会15回大会発表論文集』: 216-219.

Narver, J.C. and S.F. Slater（1990）The Effect of a Market Orientation on Business Profitability. *Journal of Marketing*, 54: 20-35.

Nelson, T.O. and Narens, L.N.（1994）Why Investigate Metacognition? In J. Metcalfe, and A.P. Shimamura（Eds.）*Metacognition: Knowing about knowing*. Cambridge, MA: MIT Press.

Nevis, E.C., DiBella, A.J. and Gould, J.M.（1995）Understanding Organizations as Learning Systems. *Sloan Management Review*, Winter: 73-85.

西田公昭（1998）『「信じるこころ」の科学：マインド・コントロールとビリーフ・システムの社会心理学』サイエンス社.

野村昭（1986）「所信・イデオロギー」星野命（編）『社会心理学の交叉路（クロスロード）』北樹出版.

Nonaka, I. and Takeuchi, H.（1995）*The Knowledge Creating Company*. NY: Oxford University Press.（梅本勝博訳『知識創造企業』東洋経済新報社, 1996年）

小川進（1995）「コンビニエンス・ストア向け営業は不要か」石井淳蔵・嶋口充輝（編）『営業の本質：伝統と革新の相克』有斐閣.

岡田猛（2004）「芸術創作のプロセスを探る創造性の心理学入門」「人間をつくってください」編集委員会（編）『人間をつくってください』人間社.

岡田猛（2005）「心理学が創造的であるために：創造的領域における熟達者の育成」下山晴彦（編）『心理学論の新しいかたち』誠信書房.

大村彰道（2002）「経験」古畑和孝・岡隆（編）『社会心理学小辞典・増補版』有斐閣.

太田信夫（1992）「手続記憶」箱田裕司（編）『認知科学のフロンティアⅡ』サイエンス社.

大浦容子（1996）「熟達化」波多野誼余夫（編）『認知心理学5：学習と発達』東京大学出版会.

大浦容子（2000）『創造的技能領域における熟達化の認知心理学的研究』風間書房.

O'Reilly, C., Chatman, J., and Caldwell, D.F.（1991）People and Organizational Culture: A Profile Comparison Approach to Assessing Person-Organization Fit. *Academy of*

Management Journal, 34: 487-516.

Orlikowski, W.J. (2002) Knowing in Practice: Enacting a Collective Capability in Distributed Organizing. *Organization Science*, 13 (3) : 249-273.

Ormond, C., Luszcz, M.A., Mann, L., and Beswick, G. (1991) A Metacognitive Analysis of Decision Making in Adolescence. *Journal of Adolescence*, 14: 275-291.

Parkington, J. J. and Schnieder, B. (1979) Some Correlates of Experienced Job Stress: A Boundary Role Study. *Academy of Management Journal*, 22 (2):270-281.

Pettijohn, C.E., Pettijohn, L.S., and Taylor, A.J. (2002) The Influence of Salesperson Skill, Motivation, and Training on the Practice of Customer-Oriented Selling. *Psychology & Marketing*, 19 (September):743-757.

Pierce, J.L., Gardner, D.G., Cummings, L.L., and Dunham, R.B. (1989) Organizational-based Self-esteem: Construct Definition, Measurement, and Validation. *Academy of Management Journal*, 32 (3):622-648.

Pierce, J.L., Gardner, D.G., Dunham, R.B., Cummings, L.L. (1993) Moderation by Organization-based Self-esteem of Role Condition: Employee Response Relationships. *Academy of Management Journal*, 36 (2) : 271-288.

Pintrich, P.R. (2002) The Role of Metacognitive Knowledge in Learning, Teaching, and Assessing. *Theory into Practice*, 41 (4):219-225.

Polanyi, M. (1966) *The Tacit Dimension*. London: Routledge & Kegan Paul.

Qualls, W.J. and Puto, C.P. (1989) Organizational Climate and Decision Framing: An Integrated Approach to Analyzing Industrial Buying Decisions. *Journal of Marketing Research*, 26, 179-192.

Reagans, R. and McEvily, B. (2003) Network Structure and Knowledge Transfer: The Effects of Cohesion and Range. *Administrative Science Quarterly*, 48: 240-267.

Reichers, A.E. and Schneider, B. (1990) Climate and Culture: An Evolution of Constructs. In B. Schneider (ed.) , *Organizational Culture and Climate*. CA: Jossey-Bass.

Reisberg, D. (1999) Learning. In R.A. Wilson and C.K. Frank (Eds.) *The MIT Encyclopedia of the Cognitive Sciences*. Cambridge, MA: The MIT Press.

Reynolds, P.D. (1986) Organizational Culture as Related to Industry, Position and Performance: A Preliminary Report. *Journal of Management Studies*, 23 (3):333-345.

Richman, H.B., Gobet, F., Staszewski, J.J., and Simon, H.A. (1996) Perceptual and Memory Processes in the Acquisition of Expert Performance: The EPAM Model. In K.A. Ericsson (Ed.) , *The Road to Excellence*. Mahwah, NJ: LEA.

Rogoff, B. (1990) *Apprenticeship in Thinking: Cognitive Development in Social Context.* Oxford University Press.

Rokeach, M. (1968) *Beliefs Attitudes and Values: A Theory of Organization and Change.* San Francisco: Jossey-Bass.

Rousseau, D.M. (1990) Assessing Organizational Culture: the Case for Multiple Methods. In B. Schneider (Ed.) *Organizational Climate and Culture.* San Francisco: Jossey-Bass.

Rydstedt, L.W., Devereux, J., and Furnham, A.F. (2004) Are Lay Theories of Work Stress Related to Distress?: A Longitudinal Study in the British Workforce. *Work & Stress,* 18 (3):245-254.

Ryle, G. (1949) *The Concept of Mind.* Sun Francisco, CA: Hutchinson.

産業能率大学 (2004)「平成14年度経済産業省委託調査 地域高度IT人材の動向調査報告書」平田謙次 (編), 産業能率大学.

三宮真智子 (1995)「メタ認知を促すコミュニケーション演習の試み「討論編」: 教育実習事前指導としての教育工学演習から」『鳴門教育大学学校教育研究センター紀要』9:53-61.

三宮真智子 (1996)「思考におけるメタ認知と注意」市川伸一 (編)『認知心理学4:思考』東京大学出版会.

Sathe V. (1983) Some Action Implications of Corporate Culture: A Manager's Guide to Action. *Organizational Dynamics,* 12 (2):5-23.

佐藤義男 (2003)『改訂 PMBOKによるITプロジェクトマネジメント実践法』ソフト・リサーチ・センター.

Saxe, R. and Weitz, B.A. (1982) The SOCO Scale: A Measure of the Customer Orientation of Salespeople. *Journal of Marketing Research,* 19: 343-351.

Schank, R.C. and Abelson, R.P. (1977) *Script, Plan, Goals, and Understanding: An Inquiry into Human Knowledge Structures.* Hillsdale, NJ: Erlbaum.

Schein, E.H. (1996) Career Anchors Revisited: Implications for Career Development in the 21st Century. *Academy of Management Executive,* 00 (0):80-88.

Schmidt, F.L., Hunter, J.E., and Outerbridge, A.N. (1986) Impact of Job Experience and Ability on Job Knowledge, Work Sample Performance, and Supervisory Ratings of Job Performance. *Journal of Applied Psychology,* 71 (3):432-439.

Schneider, B. (1980) The Service Organization: Climate is Crucial. *Organizational Dynamics,* Autumn: 52-65.

Schneider, B. (2000) The Psychological Life of Organizations. In N.M. Ashkanasy,

C.P.M. Wilderom, and M.F. Peterson (Eds.), *Handbook of Organizational Culture and Climate*. CA: Sage.

Schneider, B. and Bowen, D.E. (1985) Employee and Customer Perceptions of Service in Banks: Replication and Extension. *Journal of Applied Psychology*, 70 (3) : 423-433.

Schoenfeld, A.H. (1985) *Mathematical Problem Sovling*. Orland, FL: Academic Press.

Scott, S.G. and Bruce, R.A. (1994) Determinants of Innovative Behavior: A Path Model of Individual Innovation in the Workplace. *Academy of Management Journal*, 37 (3) : 580-607.

Seijts, G.H. and Latham, G.P. (2005) Learning Versus Performance Goals: When Should Each Be Used? *Academy of Management Executive*, 19 (1) :124-131.

Shapero, A. (1985) *Managing Professional People: Understanding Creative Performance*. NY: The Free Press.

Shaw, M.E. (1958) Some Motivational Factors in Cooperation and Competition. *Journal of Personality*, 26: 155-169.

Shepherd, C.D. (1999) Service Quality and the Salesforce: A Tool for Competitive Advantage. *Journal of Personal Selling and Sales Management*, 19 (3) :73-82.

清水御代明 (1995)「学習」岡本夏木・清水御代明・村井潤一 (監)『発達心理学辞典』ミネルヴァ書房.

Simon, H.A. and Chase, W.G. (1973) Skill in Chess. *American Scientist*, 61: 394-403.

Singh, J. (1998) Striking a Balance in Boundary-Spanning Positions: An Investigating of Some Unconventional Influences of Role Stressors and Job Characteristics on Job Outcomes of Salespeople. *Journal of Marketing*, 62 (July) :69-86.

Slater, F. and Narver, J.C. (1994) Does Competitive Environment Moderate the Market Orientation-Performance Relationship? Journal of Marketing, 58, 46-55.

Slater, R. (1999) Saving Big Blue. McGraw-Hill.

Smith, E.R. (1994) Procedural Knowledge and Processing Strategies in Social Cognition. In R.S. Wyer and T.K. Srull (Eds.), *Handbook of Social Cognition. Vol.1*. Hillsdale, NJ: Erlbaum, 99-151.

Smith, R.E. and Swinyard, W.R. (1982) Information Response Models: An Integrated Approach. *Journal of Marketing*, 46 (Winter) :81-93.

Spence, M.T. and Brucks, M. (1997) The Moderating Effects of Problem Characteristics on Experts' and Novices' Judgments. *Journal of Marketing Research*, 34 (2) :233-247.

Spiro, R.L.and Weitz, B.A. (1990) Adaptive Selling: Conceptualization, Measurement,

and Nomological Validity. *Journal of Marketing Research*, 27（Feb）, 61-69.
Spreitzer, G.M., McCall, M.W., and Mahoney, J.D.（1997）Early Identification of International Executive Potential. *Journal of Applied Psychology*, 82（1）：6-29.
Squire, L.R.（1987）*Memory and Brain*. Oxford University Press.（河内十郎訳『記憶と脳』医学書院, 1989年）
Sternberg, R.J., Forsythe, G.B., Hedlund, J., Horvath, J.A., Wagner, R.K., Williams, W.M., Snook, S.A., and Grigorenko, E.L（2000）*Practical Intelligence in Everyday Life*. Cambridge University Press.
Strauss, A. and Corbin, J.（1990）*Basics of Qualitative Research*. Newbury Park: Sage.（南裕子監訳, 操華子・森岡崇・志自岐康子・竹崎久美子訳『質的研究の基礎：グラウンデッド・セオリーの技法と手順』医学書院, 1999年）
Strauss, A. and Corbin, J.（1998）*Basics of Qualitative Research*（2nd edition）. Newbury Park: Sage.
Sujan, H., Sujan, M., and Bettman, J.R.（1988）Knowledge Structure Differences between More Effective and Less Effective Salespeople. *Journal of Marketing Research*, 25（Feb）: 81-86.
Super, D.（1957）*The Psychology of Careers*. New York: Harper & Row Publishers.
Swanson, H.L.（1990）Influence of Metacognitive Knowledge and Aptitude on Problem Solving. *Journal of Educational Psychology*, 82（2）：306-314.
週刊ダイヤモンド2003.7.12号：28-44「特集　リクルートの元気」
Szulanski, G.（1996）Exploring Internal Stickiness: Impediments to the Transfer of Best Practice within the Firm. *Strategic Management Journal*, 17（Winter Special Issue）：27-43.
Szymanski, D.M.（1988）Determinants of Selling Effectiveness: The Importance of Declarative Knowledge to Personal Selling Concept. *Journal of Marketing*, 52（Jan）: 64-77.
高嶋克義（2002）『営業プロセス・イノベーション：市場志向のコミュニケーション改革』有斐閣.
高嶋克義（2005）『営業改革のビジョン：失敗例から導く成功へのカギ』光文社.
玉井健一（2005）『キーエンス：驚異の高付価値直経営』小樽商科大学ビジネススクール・ケース.
田村正紀（1999）『機動営業力：スピード時代の市場戦略』日本経済新聞社.
田尾雅夫（1995）『ヒューマン・サービスの組織：医療・保健・福祉における経営管理』法律文化社.

田尾雅夫(1999)『組織の心理学(新版)』有斐閣.
辰野千寿・高野清純・加藤隆勝・福沢周亮編(1986)『多項目教育心理学辞典』教育出版.
Thomas, R.W., Soutar, G.N., and Ryan, M.M. (2001) The Selling Orientation-Customer Orientation (S.O.C.O.) Scale: A Proposed Short Form. *Journal of Personal Selling and Sales Management*, 21(1):63-69.
Tjosvold, D., Johnson, D.W., Johnson, R.T., and Sun, H. (2003) Can Interpersonal Competition Be Constructive within Organizations? *Journal of Psychology*, 137(1), 63-84.
Triplett, N. (1987) The Dynamogenic Factors in Pacemaking and Competition. *American Journal of Psychology*, 9: 507-533.
Tsai, W. (2001) Knowledge Transfer in Intraorganizational Networks: Effects of Network Position and Absorptive Capacity on Business Unit Innovation and Performance. *Academy of Management Journal*, 44(5):996-1004.
Tsang, E.W.K. (1997) Organizational Learning and the Learning Organization: A Dichotomy between Descriptive and Prescriptive Research. *Human Relations*, 50(1):73-89.
上野直樹(1999)『仕事の中での学習:状況論的アプローチ』東京大学出版会.
Ulwick AW. (2002) Turn Customer Input into Innovation. *Harvard Business Review*, January: 91-97.
VandeWalle, D., Brown, S.P., Cron, W.L., and Slocum, J.W. (1999) The Influence of Goal Orientation and Self-Regulation Tactics on Sales Performance: A Longitudinal Field Test. *Journal of Applied Psychology*, 84(2):249-259.
VandeWalle, D. and Cummings, L.L. (1997) A Test of the Influence of Goal Orientation on the Feedback-Seeking Process. *Journal of Applied Psychology*, 82(3):390-400.
Vince, R. (1998) Behind and beyond Kolb's Learning Cycle. *Journal of Management Education*, 22: 304-319.
Wagner, R.K. (1987) Tacit Knowledge in Everyday Intelligent Behavior. *Journal of Personality and Social Psychology*, 52: 1236-1247.
Wagner, R.K. and Stanovich, K.E. (1996) Expertise in Reading. In K.A. Ericsson (Ed.), *The Road to Excellence*. Mahwah, NJ: LEA.
Wagner, R.K. and Sternberg, R.J. (1985) Practical Intelligence in Real-World Pursuits: The Role of Tacit Knowledge. *Journal of Personality and Social Psychology*, 49(2):436-458.

Weick, K.E.(1979)*The Social Psychology of Organizing*(2nd Edition). McGrwaw-Hill.

Weitz, B.A.(1981)Effectiveness in Sales Interactions: A Contingency Framework. *Journal of Marketing*, 45: 85-103.

Weitz, B.A., Sujan, H., and Sujan, M.(1986)Knowledge, Motivation, and Adaptive Behavior: A framework for Improving Selling Effectiveness. *Journal of Marketing*, 50(Oct):174-191.

Wenger,E., McDermott, R., and Snyder, W.M.(2002)*Cultivating Communities of Practice*. Boston, MA: Harvard University Press. (野村恭彦監修・櫻井裕子訳『コミュニティ・オブ・プラクティス:ナレッジ社会の新たな知識形態の実践』翔泳社,2002年)

White, S.E., Mitchell, T.R. and C.H.Bell(1977)Goal Setting, Evaluation Apprehension, and Social Cues as Determinants of Job Performance and Job Satisfaction in a Simulated Organization. *Journal of Applied Psychology*, 62(6):665-673.

山田恒夫(1999)「学習」中島義明他(編)『心理学辞典』有斐閣.

山岸俊男(1991)『社会的ジレンマのしくみ:「自分1人ぐらいの心理」の招くもの』サイエンス社.

山本周五郎(1961)「歴史と文学」中央公論(『酒みずく・語ることなし』新潮社(1994)から引用).

山本周五郎(1962)「『季節のない街』を終わって」朝日新聞1962年7月(『酒みずく・語ることなし』新潮社(1994)から引用).

Yamazaki, Y. and Kayes, D.C.(2004)An Experiential Approach to Cross-Cultural Learning: A Review and Integration of Competencies for Successful Expartriate Adaptation. *Academy of Management Learning and Education*, 3(4):362-379.

Yan, A., Zhu, G., Hall, D.T.(2002)International Assignments for Career Building: A Model of Agency Relationships and Psychological Contracts. *Academy of Management Review*, 27(3): 373-391.

Yokochi, S. and Okada, T.(2005)Creative Cognition Process of Art Making: A Field Study of a Traditional Chinese Ink Painter. *Creativity Research Journal*, 17(2 & 3): 241-255.

横地早和子・岡田猛(2005)「芸術創作活動における作家のテーマ確立過程」『日本認知科学会第22回大会発表論文集』.

Zuckerman, H.(1977)*Scientific Elite: Nobel Laureates in the United States*. NJ: Free Press.

謝　　辞

　本書のテーマに関する研究を始めてから10年以上の歳月が経った。長い時間をかけ一冊の研究書をまとめる過程を通して，「一人では研究できない」ことを痛感している。ご協力いただいた方に，この場を借りて御礼を申し上げたい。

　まず，データ収集に関しては，東急総合研究所の吉野有助氏，岡山商科大学の中井透先生，東洋大学の平田謙次先生，株式会社リクルートの高橋勝浩氏にご協力いただいた。筆者は，経済産業省によるIT関連の委託調査に調査研究委員として参加する機会に恵まれたが，その際，同省の平山利幸氏にお世話になった。

　本書の内容を，京都大学大学院教育学研究科・国際シンポジウム（「暗黙知と熟達化」），日本心理学会ワークショップ（「熟達科学：高業績を産む仕事場における知の研究」），日本商業学会関西部会，神戸大学・小川進先生のMBAゼミナールで発表する機会が与えられ，議論を通して思考を整理することができた。特に，京都大学のシンポジウムでは，神戸大学の金井壽宏先生から，日本商業学会の関西部会では，大阪市立大学の小林哲先生，神戸大学大学院博士後期課程の工藤秀雄氏から貴重なご指摘をいただいた。

　また，本書の草稿に対して，多くの先生方からコメントをいただき，内容を改訂することができた。認知心理学をベースに熟達プロセスを研究されている京都大学の楠見孝先生，常磐大学・NTTアドバンステクノロジの伊東昌子先生，東京大学の岡田猛先生からは，有益なご指導をいただいた。

　神戸大学の高嶋克義先生，広島経済大学の細井謙一先生，関西大学の川上智子先生，北九州大学の松本雄一先生，法政大学の田路則子先生，広島市立大学の猪口純路先生，神戸大学大学院博士後期課程の勝田大介氏からいただいた鋭いコメントは，マーケティングおよび組織論の観点から本書を位置づける上で役に立った。

　小樽商科大学においてさまざまな面で相談に乗っていただいている高宮城朝

則先生，高田聡先生，江頭進先生からは，本書の内容だけでなく，筆者の研究スタンスについても親身なアドバイスをいただいた。

　リクルート社の高橋勝浩氏，リクルート・ワークス研究所の笠井恵美氏，株式会社B-Supportの村山宏幸氏，NBCコンサルタンツ株式会社の穴田ゆか氏からのコメントは，実践的インプリケーションを考える上で役に立った。

　本書の冒頭で永田農法を紹介しているが，これは，筆者が所属する小樽キリスト福音館の会員で，北海道余市町で農業を営まれている中野勇氏から教えていただいたことである。中野氏は，永田農法によって，実がぎっしりとつまった糖度と栄養価の高いおいしいトマトを栽培されている。永田農法の理念は，経験からの学習を考える上で大変参考になった。

　7章で提示した経験学習の仮説的モデルを聖書の観点から解釈する際に，小樽キリスト福音館の佐藤直樹牧師からご指導をいただいた。佐藤先生には，日頃から多くの励ましをいただいている。

　本書の研究には，平成14～16年度科学研究費補助金（若手A）の交付を受けて実施されたものが含まれている。また，出版のチャンスを与えてくださった同文舘出版と，編集作業において多大な援助をいただいた青柳裕之氏に御礼を申し上げたい。

　最後に，前著に引き続き表紙のイラストを書いてくれた妻・希代子をはじめ，家族の支えなしに研究は進められなかった。心から感謝したい。

2006年6月

松尾　睦

索　引

【あ】

ＩＣＭパラダイム ……………………………………44
ＩＴコーディネータ ……………………135, 198
アンダーソンの学習モデル ……………………37
暗黙知 ……………………………………26, 28

営業 ………………………………………………13
営業研究 …………………………………………17
営業所風土 ……………………………………155

【か】

外的経験 …………………………………10, 59
学習 ………………………………………10, 60
学習する組織 …………………………………186
学習目標 ………………………………………184
学習目標志向 …………………………………143
学習を促進する経験 ……………………………72
カスタマー・コンタクト・エンプロイー …………12
間接経験 …………………………………10, 59

記述的信念 ……………………………34, 154
キャリアの発達段階 …………………………101
境界連結者 ………………………………………11
業績目標 ………………………………………184
業績目標志向 …………………………………143

グランデッド・セオリー・アプローチ ………103, 136

計画された偶発性理論 …………………………75
経験 ………………………………………………10
経験学習 …………………………………………61
経験学習の仮説的モデル ……………………186
経験からの学習能力 …………………74, 125
経験年数 …………………………………………64

　　　　経験の定義 ……………………………57
　　　　経験の類型 ……………………………59
　　　　形式知 …………………………………26
　　　　顕在的なニーズ ………………………183
　　　　現場の学習 ……………………………47

　　　　公式的教育 ……………………………197
　　　　顧客志向 …………18，144，159，163，182，192
　　　　顧客志向の信念 …………130，132，139，193
　　　　顧客主導のプロセス型内部競争 ……164，196
　　　　コルブの経験学習モデル ……………17，62
　　　　コンサルタント ………………………14，106
　　　　コンセプチュアル・スキル …………28
　　　　コントロール …………………………29

【さ】
　　　　次元 ……………………………………32
　　　　自己管理 ………………………………28
　　　　自己知識 ………………………………30
　　　　仕事の信念 ……………………………34
　　　　実践コミュニティ ……………………43
　　　　実践による学習 ………………………42
　　　　10年ルール ……………………38，87，179
　　　　熟達者 …………………………………35
　　　　熟達の5段階モデル …………………40
　　　　情報的信念 ……………………………34，154
　　　　徐々に複雑さを増す小世界 …………44，119
　　　　素人理論 ………………………………33
　　　　人材開発文化 …………………………68，186
　　　　信念 ………………………………10，127，192
　　　　信念の領域普遍性 ……………………147
　　　　心理的風土 ……………………………155

　　　　推論的信念 ……………………………34，154
　　　　スキーマ ………………………………32
　　　　スキル …………………………………9，26

スクリプト …………………………27

正統的周辺参加 …………………………119
セルフ・インタレスト …………………………188
宣言的知識 …………………………9, 26
潜在的なニーズ …………………………183

創造的熟達者 …………………………39
組織学習 …………………………16, 189
組織風土 …………………………153
組織ベースの自尊心 …………………………76

【た】
他者管理 …………………………28
他者志向 …………………………188
タスク管理 …………………………28
タスク知識 …………………………30
段階的学習 …………………………44, 111

知識 …………………………9, 26
知識共有 …………………………3, 194
知識共有のジレンマ …………………………4, 171, 177, 195
知的熟練 …………………………46
中心領域―周辺領域 …………………………32
直接経験 …………………………10, 59
適応的熟達 …………………………39

手際の良い熟達 …………………………39
テクニカル・スキル …………………………28
手続的知識 …………………………9, 26, 88

道具的な機能性 …………………………33, 134

【な】
内的経験 …………………………10, 60
内発的動機づけ …………………………169
内部競争 …………………………159, 161, 186, 195

ナレッジ・マネジメント ……………………………3

認知心理学 …………………………………………17
認知的徒弟制 …………………………………44, 119

ノウイング …………………………………………42

【は】
バウンダリーレス・キャリア ……………………198

非段階的学習 …………………………………45, 111
ヒューマン・スキル ………………………………28
表現的な機能性 ……………………………………33

不良定義問題 …………………………………113, 180
プロジェクト・マネジャー …………………14, 106
プロフェッショナリズム ……………………50, 182
プロフェッショナル ……………………51, 182, 189
プロフェッション …………………………………48

方略知識 ……………………………………………30

【ま】
メタ知識 ……………………………………………30
メタ認知 ……………………………………………29

目標設定理論 ……………………………………145
目標達成志向の信念 ……………130, 132, 137, 193
モニタリング …………………………………29, 36

【や】
予期せぬ経験 ………………………………………71
よく考えられた練習 ………………………………38

【ら】
利他的利己主義 …………………………………168
領域固有性 ……………………16, 35, 102, 180, 199
領域普遍性 ………………………………………181
良質な経験 …………………………………………5

【著者略歴】

松尾　睦（まつお　まこと）

1964年	東京都町田市に生まれる
1988年	小樽商科大学商学部卒業
1992年	北海道大学大学院文学研究科・行動科学専攻・修士課程修了
1994年	岡山商科大学商学部（助手・講師・助教授）
1999年	東京工業大学大学院社会理工学研究科・人間行動システム専攻・博士課程修了　博士（学術）を取得
1999年	小樽商科大学商学部（助教授・教授）
2004年	英国Lancaster大学からPh.D.（Management Learning）を取得
2009年	神戸大学大学院経営学研究科・教授
2013年	北海道大学大学院経済学研究科・教授
2023年	青山学院大学経営学部教授

上記の間，製薬会社（1988～1990），民間シンクタンク（1992～1994）に勤務．

主要著書

『仕事のアンラーニング：働き方を学びほぐす』同文舘出版，2021．
Unlearning at Work: Insights for Organizations. Springer, 2021.
『経験学習リーダーシップ：部下の強みを引き出す』ダイヤモンド社，2019．
『医療プロフェッショナルの経験学習』（編著），同文舘出版，2018．
『成長する管理職：優れたマネジャーはいかに経験から学んでいるのか』東洋経済新報社，2013．
『職場が生きる人が育つ「経験学習」入門』ダイヤモンド社，2011（HRアワード最優秀書籍賞）．
『学習する病院組織：患者志向の構造化とリーダーシップ』同文舘出版，2009．
『内部競争のマネジメント：営業組織のイノベーション』白桃書房，2002．

論文では，1995年度日本社会心理学会・着想独創賞，2002年度 *European Journal of Marketing*・最優秀論文賞，2019年度 *Journal of Workplace Learning* 最優秀論文賞を受賞．

Eメール：makotomatsuo2@gmail.com
ブログ：http://blog.goo.ne.jp/mmatu1964

| 平成18年6月30日 | 初版1刷発行 | 《検印省略》 |
| 令和5年7月10日 | 初版19刷発行 | 略称：経験学習 |

経験からの学習
―プロフェッショナルへの成長プロセス―

著　者　松　尾　　　睦
発行者　中　島　豊　彦

発行所　同文舘出版株式会社
東京都千代田区神田神保町1-41　〒101-0051
電話　営業(03)3294-1801　編集(03)3294-1803
振替　00100-8-42935　http://www.dobunkan.co.jp

©M.MATSUO　　　　　　　　　　　　　製版：一企画
Printed in Japan 2006　　　　　　　　印刷・製本：壮光舎
ISBN 4-495-37581-4

JCOPY〈出版者著作権管理機構 委託出版物〉
本書の無断複製は著作権法上での例外を除き禁じられています。複製される場合は、そのつど事前に、出版者著作権管理機構（電話 03-5244-5088, FAX 03-5244-5089, e-mail : info@jcopy.or.jp）の許諾を得てください。

本書とともに

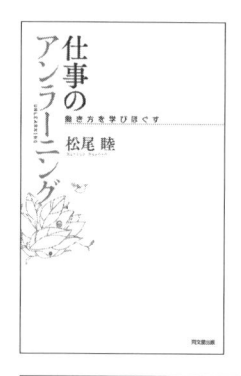

仕事のアンラーニング
―働き方を学びほぐす―

松尾　睦【著】
A5判・224頁
税込価格2,200円（本体2,000円）

学習する病院組織
―患者志向の構造化とリーダーシップ―

松尾　睦【著】
A5判・296頁
税込価格3,520円（本体3,200円）

医療プロフェッショナルの経験学習

松尾　睦【編著】
A5判・328頁
税込価格3,960円（本体3,600円）

同文舘出版株式会社